湖北高校人文社会科学重点研究基地湖北教师教育研究中心2019年度规划课题：
湖北名师名校长成长历程研究（编号：jsjy2019006）成果

◎ 潘海燕 主编

JIAOSHI ZIZHU SHENGZHANGSHI FAZHAN
GEAN YANJIU

教师自主生长式发展

个案研究

主　编　潘海燕
副主编　杜新红　李明菊　邓向东　游　昕
　　　　张　茜　周爱华　汤江萍　夏治新
编　委（排名不分先后）：
　　　　潘海燕　杜新红　李明菊　邓向东
　　　　游　昕　张　茜　周爱华　汤江萍
　　　　夏治新　葛　伶　杨　荣　武方颖
　　　　王建平　陈　彬　曾丹妮　田海燕
　　　　徐长岗　熊永清　杨　思　马继海
　　　　刘小玉　王　懿　桂　琳　李　崇
　　　　刘　巧　刘艳婷　谭姣姣　李思怡
　　　　董晶晶　季宴如　王　文　曾子翠
　　　　向保秀　周惠玲　陈　健　夏循藻
　　　　刘胡权　万爱莲　钱贞熹　冯光庭
　　　　唐良平　杨　兰

南京大学出版社

图书在版编目（CIP）数据

教师自主生长式发展个案研究／潘海燕主编.
—南京：南京大学出版社，2022.2
ISBN 978-7-305-25415-4

Ⅰ.①教… Ⅱ.①潘… Ⅲ.①中小学—师资培养—研究 Ⅳ.①G635.12

中国版本图书馆 CIP 数据核字（2022）第 029063 号

出版发行　南京大学出版社
社　　址　南京市汉口路 22 号　　　　邮　　编　210093
出 版 人　金鑫荣

书　　名　**教师自主生长式发展个案研究**
主　　编　潘海燕
责任编辑　钱梦菊　　　　　　　　编辑热线　025-83592146

照　　排　南京开卷文化传媒有限公司
印　　刷　南京人文印务有限公司
开　　本　718×1000　1/16　印张 15.75　字数 290 千
版　　次　2022 年 2 月第 1 版　2022 年 2 月第 1 次印刷
ISBN 978-7-305-25415-4
定　　价　47.00 元

网　　址：http://www.njupco.com
官方微博：http://weibo.com/njupco
微信服务号：njuyuexue
销售咨询热线：（025）83594756

序

创建具有中国味道教师发展理论的可贵探索

《教师自主生长式发展个案研究》是潘海燕教授团队继《自主生长式教师专业发展研究》（2018 年）、《自主生长式教师专业发展实践案例》（2019 年）之后，关于自主生长式教师专业发展理论与实践研究的第三本著作。该书反映的是该理论应用于实践后的效果，与前面两书的理论构建、实践操作构成了一个闭环，从而完整地展示了自主生长式教师成长理论与实践的探索过程及结果。

关于教师发展的理论不少，关于教师成长的故事则更多。无论是理论还是实践故事，都有启发的意义。但是，对于大多数普通教师而言，发展的道路依然充满迷茫和困惑。潘海燕教授研究的可贵之处在于找到了一条清晰的发展轨迹。他以三十多位中外教育家的实践个案为支撑，以数百位名师成长故事为素材，以长期与一线教师互动中产生的灵感为指引，原创造性地提炼了教师在反思后生成"自我经验"这一现象，再对"自我经验"的存在形态进行细致审视，提炼出了教师发展过程的新思路。经过多轮持续反复试验，教师自主生长式发展理论，给一线教师提供了前行的"指南针"，产生了积极的效应。

原创性研究的果实从来不是唾手可得的。潘海燕教授的"自主生长式教师专业发展理论"研究始于 2003 年，实验学校达到 108 所，遍及 7 个省。为了将总结的理论"落地"见效，他在实践中构建了自修——反思式校本研修模式、自主生长课堂课例研修模式、自我经验嬗变研究法、自主生长式校本教研模式等多个实施范式。2019 年，该成果成为省培项目，2021 年成为国培项目。十多年的探索，结出了丰收的果实，数部专著、读本与一百多篇论文记载着他们的耕耘与喜悦。

从这本案例看，团队特别重视以下几点。

一是系统提炼教师发展的本土理论。潘教授把"自我经验"这一心理现象界定为教师个体经过对关键性教育实践体验反思后获得的感悟。他还揭示了教师"自我经验"由低到高的 4 种存在形态，即事例经验、类经验、个人经验体系、教育实践智慧；然后依据教师"自我经验"的嬗变规律，提炼出了中小学教师发展的一般路径：在亲身体验中提炼事例经验、在系列事例经验中整合出类经验、将系列类经验凝练成个人经验体系、在反复应用中生发实践智慧。这是他们的原创，是他们的顶层设计，也是他们成功的基石。

二是知行合一注重实践。理论的生命力在实践，实践丰富并检验理论。潘教授鼓励教师表现自己的真性情，提升自己的土办法，并善于借助外力放大自己的已有自我经验，产生由低到高的嬗变。这一嬗变过程并不是一味去接受别人提供的结论性知识，或另起炉灶重新学习，而是鼓励教师在教育工作中不断反思之前积累到的"土办法"，用学习与思考引导实践，将新鲜而有益的东西融合进自己的这些"土办法"里，以形成系统化的个人教育秘诀。本书呈现了众多教师的实践心得。

三是重视组织资源和共同体的作用。潘教授认为，中小学教师的专业发展不是一个简单的接受及模仿过程，真正的内在活动是一个"自我经验"借助"专业共同体"，在反思伴随下的嬗变过程。借助"专业共同体"的促进与协同作用，能营造帮助教师发展的支持性氛围与把控方向。俗话说，一个人能走得快，一群人能走得远。学习共同体、研究共同体、发展共同体等"专业共同体"能为教师的专业发展提供丰富、检验的平台与资源。

陶行知先生说，人生办一件大事来，做一件大事去。潘海燕教授用他的知与行，很好地践行了这句话。自主生长式教师专业发展理论本身就是从实践来，带有浓重的"泥土"气息，并且是在理论与实践反复交互中发展成熟起来，实现了理论的深化，具有鲜明的"中国味道"。愿中国教育的大地上，多一些本土的教育理论，多一些理论的应用实践，更多一些理论指导实践的教育成效。

钟祖荣

（北京教育科学研究院副院长、教授，国家督学，

教育部教师教育课程资源专家委员会副主任）

目　录

教师个体发展个案

教师群体成长个案

历史名师发展个案

同行评议

自主生长式教师专业发展理论之应用

绪　论

教师发展要遵循教师"自我经验"的嬗变规律

湖北第二师范学院　潘海燕

"经验"是教师发展过程及教师发展研究中不可回避的话题。目前，无论理论还是实践领域，对"经验"的作用或肯定或否定，或时而肯定、时而否定，其主要原因是人们对"经验"的结构形态的认识有分歧。近年来，笔者在对由教育部师范教育司组编，2006 年北京师范大学出版社出版的《教育家成长丛书》（20 本）进行研读的基础上，对国内优秀一线教师的成长经历进行了梳理，并在 100 多所中小学开展了"自主生长式教师专业发展"实验，发现教师的"自我经验"是一种客观真实存在的经验形态[1]97。"自我经验"的提出，让人们再度聚焦"经验"这个话题[2-3]，围绕教师"自我经验"的研究，也形成了一些新的认识，即教师发展应遵循教师"自我经验"的嬗变规律。现就教师"自我经验"的存在形态以及如何遵循"自我经验"的嬗变规律促进教师发展进行探讨。

一、教师的"自我经验"是一种真实客观存在的经验形态

"经验"是人类较早关注的一个研究对象，人类早期的文学、哲学、社会科学及教育研究，可以说都是研究"经验"后的产物。但是，在哲学研究领域，自 16 世纪以来，随着实证方法、科学主义逐步大行其道，将"经验"的存在形态划分为"直接经验"与"间接经验"，"经验"慢慢成为"理性"的主要对立面，被视为人们进入理性要跨越的主要"障碍"。在一般场景中，"经验"的价值往往是有害少益的，这也使得不少人担心运用"经验"会走向"经验主义"而望而止步。当然，在历史实践中，"经验主义"的确会引导人们进入死胡同，这在理论上已无需再论证了。但是，在现实生活中，可以说，人们对"经验"既熟悉又陌生，对"经验"既爱又恨。尤其是在教师教育领域，总有大量的优秀教师声称，他们主要是依靠"经验"走向成功的。我国著名学者田慧生研究员早也断定，一线优秀教师基本上都是立足其"优秀教学经验"而成长的[4]。这里我们要进一步反问的是，"优秀教学经验"如何界定呢？我们要不要深究一下其内涵与具体存在形态？人们批判或

依靠与运用的到底是"经验"的哪些成分或哪种形态的经验，人们爱恨的具体对象是什么？那些在教师教育领域取得较大成功的一线教师，他们是依靠教育一线的哪种形态的"经验"而产生大的成就的，他们又是怎样跨越他们的"经验"的？我们不能简单笼统地对待"经验"，需要对其结构与形态做细致分析。

"经验"的构成本身就很复杂。杜威曾把"经验"作为他的主要研究范畴，高度肯定"经验"的价值，他认为"一盎司经验之所以胜过一吨理论，是因为只有在经验中，任何理论才具有充满活力和可以证实的意义"。因此，"教育必须建立在经验的基础上，教育就是经验的生长与经验的改造"。"教育是在经验中的、由于经验和为着经验的一种发展过程"[5]。也许是由于语境与文化的差异，杜威并没有说明"经验"的形态、特点、结构是怎样的，教师个体"经验改造"的路径有哪些基本步骤。

20世纪80年代，美国学者波斯纳（P. J. Posner）在教师教育领域提出了"经验＋反思＝成长"的命题[6]，主要以猜想的方式呈现，"经验＋反思＝成长"，其方向无疑是正确的，但省去了对若干过程性步骤的表述，显得过于简单。目前在教师教育领域有广泛影响的美国学者唐纳德·舍恩（D. Schon）1983年在《反思性实践——专家是如何思考的》一书里认为，教师应划入"反思性实践者"的行列，并以获得"实践性知识"为旨归[6]。问题是，"实践性知识"是一种高阶知识，教师能否直接获得呢？其低级形态是怎样的？华东师范大学叶澜先生曾预言，一位教师写一辈子教案，是难成为名师的；如果写三年反思，则是可以成为名师的[6]。那么，教师写反思，直接获得的是什么？这都给我们留下了巨大的研究空间。综合种种现象，必须给杜威的"经验"的某些成分、波斯纳的"经验＋反思"后的直接"结果"、田慧生的"优秀教学经验"、舍恩"实践性知识"的低级形态、叶澜主张写反思所获得的直接"收获"一个新的概念来概括。在人们对"经验"不断翻新的认知活动中，我们仔细分析了实验学校普通教师的认知在"反思"后产生的变化，发现人们在对"经验"进行反思后，产生了一种可称为"自我经验"的新的经验形态。经过反复分析，我们把"自我经验"界定为教师个体经过对教育活动的亲身实践体验后，在反思中获得的感悟。它类似"无意识""职业倦怠""斯德哥尔摩综合征""认知负荷"等心理现象，它真实存在，但长期被人忽视。

这种"反思中获得的感悟"，是一种情境性经验、个体性经验；是动态的、缄默的，也是稍纵即逝的；在生活中集中体现为真性情、土办法。这说明，除了从"直接经验"与"间接经验"的角度去认识"经验"形态外，还可以从"一般经验"与"自我经验"的角度去认识"经验"的存在形态。这也揭示了那些立足一线教学经验而产生的教育大家成功的秘密，即他们都学会了"反思"，遵循了"自我经验"（而非一般的、笼统的经验）的变化规律。通过分析新中国成立以来的 20 位教育家的成长史发现，他们大多学历不高，进修机会也很少，但专业发展充分，"专业自我"丰满，他们共同的突出点就是，立足亲身实践体验，不断反思与感悟，不断总结与提炼。可见"反思"会让"经验"的形态发生变化，这才是问题解决的关键。2003 年以来，在笔者的 108 所"自主生长式教师专业发展"实验学校里，长期有组织地开展教育反思案例的撰写、教师互动、成果整理（教育主张提炼）等活动，从而见证了一大批普通教师立足"自我经验"而快速成长[1]112。这些都反复说明了教师的"自我经验"是真实客观存在的，一线教师可以不走"接受式"专业发展之路，而走立足个人的"自我经验"变化规律的自主生长式专业发展之路。

二、教师"自我经验"的四种形态及其嬗变规律

"自我经验"源于实践情景，主要是一种情境性经验。从"自我经验"的内在结构看，它有感性的因素，但更多是理性的成分，它已改变了一般经验的形态，是一般经验中的一个新品种。从功能看，可以说它是贯穿感性与理性的一座桥梁。在实践中，"自我经验"的情境性意味着它存在形态的复杂性，其结构不稳定，形态易变化。综合笔者的观察与分析，"自我经验"主要有 4 种存在形态，即事例经验、类经验、个人经验体系、教育实践智慧[1]118。

（一）事例经验

分析成功或失败的教学故事，或从实践经历中获得成功或失败的体验并通过反思获得的感悟，就是典型的事例经验。事例经验是教师自我经验的初始阶段，是教师经历某关键事件后形成的对教育教学的新认识，表现为一种单一的、解决具体问题的能力。教师撰写教育反思案例，是提炼事例经验的一种经典形式，是形成教师的教育思想，"专业自我"的开端。值得一提的是，由于"反思"的缺乏，大部分教师的"自我经验"都属于原发形态、偶发形态，并且大部分教师长期满足于处在"事例经验"层面。只有不断进行反思的教师才能实现"自我经验"的不断生长，最终达到高级形态——教育智慧。

（二）类经验

类经验是教师发挥思维的归纳作用，将不同主题的事例经验归纳整理，最终形成的经验形态，表现为一种灵活、多路径解决某类问题的能力。一般而言，教师在积累了一组事例经验之后，系列事例经验之间还是相对独立和彼此分离的，如果教师在一个更高的平台上审视这系列事例经验，对其进行深度思考和创新整合，进而凝练为一种模式、一种程序、一种策略，形成解决这一类问题的主要思路和具体步骤，这就是"类经验"。"类经验"可指导教师面对同一类教学情境时如何开展合适的教学工作，它也是构建教师个人经验体系的重要部分。整合出"类经验"的一个实用办法是开展"教师互动"，进行"深度汇谈"，不断增长见闻，不断改变心智模式。

（三）个人经验体系

通过将自身的和"专业发展共同体"中教师的大量"类经验"进行凝练，在横向彼此隔离的教育类经验之间建立联系，形成的纵横交错、层次分明的认知体系与具有强大功能的经验库。教师不仅对一类课型、一类问题、一种方法有自己的认识，而且对各种课型、各类问题、各种方法都有自己的思考和认识并建构起相应的网络体系，形成模式或模型。"个人经验体系"形成的重要标志就是写出代表自己的教育思想的、自圆其说的教育论文。这种个人"经验体系"既源于教师对"类经验"进一步反思、深化和拓展延伸，也源于教师群体的智慧和实践积累，是"教师视域的扩展与别的视域融合的过程"[7]。以教师个人经验体系为工作纲领，能够充分独立地开展教育教学工作，并能取得良好的教育教学效果。

（四）教育实践智慧

教育实践智慧即教师在面对教学事件时，能根据个人经验洞悉教育本质、迅速做出教育决策的素养。这种实践智慧是教师自我经验的最高形态，是教师自我经验与实践反复作用，并融入个人对教育、对人生的全部体验、情感、理解、思考、志趣的产物，具有明显的实践特点和艺术与个性化特征。它既可以体现为教师挖掘教材、处理教材、教学设计、教学实施的能力和教育机智，又可以体现为教师对学生"唤醒、激励、鼓舞，引导、启导、诱导，组织、示范、矫正"的信念。卓越教师、具有教育家风貌的教师就是其代表。

"自我经验"的四种存在形态也是其内在结构，这个结构是不稳定的，总是处于不断的嬗变过程。对于某些教师而言，由于其"自我经验"发展已经处于较高水平，他们能充分驾驭"自我经验"的发展，能从各种经验形态中获取更高层级的"教育感悟"，因此，"自我经验"发展会呈现出跳跃式的发展特征，即可以直接从一些"事例经验"获取"经验体系"甚至"教育智慧"。但对广大的普通教师而言，"自我经验"的基本嬗变过程是由低级逐步走向高级。具体来讲，就是由"事例经验"出发，历经"类经验""个人经验体系"到"教育实践智慧"。

三、教师"自我经验"嬗变规律的启示

教师专业发展过程理论是教师教育学得以建立的基石，是教师专业发展活动科学化的依据。目前，国内外教师专业发展过程理论研究取向可分为两种，一是以"理念—更新"为主的"外铄"型研究取向；二是以"实践—反思"为主的"内塑"型研究取向[1]135。这两种研究取向均存在严重不足，"外铄"取向易导致教师个体处于被动消极状态，"内塑"取向中忽视了外部环境对教师个体发展所形成的激励与引导，或阻隔与抑制作用。教师的发展过程如果是一只"黑箱"，那么对教师"自我经验"的发现与对其嬗变规律的认识，就像一道光，正可照亮部分黑暗，使其过程可以透视了。"自我经验"及其嬗变规律正是我们认识教师专业发展过程规律所需要的，为我们提供了新的启示。

（一）要建立立足"自我经验"的教师发展理念

教师在发展活动中，如何保持教师话语权？如何自主？一直是难题。"外铄论""内塑论"都没有把"自我经验"作为起点，"你讲我听""榜样示范""查漏补缺"等教师发展方式的共同特点是"授—受"结构，即剥夺了教师发展的自主权，把教师视为开展教育教学的工具，忽视了教师是具有独特"自我经验"与独立人格的生命个体，故收效有限。

建构主义认为，学习者是在已有的知识经验基础上，通过新旧知识经验间的双向作用过程建构起新的意义，从而充实和改造自己的知识经验。可见，每一位教师身上都具备"自我经验"，这些"自我经验"是教师专业话语的源泉，是教师专业自我发展的基础，要重视他们对教育的现有理解，倾听他们的见解。因此，教师只有立足"自我经验"，才能主动承担起专业发展的主体责任，当教师围绕"自我经验"行动时，他的主动空间与话语机会较多，才可能实现有效的发展。

（二）要依据"自我经验"的嬗变规律设计教师发展过程

"自我经验"本身有一个由低阶（事例经验）向高阶（实践智慧）转化的嬗变趋向，这是我们可以利用的"自然规律"。站在自我经验嬗变的视角，理想的教师发展的内在活动是一个基于自我经验，在反思伴随下的自主建构过程，是一种"自主生长取向"。依据这一理论假设提炼出的中小学教师发展的一般路径，破解了教师发展领域的一个"哥德巴赫猜想"（即波斯纳关于"经验＋反思＝成长"的猜想），形成凸显"生长"特色的教师发展过程理论。

教师发展的一般过程应是自主生长式的。根据实践探索，我们将教师发展过程设计为，在对亲身体验的反思中提炼出事例经验——在对系列事例经验反思中整合出类经验——在对若干类经验的反思中凝练形成个人经验体系——在对个人经验体系的反复应用与反思中生发教育实践智慧[1]85。教师发展的立足点就是"自我经验"，最初的台阶是"事例经验"，其过程是反思伴随的嬗变生长过程。"嬗变"指蜕变，指一种元素通过核反应转化为另一种元素，这种说法比较接近教师发展过程的原貌，即教师发展实为一种"建构"与"生长"，而非"接受"。

（三）要发挥"专业共同体"的促进与协同作用

教师的发展活动应基于"自我经验"，为了"自我经验"，在"自我经验"之中进行。但是，考虑到教师专业发展的综合性与特殊性，仅从一个层面考虑其发展路径是不够的。从学习型组织理论角度看，教师的专业发展活动要调动教师自身和外部环境两个方面的积极因素。我们提出的自主生长式教师专业发展就属于这类尝试，我们实验设计的侧重点是：既要基于"自我经验"的嬗变规律，还要借助"专业共同体"的促进与协同作用。

依据学习型组织理论，教师发展的支持性氛围的最有效的营造办法是建立教师专业共同体，包括学习共同体、研究共同体、发展共同体等。我们认为，教师发展的实质是"自我经验"借助"专业共同体"，在反思伴随下的嬗变过程。在这递进过程中，让经验的个体属性减弱，共性属性增强。因此，"专业共同体"不可或缺，这是紧随教师发展过程的"支持体系"与"环境氛围"，能有效促进内部发展动机的生成，协助发展方向的把控。

（四）要依据教师"自我经验"发育程度来诊断与调整教师发展活动

教师发展阶段与程度评价一直是教师自己与培训者关注的难题。如何更合理地划分教师发展的阶段？教师如何判断自己在职业生涯各阶段的自我意识与需要？这都是重大理论与实践问题。我们在实践探索中，汲取行动研究与叙事研究的成果，把撰写教育反思案例作为促进教师自主生长式发展的有效抓手，即从写教育反思案例入手，将教育反思案例作为教师互动的平台，让教师在撰写教育反思案例的过程中，学会合作并生成自己的教育思想。

过去习惯于从外在因素分析教师发展状况，容易导致教师自我否定、自我迷失、自我人格分裂。而"自我经验"是教师专业发展的内在因素，依据教师"自我经验"发育程度来诊断教师发展状态，更易于被教师掌握，有利于解放教师心灵，带动教师个体生命质量的整体提升。这些既是诊断教师发展水准的主要指标，也是调整教师发展活动的指南。一般而言，由"事例经验"主导的教师，能够实现内隐经验外显化，其专业水平仅处于初级阶段；由"类经验"主导的教师，能够将零散经验结构化，其专业水平已进入骨干教师行列；由"个人经验体系"指引的教师，能够实现结构经验系统化，其专业水准达到优秀教师水准；还有少量教师能够达到系统经验至善化的境界，这就是教育名家与教育大家了。处于不同水准的教师群体的发展策略显然不能千篇一律，要因人因时而异。

（五）要鼓励教师更多地表现自己的真性情，提升自己的土办法

真性情，生活层面是指"以物喜，以己悲"，"不戚戚于贫贱，不汲汲于富贵"的态度。正如周国平在《论真性情》提到，"一个人在衡量任何事物时，看重的是它们在自己生活中的意义，而不是它们能给自己带来多少实际利益，这样一种生活态度就是真性情"[8]。教育工作层面的"真性情"，即指教师的教育本色。土办法，本指民间（个人）总结出来的，没有形成规模，没有定型，可能用科学解释不了的，用起来效果还不错的办法。教育工作层面的"土办法"，是指教师根据实际状况独创的、能解决问题的个性化办法。

真性情、土办法是教师"专业自我"的初级体现，要鼓励教师更多地表现自己的真性情，提升自己的土办法。教育反思案例是展示教师真性情、土办法的有效载体，是教师有效的互动平台，也是教师走向专业学习与发展的捷径。在教师发展活动中，要写好教育反思案例，从"事例经验"开始；一切互动都要敞开心扉，指向"真我"；努力保持教师的教育本色。教师要善于借助外力将自己已有的"土办法"进行提升与系统化，促进其发展，以形成自己的个人教育秘诀，也就是在外力（尤其是组织氛围）的帮助下系统化放大已有的"自我经验"，产生由低到高的嬗变，而不是一

味去接受别人提供的结论性知识，或另起炉灶重新学习。

总之，自主生长式教师专业发展理论重视"自我经验"，主张一线教师深入持久地对自己的教学实践进行反思，以"自我经验"为起点，梳理"自我经验"，放大"自我经验"，形成操作体系，这是对目前教师"被发展"的深刻反思，是对教师生涯发展理论研究进入强调个体内在专业性提升这一"新焦点"与自主发展这一"核心命题"，以及"关注个体能动性时期"[9]的独特回应。在教学及教师发展领域应用自主生长式专业发展理论，就是改造、规范、提升教师教育教学过程与发展过程，从而实现工作即学习、教学即研究、研修即生长等新理念。在2003—2015年间，笔者通过108所学校开展的实验，探索出了"自修—反思式校本研修模式""自主生长课堂课例研修模式"等具有很强操作性的实施模式[1]88，进一步为中小学开展校本研修、普通教师走向智慧与卓越提供了具体路径。目前，自主生长式教师专业发展理论正扩展应用到教育科研[1]127、教师培训[10]2-3、职业教育教师专业发展[10]287、专业教育硕士培养[11]等领域，有关实践范式还在提炼概括中。

（原载《广东第二师范学院学报》2021年第2期，本文题目有所改动）

参考文献

[1]潘海燕. 自主生长式教师专业发展研究［M］. 武汉：华中师范大学出版社，2018.

[2]李栋. 教育场域中经验本真意涵的误读与回归［J］. 中国教育学刊，2017（7）：36-42.

[3]陈维维. 审视与反思：戴尔"经验之塔"的发展演变［J］. 电化教育研究，2015（4）：9-14，27.

[4]田慧生. 时代呼唤教育智慧及智慧型教师［J］. 教育研究，2005（2）：52-56.

[5]杜威. 民主主义与教育［M］. 王承绪，译. 北京：人民教育出版，2001：158.

[6]陈振华. 论教师的经验性学习［J］. 华东师范大学学报：教育科学版，2003，21（3）：17-24，35.

[7]李晓阳. 教师经验及其生成［D］. 武汉：华中科技大学，2009.

[8]周国平. 愿生命从容［M］. 北京：十月文艺出版社，2019：12.

[9]朱旭东. 教师专业发展理论研究［M］. 北京：北京师范大学出版社，2011：2-3，287.

[10]潘海燕，陈庆礼. 自主生长式教师专业发展实践案例［M］. 南京：南京大学出版社，2019.

[11]潘海燕. 专业教育硕士学位教育应着力教师实践性知识的生成［J］. 湖北第二师范学院学报，2011（10）：90-92.

教师个体发展个案

从自我经历看"自主生长式教师专业发展"课题的意义

武汉市马房山中学　游　昕

春风化雨，春华秋实。蓦然回首，我已经在教育战线耕耘了近 30 年。颇受命运眷顾和青睐的我，荣幸获得了湖北省语文特级教师、湖北省首届优秀语文教师、武汉市学科带头人、武汉市优秀教师、洪山区区管专家等荣誉称号。梳理这一段足迹，我发现"自主生长式教师专业发展"的课题研究对自己的专业成长起到了至关重要的作用。

1997 年，我 27 岁的时候，获得了武汉市教师五项技能大赛一等奖，尤其在现场论文、教案设计和上课三项技能上的评分是全市遥遥领先的第一名。但是直到 2004 年前后，除了积累了一些教学实战经验外，我没有发现自己的任何进步。在这个职业发展的瓶颈时期，我所任教的武汉马房山中学引进了潘海燕教授及其团队自主开发的课题："自主生长式教师专业发展"课题研究。这个课题依据教师自身的个性与独特性，深入挖掘教师自身的优势和资源，强调教师源于自我教育经验的成果整理，让教师从对自己的教学经验进行反思、累积并归纳中获得专业成长，在此基础上生发出自己的教育思想，教师不但可以从中体会到职业内在的尊严和乐趣，还能最终形成个人教育理论。

于我而言，这恰如久旱之甘霖。我非常感恩遇到潘海燕教授及其团队的课题，感恩当年的马房山中学引进这一课题，也庆幸自己不折不扣认真实践了这一课题。

一、个人成长：严格依据"自主生长式教师专业发展"理论和操作范式，多方面积累"事例经验"，进而形成"类经验"，从而提升教育智慧

自主生长式教师专业发展理论认为，教师是有丰富"自我经验"的个体，教师的"自我经验"是教师专业发展的基点和内在资源。一般而言，教师专业发展是从亲身体验中提炼"事例经验"，在系列事例经验中整合"类经验"，通过凝练系列"类经验"而形成自己的"个人经验体系"，在应用自己的"个人经验体系"中形成教育实践智慧，其过程就是教师自主生长的过程。因此，教师要善于利用"自我经验"，帮助自己从"他主"走向"自主"，最终走向"智慧型教师""思想型教师"。

这个过程与教师日常的教学紧密结合，不增加其他负担，正如潘海燕教授所说，建立在"自我经验"之上的教师学习，是一种以问题为驱动的行动学习，以案例为支撑的情境学习，在实践经验上的反思性学习，以主体构建为追求的研究性学习，以群体为基础的合作学习。它帮助教师掌握自修—反思技术，养成合作学习与反思习惯，可以大大提高教师的综合素质。

（一）积累大量课例，在不断反思的基础上综合同伴与专家的意见，逐渐形成属于自己的教学风格

在此期间，我设计并示范教学了《我的老师》《蒹葭》《麦琪的礼物》《勾连生活，驰骋想象——想象作文训练》《明湖居听书》《唐诗宋词中的……》综合性学习等各具特色、在不同层面对传统课堂均有所突破的创新课型。通过课堂实录、录像课回放等方式，从不同角度、全方位观察与思考自己的课堂，在教研室专家、教研组同行的引领、互助下，撰写了大量反思笔记，其中《对一堂作文课的设计与反思》《反思课堂的预设与生成》等文章均在中文核心期刊发表。

此外，在日常作文教学上进行深入实践与反复研讨后，我摸索出一整套提升学生写作能力的教学方法，形成作文教学讲座稿《功夫在诗外》。已故十堰市茅箭区教研员傅浩然先生阅读后写了一封万言长信给我，从"积累与修改""培养思辨能力""一体两面""作文情怀"四个方面详细点评了此文稿对于指导中学生学习写作的意义以及带给他的震撼与启迪，结尾说："我们写这封长信的目的，是向您汇报我们的学习体会，并引起您对自己这个宝贵成果的重视，希望能将各部分进一步细化，撰写出具有自己特色的作文教学专著。现在市面上看不到您这样的经验，包括大学教材在内的都是'主题结构'之类。我们希望您的探索实践能给作文教学带来金色的希望"。在没有普及互联网的年代，这算是一次远程的"同伴互助"与"专家引领"吧！虽然傅老师期待的"专著"因为种种原因并未付梓，但是以此为蓝本的讲座的确惠及不少青年教师。由此可见，持久深入地对自己的教学实践进行反思，在这个过程中系统化自己的"事例经验"，进而形成一定的操作体系，并使之成为个人行之有效的教学方法和教学设计理念，不仅会对自己的教育教学有益，也可以对同行产生一定的影响。

在不断的反思—修正—再反思—再提升中，我逐渐形成并发现自己的教学追求和风格——着力锻造"激发兴趣，激活思维，激励成长"的"三激促学"语文课堂，形成"灵活多变，轻负高效"的教学风格。

（二）勤于撰写班级管理案例，收藏学生的各种小故事，在同类问题的处理过程中发现规律，归纳教育"类经验"

每届都有学生在毕业多年后回学校来看望我，说游老师您是改变我命运的人，当年我如何如何调皮，如果遇到的不是您，我的人生肯定会糟糕很多。每每这时我都会很惊讶地说："不会吧！你们当初都很优秀的呀！"我的学生会反驳说，不是的，只有您认为我优秀，其他任课老师，还有我的小学老师，都不曾这么认为。

为什么会产生这么多的同类感慨？回溯本源，是"自主生长"课题督促我一笔一画记录下自己与学生交往的点点滴滴，引领我发现了自己"与人为善"的本性所产生的巨大教育力量，在一个个被激活的孩子背后，我慢慢发现了"激励、唤醒和鼓舞"的秘密，这不仅仅是第斯多惠教给我的，更是我在长期大量的实践中感悟出来的。

捕捉到这个初始的"事例经验"后，我开始有意识地寻求和研究它的普遍意义。面对调皮的学生，如何在细致观察中抓住他不为人知的闪亮的一面？怎样合理利用恰当的时机进行激励？采用哪种方式激励更为有效？要不要有意设置一个合适的激励环境？在表扬一度泛滥成灾、学生根本不屑一顾的背景下，为什么你的激励总能那么动人心弦、产生效应？这样就形成了"类经验"。它不再是简单从教学经历中获得经验，而是在经验中萃取，诞生在推演归纳、规律摸索和经验总结的基础上，通过自主学习和有效反思来实现。

多数情况下，班主任是对学生影响最大的老师。班主任的教育智慧，直接关系到学生成长的愉悦感、归属感与成就感。一个学生喜不喜欢上学，喜不喜欢进自己的班级，喜不喜欢和自己的同班同学相处，乃至于能不能成人成才，和这个班主任是否能营造和谐、温馨、平等、博爱的班集体密切相关。通过一系列这样的"事例经验"积累下来，我逐渐形成"类经验"，最终提出"好成绩是好人格的副产品"的教育理念，倡导"关注学生长久发展，长久关注学生发展"，为学生终身发展奠基，让教育成为一段智慧而温暖的旅程。

二、课题推广：不遗余力加强推广交流，在自我成长的同时引领同伴共同生长，让"自主生长"课题花开边疆

2017年8月我受中组部委派来到新疆博尔塔拉蒙古自治州博乐市第八中学支教，担任分管教学的副校长。非常幸运的是，潘海燕教授同时也在博州职业学校支教。因此，在博乐八中引进"自主生长"课题成为自然而然的选择，我也和这个课题再续前缘。

结合博乐八中的实际，我带领学校教研室成员，组织部分骨干教师扎实推进"自主生长式教师专业发展"课题研究。

我们请潘海燕教授亲自进行专题辅导报告，开启"阳光论坛"，围绕什么是自主生长，教师如何自主生长，在教育实践中我们生长过哪些智慧等话题展开讨论、学习、交流，让教师对自主生长式教师专业发展理论有明晰认识，让教师感觉到"自主生长"已经发生在我们的教育实践中，只是我们没有意识到，还不成熟，还需要在实践中不断地探索完善。我们组织"课堂督导小组"，对起始年级的"习惯养成课"、过渡年级的"陪伴课"、毕业年级的"复习课、试卷讲评课"等主题，进行"课堂观察"，在教师原有经验的基础上，通过反思案例撰写、小组研讨、专家引领、校长导评，将行动研究与叙事研究相结合，给教师提供新的、经济适用的思路，有效提升教师的课堂效率。

短短一年，八中的老师在模仿和摸索中增强了反思意识，提升了反思能力，在积极的行动中努力向"自主生长"靠近，小课题《基于"阳光教育"理念的"自主生长式教师专业发展"校本研修行动研究》顺利在博尔塔拉蒙古自治州结题。本学期，我已结束援疆任务，但是八中的课题仍在继续，因为他们感受到了反思对于个人成长的意义。他们的选题是《如何在"自我经验"的基础上生发"类经验"》。对于遥远偏僻的边疆教师来说，这已经是很大的一步跨越了，这是八中课题组的荣誉，也是潘教授课题团队的欣慰。

博乐八中的经验告诉我们，"自主生长"理论接地气、易操作、可复制，是教师专业成长的助推器。

（一）研究范式可复制、易操作

案例可以起到提供素材、提出问题、引发思考、积累"事例经验"的作用，写反思案例是课题研究最初也是最佳的方式；同伴互助可以激发同行间取长补短的欲望，为彼此打开一扇另一个角度看问题的窗户，形成浓郁的教研氛围；专家引领或者校长点评，给予课题研究极大的鼓舞和指导，是课题

得以持续和良性发展的根本保障。与铺天盖地的内地专家奔赴新疆，讲几节准备好的公开课或者讲座比较起来，"自主生长"的理念更贴合边疆教师专业发展的实际需求，可以真正起到改变教师的心智模式，诱导教师的内在潜能，让教师主动参与研究的作用。一次次的案例交流，老师们不仅分享着各自的事例经验，更重要的是促进了教师思维方式的转变，这为后期的教学研究积蓄了更多的力量。

（二）"内外结合"接地气、易推广

教师工作在教学"第一线"，拥有大量的教学感性认识、丰富的实践经验和鲜活的教育教学案例，"自主生长"的整个过程，是教师通过自我调节、自我激励、自我创新，觉察和发现自己教学中需要改变的东西，从而产生新的教学理念、教学方法、教学思路的过程。相比于被动接受、以撰写听课笔记和听课感受为主的教师培训，它抓住了教师专业发展的主体——教师，充分尊重教师原有的教育基础与经验，将"外铄"与"内塑"高度结合，教师可以随时反思，通过自我诊断、评价自己工作中的得失，同时把自己的思考、收获变成文字，在真切的教学实践中形成有效的教学智慧。通过反思，对自己的行为以及由此产生的结果进行审视和分析，对自己从事教育教学的思想、言行、方式方法等进行有意识的自我调整，使自己的显性、理论性知识得到内化、结构化，隐性、实践性知识得到丰富与提升，整个知识结构得以重构和优化。

（三）有利于充分发挥组织者作用

在此期间，学校相关部门和校长、一线专家发挥了良好的作用。课题研究强调教师与同事、专家、领导的合作共赢，强调学习环境的营造，学校管理者重在提供学习资源，组织相关活动，指导、参加和帮助教师学习。例如，疫情期间，校长通过网络对学校 20 多份反思案例进行了导评，教研室为评选出的优秀案例获奖者组织了隆重的表彰大会，给予教师正向引导与鼓舞。其实这些活动不需要太多的创意，只需要忠实执行"自主生长课题"范式即可。

当然，接触课题时间较短，戍守边疆任务繁重，还有许多教师没有参与到自主反思研修中来，学校管理层必须明确，认识有快慢，成长有先后，要有信心，更要有耐心静待花开。

当前，我们并不缺乏先进的教育理念，我们所缺少的是对这些理念进行运用、操作和探索的有利途径。基于"自我经验"的教师专业发展理论，紧

密结合教育教学实际，鼓励教师抓住专业机遇，启迪教师培养专业自觉，督导教师践行专业追求，理论线索清晰，实践操作便利，为教师专业化成长提供了切实可行的"潘氏方案"，在纷繁复杂的教师专业发展理论中走出一条独具特色的路，也因为接地气、易操作、可复制而具备了长盛不衰的生命力。对于"一生只做一个课题"的潘教授而言，功莫大焉。

（原载《成才》2021 年第 3 期）

"自我经验"助推教师成长

湖南理工学院教育管理研究生　葛　伶

"自主生长式教师专业发展理论"由湖北第二师范学院教育科学学院潘海燕教授及其团队历经十余年的实践和探究提出，他认为教师专业发展活动最重要的思路是基于教师的"自我经验"，让教师在解决自己真实的教育问题的同时，升华"自我经验"，在"行走"中改变行走方式，进而建构自己的教育理论。岳阳市第九中学的任畅老师是"自主生长式教师专业发展理论"的实践者和受益者。她从师范学校毕业走向教师岗位后，从事过多门学科的教学、教研工作，并担任过多年的班主任。在长期的工作实践中，她在教学、教研、班级管理等领域里都形成了自己独有的方法和经验。十多年前接触潘海燕教授的"自主生长式教师专业发展理论"后，她深入持久地对自己的教育教学进行循环往复的反思和实践，以"自我经验"为起点，梳理自我经验，放大自我经验，从而形成了属于自己的"操作体系"。2015年她被评为"岳阳市首届名师"，2016年被湖南省教育厅遴选为"未来教育家培养对象"，2017年被评为湖南省"优秀教师"，2018年获得中学语文"特级教师"荣誉称号，2019年被评为湖南省首届"芙蓉教学名师"并荣升正高级职称。

一、"好学、勤学、会学"是积累"自我经验"的源泉

80年代末，任畅老师以优异的成绩考入岳阳师范学校。在三年学习期间，任畅老师不但认真听课、做好课堂笔记，还坚持写学习反思日记，定期总结学习上的问题，因此在师范学校学习期间她的成绩一直名列前茅，这些学习经验也为她的教师生涯打下了坚实的理论基础。除了专业课程的学习，她还利用闲暇时间广泛阅读各类经典书籍，并自学美术专业相关课程，参加了自学考试。在22岁那年，她得偿所愿地拿到了美术学科大专文凭。接下来的几年，她又通过自考获得了湖南师范大学中文本科文凭。如今，任畅老师成为一名颇具影响力的老师，其美术功底对她的语文教学以及地理等学科的教学都起到了"画龙点睛"作用。任畅老师的学生都反映，任老师的课不

但讲得生动有趣，她的板书也永远充满了"艺术的味道"。2005年，岳阳市招聘骨干教师时，任畅老师抽到《中国石拱桥》这篇课文，她充分发挥了自己美术功底的优势，讲课时画出了赵州桥和卢沟桥的结构，通过图示将两座桥的特点阐释得"淋漓尽致"，让学生更好地品味到了说明文中语言的准确性。独有的美术功底加上扎实的教学能力，使她的课堂教学成绩遥遥领先。

任畅老师曾执教过4年的地理学科，在这之前她从没教过地理，为了上好这门课，任畅老师每天把地理书、地理图册带回家研读，并且经常在学生放学后独自在黑板上练习徒手画图，在自学过程中遇到不懂的地方及时向地理老师请教。正是基于在已有经验上不断进行自我突破，任畅老师在地理教学上也取得优异的成绩：2002年，她在汨罗市中学地理竞赛中获得了汨罗市课堂教学一等奖；2003年，她先后获得了中学地理教学竞赛汨罗市一等奖、岳阳市一等奖、湖南省一等奖。2004年和2005年，她执教的班级地理毕业会考成绩在汨罗市名列前茅。

有学者在前人研究的基础上，结合我国教师的特点，以教龄和职称作为依据，提出教师专业发展的三阶段论：新手型教师、熟手型教师以及专家型教师。新手型教师一般出现在从师范学校毕业走向工作岗位的前几年，这个阶段的绝大多数教师因为没有过多的教学经验，在教学方法、教学内容、班级管理等方面表现出明显的焦虑与紧张，感觉压力相当大。然而，任畅老师的教师生涯似乎并没有经历这个阶段，17岁中师毕业的她被分配到初中就读的母校——高家坊中学，转换成教师角色的她一走向讲台就感觉很"熟练"。任畅老师说，她也觉得很奇怪，相比许多刚踏入讲台的新老师，她似乎像已经从事过好几年的教学工作。捧上书本，拿起粉笔，她就能沉着地上好一堂课，无论是主教的语文学科还是兼的政治、美术、地理等学科，似乎也能快速地找到每门学科的教学技巧。

二、做好课堂教学的实践反思，是提升"自我经验"的利器

任畅老师接触到潘海燕教授及其团队的"自主生长式教师专业发展理论"后，发现自己早期教育教学工作上的很多做法与该理论相契合。自己的"新手阶段"十分顺利，这项"本领"不是与生俱来，而是由于早在三年师范学校学习期间，甚至在更早的时候就养成了对"自我经验"进行提炼的习惯。任畅老师就读师范学校的最后半年是去中学实习，在前期她认真地听了许多教师的课，回家后又将每节课的听课笔记重新整理并进行分析和揣摩。等到自己正式上讲台时，任畅老师完全没有了"实习教师"的拘束和陌生感。记得在实习期间，和她一起实习的同学说了一句让她印象很深刻的话：

"任畅，你以后一定会成为名师的。"没想到此话一语成真，当年那个实习期"锋芒毕露"的小老师，多年后的确成为一位名师。经历了实习期的锻炼，任畅老师把"自己亲身体验进行反思后获得的感悟"带到后来的教师角色中，形成了自己的教学经验。

美国著名的心理学家斯滕伯格认为，专家型教师应该是具有某种教学专长的教师，而这种教学专长没有评定标准，每位专家型教师都有自己独特的教学风格，在教学中会采用更多的策略，能更有效地运用自己的知识体系来解决问题，效率更高，完成同样的工作内容比普通教师尤其是新教师所用的时间更少，洞察力更独特，在遇见问题时更能够创造新颖和恰当的解决方式。

任畅老师的课堂一直都是充满魅力的，因为她善于在每一节课中不断地提炼"自我经验"，再不断观察并及时更新，直至形成"类经验"，最后在长期的日积月累中把"个人经验体系"转化为"教育实践的智慧"。正是基于在教学上不断"反思—更新—再反思—再更新"的做法，任畅老师在教学技能上迅速成长。她强调课堂是教学的主阵地，是教学研究的情景场，在课堂教学实践中提炼"自我经验"，生长思想，是教师提升专业发展最便捷、最有效的途径。就如何在课堂教学中提炼"自我经验"，任畅老师通过多年的摸索实践，形成了自己的"教学智慧"。笔者对她的课堂教学进行研究，发现她在课堂教学上一直坚持以下做法。

（一）课前调动原有"自我经验"并做好预设

课前即备课阶段，教师要对课堂进行预设，调动原有的"自我经验"。这个"自我经验"既可以是自己受教育的经历，也可以是自己在教学实践中已经形成的教学理念、教学方法、教学手段等，在这些前提下对新的课堂展开新的预设。任畅老师认为预设的内容可以包含教材的重难点，譬如，"怎样导入新课？""怎样根据课堂内容设置问题？""怎样深入文本实现有效对话？"等等，还可以就课堂组织和管理方面进行预设，如"怎样调动课堂积极的氛围？""怎么引导学生自主、合作式学习？"多年的教学实践证明，课前备课预设阶段做得越充分，课堂效果越好，因为它调动了已有的经验，完成了课堂预设，做到了心中有数，另外通过课前的预设，也可以帮助教师提早发现问题，及时调整教学方案。

以任畅老师执教的《云南的歌会》课文为例，在备课阶段她抛开教参等所有的辅助资料，通过对课本进行素读，研读课程标准，凭借多年形成的"自我经验"——教法来自学法，学法来自文本内容，首先对这篇课文预设主问题："文章写了云南歌会的哪几种形式？各自有什么特点？"然后再预想：如果这样提问，学生或许能够快速抓住文本内容，但探究问题的积极性会不会被激发出来？他们的学习行为会不会只简单地停留在书中去寻找问题的答案？根据曾经积累的"自我经验"，这样的情景有可能出现。因为这个主问题是从老师"怎样教"的角度提出的，并没有真正激发学生内在的学习动力，可能不会实现让学生与文本有效对话的目的。于是，任畅老师在反思后，重新调整课堂预设的主问题："如果你是一名导游，你将怎样向游客介绍云南的歌会？"并且计划在课堂上采取角色扮演的方式引导学生自主阅读文本，调动学生学习的内驱力。但是，在经过几次推敲后，新的疑惑又出现了："这个问题是否设置过大，目标指向性是否不明确？"于是，任畅老师在百般琢磨后，又把设置的主问题改为："假如你是一名在云南的游客，你最喜欢参加哪一种歌会？为什么？"最后这种主问题的设置就完全站在学生角度来创设，让他们既能全面通读课文，又会主动区分三种歌会形式的异同，还能够根据自己的喜好选择其中一种歌会形式进行细细研读。任畅老师在将课堂主问题设置好后，再对教学手段进行预设。根据已有的经验并结合本篇课文的特点，她决定采用多媒体教学，融入画面、音乐等多种艺术形式，从而激发学生的学习乐趣，让文本变得生动会说话。最后，任畅老师对课件进行几次修改后，确定了较好的教学设计方案。

　　任畅老师指出，课前充分调动教师原有的"自我经验"，结合文本和所教班级的学情，认真仔细地进行课堂预设，能够及时发现自己课堂设计的不足，进而能够更好地调整教学方案。

（二）课中仔细观察并根据现场调整方案

　　课中，教师要通过观察来修正原有的"自我经验"，及时调整教学方案。任畅老师一直强调课堂上，学生才是学习的主体，一切课堂活动都需要服务于他们。多年的教学实践让她深知，一堂好课的标准是班级全体学生都能主动积极参与到课堂教学中，并且课堂检测能到达预期。如果课堂中学生参与度不高、积极性不强，说明课堂预设计存在问题。这时，教师要善于发现问题并进行原因分析，走出"原有经验"，并及时调整与修正教学方案。

　　按照课前预设，任畅老师在执教《云南的歌会》时，她发现班上的优生的确可以根据课前预设的问题来阅读文本，积极地表达自己的观点和想法。但是通过对整个课堂的仔细观察，任畅老师发现有小部分学生状态懒散，既不参与讨论也不主动发言，只是被动地当"观众"和"听众"。这时，任畅老师根据已有的"自我经验"推断，这部分"沉默"的学生要么是性格内向、不愿意主动发言，要么就是没有全面阅读课文，无话可谈。那么如何让这小部分学生积极地参与到课堂中？"小组抱团！"任畅老师临时将"个人发言环节"调整成"小组交流展示环节"，并要求组长引领、带动小组每位成员发言，做好发言记录。小组内交流完毕后，再"小组点将"在全班展示，最后在所有小组中评选出"优胜小组"。通过这样的调整，班级所有同学都参与到课堂中来，胆小的同学能够在小范围内大胆地表达自己的观点，未仔细阅读课文的同学也会主动地阅读课文、不再做"南郭先生"。

任畅老师说，教师在课堂中要有一双"发现问题"的眼睛和一颗"关注学生"的心，能够随时仔细观察课堂，并且要有敢于修正"自我经验"的勇气以及调整正确教学方案的智慧。

（三）课后进行实践反思并更新"原有经验"

教师进行实践反思对于专业发展特别重要。曾有三位著名学者几乎不约而同地表达了这一观点：叶澜提出，一个教师写一辈子教案不可能成为名师，如果写三年教学反思就有可能成为名师；林崇德认为，优秀教师＝教学过程＋反思；美国学者波斯纳指出，教师成长＝经验＋反思。教学反思一直贯穿在任畅老师的学习和教学生涯，她主要从两方面进行：一方面主要在课后对整堂课的教学行为进行思考和回顾，包括教学理念、教学行为、学生表现、课上成功和失败的环节等，都一一进行理性分析再记录下来作为"实例经验"，以备将其归纳总结成教学的"类经验"；另一方面，通过课后检测学习效果，再根据效果反思教学行为，这样有利于教师了解学生掌握知识的真实情况，帮助其更好地反思教学设计和教学行为，最终可以形成自己的教学方法体系。

《云南的歌会》这篇课文，任畅老师执教过多次，但每次上完她都会进行新的反思，譬如在多媒体的设计上，对包括画面的选择、音乐的导入、情景的运用等多方面都不断地进行探究。最开始课堂的教学手段以多媒体为主，发现学生虽然兴趣盎然、乐在其中，但是忽视了对课文的把握。后来，她觉得需要平衡文本与多媒体的关系，需要去找到课文内容和画面、音乐之间的联系与区别，才能更好地引导学生思考。于是，她又对课堂设计和多媒体的选择进行了反思，并又多次进行修改，目的就是能进一步激发学生的学习兴趣、收到良好的教学效果。

三、在教研工作和课题研究中，采用"自修卡＋导研案"来构筑"研究场"

任畅老师担任教研主任十多年，主持过多项课题研究。最近十年，她先后发表论文 30 多篇，主编、参编教育教学类书籍 20 多本，她个人的教育专著也即将公开出版。在教研工作和课题研究中，任畅老师依旧强调自我经验的重要性。她指出教师必须有研究意识，教研工作和课题研究是"解困、去弊、求善"的过程，通过"实践—反思—自修—再实践—再反思—再自修"的循环往复，凝练成了属于自己的教育教学风格。这样不但能够促进自我专业成长，也能提高学校的整体教育教学质量。

在教研工作和课题研究中，她从积累的经验出发，将教育教学上遇到的有研究价值的问题，基于"自我经验"迅速洞悉其本质，反复思考并进行研究，掌握了许多有效解决问题的方法，然后在实践中加以验证、反思并又再进行调整，从而形成解决问题的最佳方案。最后，通过论文和案例的形式总结经验，在写与思的过程中梳理自己的思想，达成了个体教研工作的经验体系。她提出了"教研主题（问题）自修卡"的工作方法：

（一）以目标为导向开展"独学"活动，解决教学实际问题

任畅老师以潘海燕教授及其团队提出的"自修—反思式校本研修模式"和"自主生长课堂课例研修模式"为基础，结合本校教研工作提倡学科教学组的每位老师在教研组长的组织下先确定研究的主题或者教学过程中待解决的问题。无论是在教研工作还是课题研究中，她一直向老师们强调树立"问题即课题"的意识，教师们只有关注教育教学情境中的实际问题，以问题为中心，才能更好地实现"研"为"教"服务。

研讨主题确定后，教师要针对问题进行深入思考，通过多渠道查找相关资料后阅读、思考，并认真填写《教研主题（问题）自修卡》，为接下来的研修交流做好充分的准备，这个过程一般持续 1 到 2 周。只有以解决教学实际中的问题为目标的教研活动，才能有效地避免教研的不切实际，从而更好地实现"教、研、训"一体化。

（二）以任务为驱动进行"互学"交流，增强教师研究意识

多年的教研工作经验让任畅老师深知只要让参与教研的老师们有事可做，有任务要完成，他们就会全身心投入工作中，积极主动地学习、思考和研究；只有当教研工作不断深入，参与教研工作的教师们承担了"主动参与者、自主设计者、合作研究者"的角色，教师的研究意识就会迅速增强。

教师通过个体自主学习和思考后，在教研活动中开展"互学"交流。每位教师根据自己独学自修环节形成的观点和自己已有的经验，积极表达自己对研讨问题的看法，主动提供与之有关的教学案例，和同组教研老师共同完

成《教研主题导研案》。这个过程持续时间为 1 到 2 节课。"教研主题导研案"的设置让每位教师在教研工作中都有具体分工，都明白自己的具体任务，更好地体现了教师在教研中的主体地位。

（三）以成果为激励呈现"群学"展示，激活教师内在动力

任畅老师强调教研成果的展示既是对集体研究成果的展示，更是对教研活动质量的评价。它一方面有效地解决了教学过程中的问题，另一方面在开展教研过程中教师们内在动力被激活，教研活动越来越呈现强大的生命力。

参与教研的教师按照"导研案"上拟定的教研成果展示形式开始做积极的准备，有的教师会以论文、案例或者课堂教学形式展现，有些教师会以一起合作制作微视频、微课等形式展现。这个过程持续时间为 1 到 2 周。无论以哪种形式展现教研成果，都能更好地让教师们的教研工作变得自主、多元、可持续。

潘海燕教授指出，最理想的教师发展是教师进行"自我经验"的自主生长式发展，深入、持久地对自己的教学实践不断反思，提升教师对"自我经验"的敏感性，让教师在这个过程中系统梳理"自我经验"，形成一定的操作体系，使之成为教师个人有效的教学方法和教学设计理论，进而对自己的教育教学产生持续而深远的影响。

任畅老师从一名普通师范生成长为颇具影响力的特级教师，其中有着自己独有的成长路线：首先，她在学生时代就基于"自我经验"进行自我实践和反思，很早就形成了自己的学习反思能力体系。其次，她将这良好的"学习—反思—实践—反思—实践"的习惯融入教师职业生涯，并且在多年的教育教学工作中一直坚持践行"自主生长理论"，不断提升教师专业发展能力。再次，她的自主生长也离不开专家引领、同伴互助和学校等教师专业发展共同体的大力支持。当然，教师在面对"自我经验"时要以自我为导向，只有主动去选择、主动开展自我体验并自我反思、主动将"自我经验"结合实际再进行重构，才能消化吸收并形成具有个人特色的经验，最终成长为一名优秀的教师。

（原载《成才》2021 年第 1 期）

在自我经验中找准成长着力点
让课堂更精彩

武汉市光谷第九小学　张　茜

在日复一日的时光中，教师这个身份已经深深地烙在我的身上，我希望成为"桃李满天下，春晖遍四方"的教师，我期盼学生回忆小学生活，我是能被记起并心怀感念的。为此，我坚持自己的教学信念，用心教育学生。每一节课上，我为学生的精彩发言而欣喜，为学生能当堂掌握知识而满足，为学生出现了知识盲点而思考原因，这些反思停在脑中，留在笔端，随着时间的流逝，星星点点，若隐若现。湖北第二师范学院潘海燕教授提出的"自主生长式教师专业发展理论"认为，教师的成长从本质上讲，是从实践中能有效解决实际问题的"自我经验"开始，即通过内省反思，优化放大成为"事例经验"，整合成能深入全面认识问题的"类经验"，再凝练成个人经验体系，最后统整形成举一反三、触类旁通的实践智慧，生长出自己独特个人教育思想或教学理论。回过头来看自己原来的教学思考，那不就是在开展自我经验的积累吗？有了潘教授的理论，我对此更加有信心，通过自我经验的累积，聚焦课堂，找准成长着力点，让课堂更加焕发活力。

教学一年级小朋友学习认识数字 1—10，当时想：这还用教吗？小朋友们在幼儿园早就会了，而且有的小朋友 100 以内的数都会认，这样还怎么教？在校本教研中，我提出了这个问题，其他老师也纷纷表示，学生会了，我们教什么？我查看课程标准，向其他老师请教，明白了数数得教，在数的过程中培养学生良好的学习常规，学会数数的方法，学生跟着老师一起，有模有样地开始。随着时间的推移，孩子们进入二年级、三年级，慢慢地之前在一年级成绩很不错的孩子掉队了，抽象的内容似乎理解起来有难度了。这是怎么回事呢？我百思不得其解，再次教学一年级，又回到了"数一数"这个起始单元，还是这些数字，我又开始了自己的新一轮教学，结合自己之前的教学经历，我觉得培养学生良好的学习常规、数数的方法还不够，我翻看资料，查看书中介绍的数学背景知识，想象这些数字的产生。知识的传授不就是让学生探究知识的本源吗？这些数字是多么神奇的发明呀，学生在学习中，发现不同的物品，只要个数相同，都可以用同一个数来表示。数字"1"可以表示一面国旗、一辆汽车、一个苹果等，只要数量是1的物品都可以用1来表示，这就是让学生经历从具体到抽象，又从抽象到具体的过程。学生在学习中，抽象意识得到了初步的培养，学生可以通过这样的方法继续学习2、3、4、5等数字。在主题图中，学生不仅可以找到例题中的物品数量，还可以找到图中更多其他的相同数量的物品，学生的观察能力、抽象能力、推理能力都得到了启蒙，而这正是数学教学中要培养的学生核心素养。每次课后的反思，让我更加关注学生学习数学概念的状态，怎样让学生在学习数的概念中能更好地理解和掌握，在这样的反思中，我不断积累自我经验，并在课堂上尝试，观察学生学习的状态，关注学生后期的发展。

执教二年级《乘法的初步认识》，这是学生第一次接触到乘法的概念，学生知道乘法吗？显然，学生很早就知道乘法了，有的学生都提前会背乘法口诀了。面对学生已经会的知识，一年级的场景又浮现在我的脑海中。我还是采用一年级教学时积累的自我经验，探究知识的本源，从源头开始，乘法怎么来的？为什么会产生乘法呢？张奠宙说过：概念教学应该从大量的实例出发，用实例直观地帮助完成定义，而不是就定义教定义。吴正宪老师在做乘法的初步认识教学分析时，也是提议通过大量的实例，让学生充分感知算式的特点，为乘法的出现做好铺垫。在教学中，我借助主题图，让学生观察一个个游乐场景，求每个游乐设置的人数，学生纷纷列出了不同的加法算式，此时，我没有让学生停下来，继续举生活中的例子：体育课上学生领体育用具、一个小组使用的小红花数、同学拼房子用的小棒数等。学生还是说算式，黑板上写了很多的算式，此时，我再让学生观察，这些算式你可以分类吗？学生很容易将黑板上的算式分为两类：一类算式加数相同，一类算式加数不相同。我继续问学生，能否自己举一个像这样加数相同的算式呢？因为有了前面观察的基础，学生纷纷举手，都可以举出来。当老师举一个9个2相加的时候，我让一个学生到黑板上板书，学生写着写着，下面的学生都笑起来了，原来大家都觉得这个算式太长了，此时，我追问一句：如果是20个2相加，30个2相加，你还想写吗？学生都在摇头，说："这多累呀，这么多，万一写掉了呢？""是呀，这样的算式太长了，很麻烦，要是有一个简单的写法就好了。"此时我就引入乘法，并让学生观察老师的双手，我用双手食指交叉摆成一个加号，然后转动食指大约45°的样子，乘号出现了，学生一下子就理解了乘法就是表示相同加数的和的简便运算。概念建立后，我立马让学生试着改写黑板上其他的相同加数的算式，及时巩固运用。学生写完后，我指着"2+3+4"问学生，这个可以改写吗？通过这个事例，让学生再次明确乘法概念中的重点是相同加数，加数不同是不能改写成乘法算式的，知道了乘法是根据加法来的。一堂课下来，我和学生们都意犹未尽，这样的概念课上得真有趣。事后我及时反思，根据之前的自我经验溯源，总结出概念教学应该是经历"事例感知—建立表象—形成概念—巩固运用"这样的环节，在事例感知上充分提供素材，让学生在大量的感知上建立表象，为概念的形成做好强有力的铺垫。四个环节的形成，正是大量的概念教学中自我经验的累积，思考共同之处，形成事例经验。

在之后的概念教学中，我将此进行运用，不断反思，用反思中的所得去思考，站在学生立场设计每一节课，想学生所困之处，解学生疑难问题，所积累的经验让我在执教概念教学时更加得心应手。执教《千米的认识》这一课，学生已经有了厘米、分米、米这样常用长度单位的基础，并且对于厘米、分米、米有了很明确的具体表象，但是对于千米，学生虽然知道生活中常见，1千米到底是多少呢？怎样建立1千米的表象，构建1千米和米之间的关系呢？我利用经验，从生活中找到了大量千米的素材，发现千米一般是用来表示较长的路程所使用的单位，让学生猜猜1千米是多少？有的学生说是学校门口到教室的距离，有的说是家到学校的距离，有的说是两个公交车站的距离……通过学生的回答，我发现学生虽然知道千米这个单位，但是对于1千米到底有多长，没有清晰的认知。教学中，我使用软尺，让学生展示1米的长度，然后展示2米的长度、3米的长度，再展示的时候，尺不够长了，学生也看到了3米的具体长度，这时，我让学生继续估计4米、5米的长度，此时，学生几乎站到了教室外面，我说："同学们，这只是5米的距离，大家想象一下，10米会在哪里呢？100米呢？1000米呢？"学生感觉出1000米真的很长，老师出示学校的操场，环形跑道一圈是200米，1000米相当于是5个操场环形跑道的长度。下课了让学生去体验一下，走一走，估计1000米步行大约需要15分钟。通过让学生充分感知，借助学生原有的体验，让学生学习无法现场呈现的大单位，让学生根据现有的单位长度合理想象，对于千米有了一个具体的认知，知道1千米有1000个1米这样的长度。教学《公顷的认识》，我借助《千米的认识》这样的教学方式，让学生借助1平方米来想象1公顷所表示的面积是多大。首先从教室里观察，1平方米的地砖，让学生站一站，发现1平方米可以站大约12—15个同学，教室内大约是50平方米的面积，学校一层有6个教室，相当于300平方米，200个教室放在同一层大约是1公顷。通过这样层层推进，学生对于1公顷的认知有了依托，不再是任意想象的结果。正是因为有了不断的反思加实践，不断借助自我经验的积累，找到概念教学的着力点，才会深入研究概念教学，让抽象的概念不再是简单的文字阐述，而是变成学生看得见、摸得着的可以表述的概念。

执教五年级《真分数与假分数》一课，让学生聚焦课题，真假分数一下子吸引了学生的注意，假分数是分数吗？假分数是什么样的？为什么会出现假分数呢？一个个问题闪现在学生的脑中，呈现在课堂上。我在教学中，还是从学生熟悉的真分数入手，让学生用手中的材料表示 $\frac{1}{4}$，学生纷纷动手，将圆形、长方形、正方形、线段等图形平均分成 4 份，表示出 1 份。在此基础上表示 2 份，就是 $\frac{2}{4}$，表示 3 份就是 $\frac{3}{4}$，表示 4 份就是 $\frac{4}{4}$，表示 5 份呢？学生一下子难住了，平均分成了 4 份，怎么会表示 5 份出来呢？我适时地引导，可不可以找旁边的借呢？于是出现了第二个圆形、长方形、正方形、线段，也是平均分成 4 份，这样 5 份就表示出来了。继续表示 6 份、7 份、8 份，学生照着刚才的思路类推出答案，9 份呢？怎么表示？学生有了前面学习的经验，知道还可以再借一个图形来。此时，黑板上有了很多分数，老师让学生试着分个类，并说出分类的标准。有的学生分三类，有的学生分两类，我根据学生的回答，聚焦到分两类的情况，发现第一类的分数，始终都比整体小，也就是小于 1，第二类的分数有的就是一个完整的图形，有的比完整的图形还要多，也就是等于 1 或大于 1。根据学生的发现，我明确第一类分数是真分数，第二类分数是假分数，学生观察真分数和假分数的特点，很快发现真分数的分子小于分母，假分数的分子等于或大于分母。因为在理解假分数的时候我让学生充分体验、操作，学生借助图形可以轻松地理解假分数的含义，并且在数轴上可以较准确地表示出真分数和假分数。正是因为在日常教学中，我关注概念教学的教学过程，用自己积累的自我经验来不断实践，找到了课堂的生长点，让自己得到了成长，同时学生也一起成长，概念不再是枯燥无趣的读读背背，而是有了鲜活的表象，学生可以在实际中去运用。

李政涛教授说"一生为一大事而来"，"我的命运在教育里，教育就是我的命运"。课堂是我的阵地，一届届学生的迎来送往，见证着我和学生的成长，我在自我经验积累中去参悟、去总结、去提升，越是朴素简单的观念，越是持久，越是自己思考所得的经验，越适合自己，经验的完善与发展也更加有效。我有诺言，尚待实现，在教育这条路上，我将继续秉持"自主生长式教师专业发展理论"，指导自己的教学，总结自己的教学方式和行为，不断积累，走好教育每一步。

（此文曾收入《第五届自主生长式教师专业发展理论学术研讨会资料汇编》2021 年 3 月）

小知识凝练成大智慧

武汉市光谷第九小学　杨　荣

　　自 2013 年 7 月起，我正式进入光谷教师行业，迄今已有 7 载。然而在这七年的教学生涯中，有三年投身于学校财务与人事工作，直至 2016 年才得以回归讲台。返回教坛的第一个忐忑就是：多年未登讲台，未参与任何教研活动及教育教学培训，该如何跟上教育变革的步伐？再者，毕业后第一年代课经历让我几近崩溃，多年后的我，能否站稳讲台？正当迷惑之时，有幸听到潘海燕教授提出让教师立足"自我经验"自主生长的理论构想，主张一线教师立足从"事例经验"，走向"类经验"、个人经验体系乃至实践智慧，这为我指明了方向：也就是教师可以通过反复实践，获得个人自我经验；在反复应用自我经验时，用实践来检验、修正自我经验，理论联系实际来论证观点的正确与否。当反复应用个人自我经验时，教师也会产生实践智慧，形成独具特色的教学思想，使自己更加专业与卓越，形成独特的"专业自我"。

　　于是，我开启了获取个人自我经验的第一步——多上课。我记得我的第一节常规课是教人教版数学二年级上册《认识时间》，因为自己对教材解读不充分、教学理念落后，整节课孩子们只会端正地坐着，却对我提出的问题无动于衷。课堂上，我让学生看了三遍时针和分针的运动，问了三遍："观察时针和分针，你看到了什么？"孩子们的目光呆滞一片，毫无反应。课后在教师和专家的评点中，我意识到：不是多看几遍就可以得到答案，他们没反应是因为教师的问题指向性不明，他们不知道要看什么。所以，我在反思日记里写下了这样的第一段话："观察前，请同学们思考：分针走一圈时，时针是怎样运动的？时针走一格，分针又是如何运动的？"我到现在还记得，台上我的无奈和无助，台下学生的空洞和无力，听课老师的摇头和叹息。我开始反思为什么效果会这么差？重要原因是备课不过关！没有提前安排好备课时间，前一天才想起来要演练，结果当天晚上直到凌晨还没有备好课，太累便睡去了，等着明天临场发挥。

　　这次失败的经验，于我而言，也是一场有意义的经历。自此，我再也不会在前一天准备第二天的课，直到今日，我都会提前一周把所有的课都了然于心，用心理解每节课背后的数学本质。

紧接着第二次的公开课，是在一个月后，我自荐上一节欣赏课——人教版数学二年级上册的数学广角《搭配》。用一个寻宝的故事，让孩子们在动手操作中完成解密码锁、搭配颜色、拍照等搭配问题，系统地介绍了固定位置法、交换法。孩子们在故事和操作中，兴趣盎然，基本实现教学目标，为此我自认为很成功。专家也给予了热情的评价，但也指出："教材解读还可以更深入。可以让孩子们回过头来反观这三个搭配问题，其实都可以看成1、2或1、2、3在个位、十位或百位上的搭配问题，缺少建立模型的步骤。"这简直就是醍醐灌顶。于是我的反思日记里又添上了这样的一行字："本节课应渗透符号意识，让学生体会建模的过程，凸显数学味。"

多年写反思的习惯，给我留下了很好的学习素材。我会精心准备每一次公开课，每次课后，都会留下反思。静下心来我发现：

2017年我上公开课《复式统计表》，在反思里留下的是这样一句话："要留给学生自主创造复式统计表的机会，让学生在合作中，自己创造出复式统计表。积累学生基本活动经验，重视过程。"

2019年我上了一节《有余数的除法》，与二师的大学生同课异构，我留下了这样一段话："要做到心中有光，目中有人。激发孩子们学习的乐趣，让孩子们的思维活跃起来，比只盯着所谓精妙的教学流程要重要得多。"

在这些年的反思中，我可以清晰地看到自己成长的足迹：从最开始提示自己要阅读教材，理解数学本质，到要上有数学味的课，再到要关心学生的体验，凸显以人为本的课堂，我的个人经验在量变中逐渐质变。

最终，历经3年的教学实践及个人教学经验的累积，2020年伊始，我便开始了人生中个人经验逐渐类化、系统化的过程。

《找规律》这节课是人教版数学一年级下册第七单元的内容，我从数学本质和学科本位出发，反复研读教材，查找资料。这节课的问题是内容看来无趣，毫无新意——例3的内容是给出一列数，找到规律，把后面的数填出来；例4的内容是给出几个数组，找到规律，把每组数中缺少的那个数填出来。那这节"找规律"的本质是什么，如何体现数学味，提升学生思维呢？经过一周的思考，多年的教学经验发挥了作用，我终于想到了一个较为不错的教学设计：设计三次对比。在学了例3的一列数的规律后，我开始启发学生质疑："今天学习的找规律和之前学的找规律有什么不同？"在对比中开拓学生思维：一列图或数，除了像之前学的那样"以某一组为单位，重复出现"，还可以像今天这样"相邻的两个图或数依次增加或减少几个，处于不断变化之中"。而这些，都是规律，有效拓宽了规律的内涵。

第二个对比是学完例4之后，引导学生质疑："例3学习的找规律和例4学的找规律有什么相同和不同点？都是找规律，这一列数和这几组数之间，有没有相通之处？"这次的对比，激发学生再次思考。孩子们可以很快找到不同的地方，即：前者是一列数，观察这列数中前后两个数之间的关系；后者是三个数为一组，观察每组数之间的关系。然而，有没有相同的地方呢？对呀，有孩子发现了："它们都是寻找数与数之间的数量关系。只要找到了数量关系，就找到了规律。"这就是万变中的不变，进一步丰富了规律的内涵。

第三个对比出现在新课之后，在练习中选择了一道找规律的题，引发学生思考："这列数的规律，和今天学习的规律一样吗？"在对比中学生惊奇地发现：在一列数中，相邻两个数之间的差可以是相等的，也可以像这样依次加1。在对比中，突破思维定势，拓展规律的外延。

一节看似平常无奇的课，却透过数学本质，知识串联成珍珠，这种美妙的感觉，简直是一种享受。

《平面图形的拼组》是人教版数学一年级下册教学内容，本节课活动多，教学难度较大，但如何设计层层推进的教学活动，让学生由简到难，步步深入，的确花费不少心思。得益于区教研员曾老师的精心辅导，我的这节课也逐渐成熟起来。

本节课由两个相同的图形出发，学生用两个同样的长方形，有的拼成了一个长方形，有的拼成了一个正方形，引发学生第一次质疑："为什么我的长方形怎么拼，都只能拼出长方形，你的却可以拼出正方形？"在不同中激发学生探索欲，明确：只有像这样，短的边线是长的边线一半时，2个同样的长方形才可以拼出一个正方形。然后，用两个同样的正方形拼，孩子们怎么拼，都只能拼出长方形来，孩子们再次嘀咕："怎么回事？为什么正方形怎么拼都只能拼出长方形？到底需要几个才可以拼出正方形呢？"在一个接一个的问题浪潮下，孩子们细细琢磨了正方形和长方形的特点，并在探索中得出：至少需要4个同样的正方形才可以拼出一个大的正方形。最后我们得到结论：长方形和正方形可以相互转化，2个同样的正方形一定可以拼出长方形，2个同样的长方形有时候可以拼出正方形。

紧接着，用同样的三角形来拼，孩子们很快发现，提供给他们的三角形太多了，而且形状也各式各样：有的三角形看上去斜斜的、有的三角形看上去直直的，有的还尖尖的。给予孩子们足够的时间，让他们选择用几个同样的三角形自由拼。教师引导孩子们利用前面用2个同样的正方形、长方形拼图形的经验，自由选择 2 个、3 个、4 个甚至更多的同样的三角形来拼，培养孩子们知识迁移、有顺序思考的能力。

接下来的分享环节，可谓精彩纷呈。首先展示 2 个三角形拼图形的过程，有的同学选择用 2 个直直的三角形拼，同时一条边线长，一条边线短，拼出了长方形、平行四边形、三角形。有的同学觉得很诧异："我也用了 2 个直直的三角形拼，为什么拼出的是正方形、平行四边形、三角形？"另一个同学也站起来表达自己的观点："为什么我只能拼出平行四边形，三角形、正方形和长方形我都拼不出来？"

在三组作品的动态展示中，孩子们惊讶地发现：不管是什么形状的三角形，只要是 2 个同样的三角形一定可以拼出平行四边形！教师适时补充：平行四边形沿着对角线折一折，也可以变成 2 个同样的三角形。于是结论呼之欲出：三角形和平行四边形也是可以相互转化的。可是孩子们不满足啦："为什么有的 2 个同样的三角形可以拼出三角形，有的却不行；有的可以拼出长方形，有的却拼出正方形？"于是，孩子们在对单个三角形形状的摸索中，了解三角形形状特征，慢慢明白：2 个同样的三角形到底可以拼出哪些图形，由三角形的形状决定。这真是一个了不起的发现！所以，只要给出时间，你会惊叹孩子们的智慧。还有的孩子用了 3 个、4 个、6 个、8 个同样的三角形来拼，呈现的作品就不仅局限于数学图形，更有生活中的图案。

最后的活动，是让孩子们自主探究："你用同样的什么图形拼出了什么新图形？你是怎样拼的？"孩子们同样给出了不少的惊喜。

这堂课孩子们思维活跃，问题意识突出，获得了强烈的成功体验，兴趣盎然，而我也收获了巨大的心理满足和喜悦。在以生为本的基础上教学，激发学生的学习兴趣，凸显数学本质和学科本位，三位一体。

《数方块》这节课的设计初衷源于一年级上册课本的一道思考题——小明说："我前面有 5 个人，后面有 8 个人。一共有多少人？"随之，一年级上学期期末考试卷中出现了这道解决问题以及与之相关的一道选择题：一（1）班站路队放学，从前往后数小明站第 9，从后往前数小明还是排第 9，这队共有（　　）人。这两道题，我两个班的学生反馈情况是：前者大约有 90% 的正确率，后者只有 60%，差距巨大。基于本班这一学情，下学期空中课堂的第一个拓展课，我毫不犹豫地选择了《数方块》。

这节课是以 10 行 10 列格子图展开的教学。从最开始只有一行、一列、一条对角线开始数方块，再到数两条不相交的方块总数，接着数两条相交的方块总数，激起矛盾：都是由 10 个小方块组成的两条方块，怎么计算方块总数时一会 10＋10＝20，一会 10＋10－1＝19？或者同样都是 2 条对角线的方块，10 行 10 列格子图的方块总数是 10＋10＝20，而 9 行 9 列格子图两条对角线的方块总数是 10＋10－1＝19？在辩论和对比中明确：两个部分相加，如果没有重合，直接相加；如果有重合，就要去掉多数的部分。最后由两条相交的方块拓展到 3 条、4 条，发现和运用规律。

这节课播出后，下午的补充答疑环节，我就针对上午发现的规律，拿出了期末考试的两道题。孩子们用画图的方法，通过圈一圈，很快发现第一题的排队问题中，小明、小明前面的 5 人、小明后面的 8 人三部分没有重合，所以队伍总人数等于三部分直接相加，也就是：1＋5＋8＝14（人）。第二题的排队问题，小明只有一人，只应数一次，却同时出现在前面的 9 人和后面的 9 人里，数了 2 次，出现了多数的情况，所以队伍总人数应该是 9＋9－1＝17（人）。通过上午数方块的拓展课，学生在圈玩格子图的游戏中得到数学道理，丰富了教材内容，在对比中，更深层次地理解知识的本质内涵。

其实，基于这节数方块的拓展课，它能发挥的作用还没有结束。比如，今年我在二年级数学第一单元长度单位的教学中，就遇到了这样的一个问题：把两根都是 10 厘米的铁条焊接为一根铁条，在两根铁条端口长 3 厘米处重叠焊接，焊接后的铁条长多少厘米？

当学生问我怎么做时，我以为很简单，就一阵传授：你看啊，这一段是 10 厘米，这一段也是 10 厘米，是不是多数了 3 厘米，所以应该用 10＋10－3＝17（厘米）。可是相当一部分学生懵了："老师，你在说什么啊？"我又重复了一遍，显然收效甚微。突然过了一天，我想到了一年级下学期我上的《数方块》，同样都是重叠问题，能不能转化为方块或圆片类似的形式呢？答案是肯定的！因为我们可以把 10 厘米的铁棒看成是 10 个 1 厘米的小铁棒组成的。于是两个 10 厘米都被截成 10 根 1 厘米的小铁棒，就像 1 行 10 列的格子图。接着 PPT 动作演示：两根铁条要在端口处重叠 3 个 1 厘米的小铁棒，焊接在一起，而焊接头的 3 厘米既出现在第一段的 10 厘米里，又出现在第二段的 10 厘米里，所以 10 厘米加 10 厘米后，要减去多数的 3 厘米。通过帮助学生回忆拓展课与新知之间的关系，抓住了数学的本质，孩子们再理解起来就不费大气力了。于是，就是这节"数方块"的拓展课，帮我解决了一个更难的教材拓展问题。

如果有心，一节拓展课还可以借此延伸出更多更广泛的数学问题。我和我的指导老师舒笋，从"数方块"这一拓展课出发，延伸出了一系列相关联的拓展课，比如将方块变成圆片，用圆片来拼三角形、正方形等封闭图形，每条边摆 5 个，每个顶点摆一个，需要多少圆片总数的问题，也涉及了重叠问题。把摆成的图形看成边是 5 个圆片摆成的图形，每个顶点的圆片同时出现在两条边上，都多数了一个，所以边的圆片总数相加后要减去多数的顶点处的圆片个数。这个拓展知识，既可以在一年级下学期就开始涉及，也可以在二年级学习了乘法后，增加进去，为后面高段的数学学习做好铺垫。

同时，同样的这个问题，还可以转换观察视角，把摆成的图形看成由不重叠的几个部分组成，比如：圆片摆成的三角形可以看成由 3 个顶点的圆片和除顶点外边中间的圆片组成。还有其他的视角吗？不错，前面的三角形要么边包含两个顶点，要么不包含顶点在边里面，还可以只包含一个顶点在边里面。于是，基于不同视角的观察，又产生了一节新的拓展课。孩子们则吃惊地发现，由一个小小的数方块问题，竟可以衍生出那么多有趣的数学知识，极大地刺激了学生的探究欲，拓宽了学生视角，而这对学生终生发展都是有影响的。

愿意继续深究的同仁们还可以发现，如果你愿意的话，这节数方块的拓展课，还可以继续发光发热。比如人教版三年级上册第九单元数学广角《集合》就是这类问题，无非是把方块和圆片，换成了小朋友。试想如果没有数方块的铺垫，我们第一次上这节课时，学生是何其多疑问："老师，不是说求一共就是把两部分加起来，怎么这里还要减去一部分？""老师，这两种计算方法，到底什么时候是相加后减去重合的部分，什么时候是相加后再加重合的部分？"……然而，现如今，如果我们有效利用了由数方块拓展出来的一系列的拓展课，或者拓展课里所用的数学思想方法，到三年级时，就不会满腹疑惑、云里雾里了。

一个小小的练习课，竟然牵连甚广，只要教师有心，教学经验丰富，经验类化，小知识会凝成大智慧。

以上三节课都是同一学期产生的，分别涉及数学的三大领域：数与代数、图形与几何、综合与实践。课型各不相同，每节课都获得区级一致好评。我想这得益于前几年个人经验的累积，各种类型的课我都作为公开课在校内展示过，形成了类经验，最后通过反思和总结，形成体系。

多年的教学经验，让我在课堂上逐渐站稳，2017 年《搭配》获区录播课一等奖；2019 年《有余数的除法》获区优质课一等奖、2019 年所作《脚踏实地、教书育人》在区质量分析会上分享，获一致好评；2020 年《十几减8》《平面图形的拼组》《找规律》《数方块》获区一致好评。与此同时，我开始撰写论文、教育案例，《声音是怎样产生的》教学设计，获市级一等奖；《向着光明和温暖》一文，获区一等奖；《漫溯为师之道》在《光谷教育新视界》刊登。

正如潘海燕教授所言，每个教师是可以实现通过反复实践，不断修正个人经验，实现个人成长的，但在个人成长过程中，专家理论指引将引导我们走正确的路，更快达成目标。实践出真知，反思促成长，相信在不远的将来，我们每位教师，都可以实现从个人的事例经验向"类经验""经验体系"与教育智慧转变，成为卓越型教师。

（原载《成才》2021 年第 5 期）

八年反思　形成我两条教学信念

武汉市光谷第九小学　武方颖

"请问你为什么选择走上教师这个工作岗位?""因为耳濡目染;因为喜欢和孩子们打交道。""那你怎样才能让孩子们喜欢上你的课呢?"这是当年我考入教师岗位时考官对我提出的两个问题,一直伴随着我的教师生涯。想让孩子们喜欢上我的课堂,就得让我的课堂充满"魅力",成为"独一无二"的美术课堂,可是当时的我作为一名刚刚大学毕业的初生牛犊,有的只是一腔热血和零"实战经验",进入岗位后,我用自己的方式和孩子们打着交道,上着美术课,后来我参加了区里的第一次美术教研活动;观摩了优秀教师的展示课,也引发了我思考,在自己的课堂和校内感受到的永远只是片面的,教学方式不仅限于一种。就在从教三年后,我非常有幸接触到了湖北第二师范学院潘海燕教授提出的自主生长式教师发展理论,他主张教师都要努力形成自己的自主生长课堂,于是我慢慢将所看、所听到的以及自己体验、感受到的,经过了 8 年的不断反思和总结,努力积累事例经验,不断整合类经验,慢慢凝练形成自己的课堂架构。对于课堂教学而言我的总结有两条信念:

第一条是"重学生,轻教师"。很多时候我们的课堂模式都是灌输式地让学生被动学习,老师滔滔不绝一整节课,学生到底听进去没? 对你的课程,学生参与度和兴趣度高不高? 这都是教师灌输性教学和学生被动式学习会出现的问题。如今的教学更多的是强调学生学习的主动性以及知识摄入的多元性,特别是全球疫情的爆发导致以往普遍的线下教学模式变成了线上教学模式,这无疑是对学生的自主学习能力和教师的资源搜集能力有了更多、更高的要求。

要做到"轻教师,重学生"就得放低自己的姿态,把"灌输"变成"引导"。一节好的课堂是教师引出来的。我的理解是:除了引还需要"演",你明明知道答案,却要不断把问题抛给学生,这个过程就像玩"你比划我来猜"的游戏,你知道答案,但是不能直说,要通过教师的不断引导让学生领会重难点,所有的教学手段和教学设计全部围绕重难点,最终教师只是把学生三言两语的答案做一个归纳总结。

在我初登三尺讲台，试讲一节中段的美术课程《威武的盾牌》时，一开始我用平铺直叙的讲授方式告诉学生本节课的重难点："在绘画盾牌时要用狮子、老虎、老鹰等威武的动物，同时还需要用对比色体现出盾牌的威武。"可是一堂课下来我发现学生们的积极性不高且作业的内容也都大同小异，于是我试着改变方法，第一次的修改我将平铺直叙的教学流程改成故事性和闯关式的引导法，开课环节我将盾牌的历史作为切入点，讲述了一场南北朝时期硝烟四起的战役，以此引出课题，很明显感受到了学生的注意力都集中在了我的故事里，同时我将各个时期的盾牌展示出来，以分小组的形式引导学生自己探究盾牌的外形、材质、图案、色彩等，这样的环节可以保证学生课堂参与度的提升，真正将课堂"还给"学生的同时也解决了课堂中关于盾牌结构的知识点，接着我设计了一场盾牌代言人的竞赛环节："这里有两种动物，一位是老虎，一位是小兔子，他们都想竞争当盾牌的代言人，请你来选一选它们中的谁更适合呢？为什么？""因为老虎是百兽之王，它当盾牌代言人会让盾牌变得更加有威严。"一个简单的对比环节让学生自主说出了课堂的要求，突出本节课的重点围绕"威武"这一词入手，为后面的设计环节做铺垫，经过了第一次的修改，学生的课堂参与度明显提升，但是似乎还差点什么，本课属于"设计·应用"学习领域，怎样才能突出这一课型的"设计"性呢？

于是我进行了第二次的修改，设计了一场 2.0 版本的盾牌代言人争夺赛，继兔子战败后又加入了新的参赛者。这里我在 PPT 里插入了一只懒洋洋晒太阳的老虎和一只正张开血盆大口扑食的老虎。"小兔子拼不过老虎的威严，只好灰溜溜地退赛了，可这时又来了另一只老虎，评审们再看看，你觉得哪只老虎会胜出呢？为什么？"学生们都迅速地把小手举得高高地说："张开嘴巴的那只，因为正在发怒的老虎更威武，把它的形象放在盾牌上更能吓跑敌人。"接着我继续循序渐进地"诱导"他们："既然我们威武的老虎胜出了，成功当上了盾牌的代言人，我们就需要打造它，给它化化妆，你瞧！化妆前后对比照，老虎的五官造型都发生了哪些变化？""眼睛变大了，嘴巴也变大了，头上还长了角，花纹也变了。"这时我发现本节课板书的重难点内容不是我灌输出来的，而是我一步步引导学生不由自主总结得出"夸张"和"变形"这两点设计中需要特别注意的重难点，经过了第二次修改后的教学流程明显已经解决了设计中的一个重点内容，可是课后我却发现学生的作业很单一，几乎都是围绕狮子或者老虎的五官来设计绘画的。

接着我进行了第三次"精修"，想让学生的思维打开，不禁锢在我所举例的思维里，于是我在老虎的形象后又加入提问引导："动物家族中除了老虎外还有哪些动物它们哪里显得很威武?"一位学生站起来说"大象的牙齿"，紧接着又有一位学生说"狼的眼睛"。这无疑打开了学生们的思路，立即回忆起所有威武动物的形象："还有犀牛的角，鹰的爪子，鲨鱼的牙齿……"越来越多威武的动物特征都被挖掘了出来，结果是显而易见的，学生的作品形象丰富了起来，内容形式也更富童趣更充满创意。经过了前后三次修改，我从教师的灌输式教学转变为以引导为主的学生自主探究学习形式，通过这次我个人的授课、磨课经历，也让自己成长提升了不少，让我更加明确了自己的课堂模式应该是重学生，轻教师。

　　第二条是"从一个点着手"。即选择一个学段一种类型但不同课题的课程反复上。有了前期初生牛犊不怕虎的赛课、磨课经历，也算构建了自己的课堂模式，于是我又积极报名参加了一节市级赛课，并且从市推到了省里参赛，也不知道是巧合还是自己的"刻意"导向，从第一年还是实习阶段时上的第一节展示课至今，每一次公开课我几乎都选择了中段的"设计·应用"课程，这个领域的课程我也似乎已经形成了"定式"，想要突出这一领域的特点就得让学生学习创意设计和工艺制作，并了解到设计的目的是改善我们的环境与生活。众所周知美术课程分为四大学习领域："造型·表现""设计·应用""欣赏·评述""综合·探索"，其中"造型·表现""设计·应用"的课程很容易混淆，需要教师在课程设计中适当融入设计的目的性，在准备省级赛课《有趣的拼图》这一课时，一开始我将它上成了普通的"造型·表现"课型，总觉得缺乏一些设计性，想让学生能够在课堂中充分理解艺术源于生活，更能高于生活、美化生活、服务于生活这一点，就得将这一思想想方设法贯穿于整个课堂，于是我将课堂中介绍奎尔公园的环节变成了能让学生参与的拼摆设计环节，让学生通过所提供的材料色彩进行创想，自行设计点、线、面，装饰位于奎尔公园的喷泉雕塑。这无疑是一个开放式的挑战，学生们众说纷纭："我想用蓝色的马赛克拼出它的脊背，就像一条条的海浪。""我喜欢黄色，我要用黄色的马赛克铺满它的爪子。"听到学生们的设计我立马给予肯定："看来你们也能当艺术大师了，来瞧瞧高迪先生当年的设计是否和你们有异曲同工之处呢!"肯定了学生的初步设计后再展示原创设计并进一步介绍："高迪先生用他的想象力创造出了变换的点线面，拼出了有趣的大蜥蜴。他借用了瓷砖碎片、玻璃碎片和小石块，这些廉价的材料却拼出最华美的奎尔公园，这个蜥蜴不仅美，而且妙，是整个公园的排水系统呢。瞧，咱们创作出来的艺术不仅美观，而且实用。我们都学着玩一玩吧!"这时学生们的持续创作兴趣被完全调动起来。这样一个以挑战任务为由的设计环节，既激发学生的设计兴趣，让学生初步尝试运用点、线、面装饰蜥蜴，强化和突出重点的同时，又渗透了设计是美观及实用性相结合的产物，让学生了解艺术可以装饰和美化生活。其实当你有了一定的经验，就会发现这一类课型都是如此。

在教学初期想要有所成长和突破就应该从简到繁，一步一个脚印，找到适合自己的突破口，我的突破口就是中段的"设计·应用"课程，三、四年级的学生已经基本养成较好的学习习惯，课堂稳定性较强。同时我是环境艺术设计系毕业的，所以我知道自己较擅长的是设计类。在选定了年级和课程类型后，接下来要做的就是总结、归纳，这种归纳其实并不是刻意的，而是一个类型的课上多了自然就总结出教学必要的框架和流程，如果能把一种类型的课理解透并上好也是一种成功，表面上看似是"无趣"重复上一种类型的课程，其实是帮助自己归纳总结这一课型的要点，把一个课型吃透了讲顺了后再开始尝试下一个课型。这样一步步地总结归纳，总有一天任何课型任意课题都可以运用自如。

其实以上两个小点的收获也是在从教8年的自我摸索和学习的经验中总结出来的，如果在每次上课和学习后不将它实践或者不将它记录下来就会变成昙花一现的一时感悟，所以积累就变得尤为重要。众所周知教师的发展路径，就是从经验型教师到学术型教师再到学者型教师的过渡，这也是我的成长目标，想要达成目标必须一步一个脚印，从经验型教师开始，如今知识经济的到来、学习型社会的形成、新课程的改革，促使我们都参与到学习中来，继续教育，终身学习。作为一名教师就是要不断学习，勤奋专研，要使自己的观念能够与世界教育发展同步，用不断进步的发展观看待学生、看待教育、看待工作。

通过几年的教研学习和自我经验摸索，我也成为一名"小导师"，在2018年成为武汉市小学美术中心组成员，现作为区小学美术三片的片长也带领着八所学校的近30多名美术教师开展多样的美术教研活动。

这8年里我沿着潘海燕教授提倡的"自我经验生长型"教师的路线一直坚持走下来，坚持自我反思，知识内化，总结经验。我努力达成从教时许下的诺言，让学生喜欢上我的课堂，使我的课堂充满"魅力"成为"第一无二"的课堂。在这个深入探究和经验总结的过程里我正在一步步成长。成长是一种幸福，成长更是一种过程。我很清楚要想成为一名优秀教师，一定要让自己经验提炼，持续发展，不断进步。

（此文曾收入《第五届自主生长式教师专业发展理论学术研讨会资料汇编》2021年3月）

外铄＋内塑：我对教师自主生长的思考

武汉东湖新技术开发区升华小学　王建平

最近在研读由潘海燕教授著作的《自主生长式教师专业发展研究》（以下简称《研究》）一书时，深感自己的发展路线与书中所述是如此的契合，不仅为我扫清了过去自身发展的模糊道路，也为我现在和将来的发展方向起到非常大的指导作用。为了对我自身未来发展路线有个清晰的规划，也希望能给后来有相似经历者一些启示，我结合潘教授的研究及我自身的经历，做了如下一些思考。

"一是以'理念—更新'为主的'外铄'型研究取向，即主张在外部社会组织的推动和制度的规约下，以技术能力的训练提升和知识的充实完善为目标，通过各类培训和讲座，向教师传播各种教育理论，使教师通过更新理念实现专业发展；二是以'实践—反思'为主的'内塑'型研究取向，即主张以教师个体自身需要和价值追求为动力，以个性情感的陶冶和整个生命的体验提升为目的，通过自觉地对自我教学经验进行总结和反思实现专业发展……据此，我觉得应调和二者，以'外铄＋内塑'取向的教师专业发展研究作为我们的研究方向。"在《研究》"自序"第一板块中的这么一段话，让我首次感觉找到了我作为教师自主发展的道路。这在我们常规的教师生涯中，不正是教师培训（包含自主学习各类外部知识）和常规教学反思吗？回想我自身的从教经历，也是如此。

在成为教师之初，我一直认为当老师有什么难的，不就是教孩子们一些知识与道理么，教会了，不就行了？可笑这初始的想法！从教后，我发现教师是个复杂的职业，教师面对的是一群完整的个体，一群纯如白雪的完整生命，该如何将这些纯洁的生命变得丰富多彩，让我陷入了深深的迷惘与不安。没有人带领，没有人引导，一切都靠自己和这些孩子在交互作用中产生。我该如何发展才不负孩子们？这个问题让我犹如身处无边际的黑暗，不知前路在何方。那一年，我知道了区内在每年暑假都会组织本区教师进行各类教师专业培训，我仿佛抓住了救命稻草。

苦苦等来了暑假，我积极参加了各类教师培训。让我印象最深刻的当属那年的优秀班主任培训了。那次的培训上，来自安徽田金辉老师的讲座让我记忆犹新。

刚过四十的田老师在自我介绍时说，他来自安徽一所偏远农村小学，很荣幸能够站在这里跟东湖高新区的老师们分享他的故事。田老师的开篇介绍就引我入思：同样作为偏远乡村教师，田老师似乎比我大不了多少，但他如今能够作为一位成功教师代表，在这里跟我们分享他的成长历程，如果是我呢？在几年之内，是否也能够和田老师一样站在演讲台上，将我的成长历程分享给别人？我发现，我没有十足的信心！我专心地听着田老师娓娓细述他与学生的点点滴滴。田老师喜欢写些东西，如他的教学思考、他的成长日记、他与学生发生的那些事……在他观察学生养鸟的故事里，我发现田老师真是一个细心人、有心人。细心，是因为他在观察中没有干预到学生养鸟过程的一丝一毫；有心，是因为他把整个事件都做了细致的记载，并借此事给学生进行了爱护生命、保护自然的品德教育，使学生懂得敬畏生命，敬畏自然。

在感叹田老师真是一位好老师的同时，我也不禁在想，是什么促使田老师如此快速地成长起来的？我带着这样的思考，在接下来的时间里，倾听着来自不同教育专家的各方面讲座。我不停地将他们的经历进行对比，寻找其中的共通点。临近培训结束的时候，有一些相似的东西被我发现了。我发现，无论是在哪一方面有所建树的老师，他们都热爱生活，热爱教育，喜欢观察学习生活中的点点滴滴，勤于记录，勤于思索，勤于写出自己的所思所感，这似乎是他们快速成长的"捷径"。回到学校后，我兴致勃勃地与老师们分享了我的所得所感，并建议作为教师要细于观察，勤于写作，它能使我们得到快速的发展与提升。分享完毕后，我的提议得到了李校长的首肯，同时得到了老师们的支持。很感恩我能在这样一个认可我的团队里面，使我能够肯定自我的成长。

在这次的经历之后，我做了更深入的反思。在教师的专业发展过程中，闭门造车是难以成事的。我们需要走出去，寻找能够与自身达到共情的一些"经历"，利用这些"经历"为我们拨开云雾，使我们的心境变得更为透彻与豁达，明确自我发展方向。潘教授在《研究》中说道："教师参加各种专业发展活动的直接目标就是借助外力将自己的自我经验提升与系统化，以形成自己的个人教育理论，也就是在培训者的帮助下系统化放大自己的已有经验，使小的变大，而不是仅仅接受培训者提供的结论性知识。"这一观点更佐证了我对于教师培训所持有的观点，它犹如灯塔，让我们有了前行的方向。

有了自我发展方向，对于教师来说，在未来自我规划中，可以少走很多弯路。但一个人接受培训并得到发展，不是一个简单的接受及模仿过程，无论是怎样的路，外界的帮助始终无法替代我们自己的行动。路，还得自己去走，自己去经历，因为真正的内在活动是一个在反思伴随下的生长过程，如此才能使自我极尽升华！潘教授在《要重视教师自我经验在教师专业发展中的作用》一文中说道："'自主生长式发展'，就是以唤醒师生的主体意识为前提，以激发师生的内在动机为关键，以激活师生的潜能为重点，以教育反思为手段，以促进师生可持续发展的教育为目标，在工作的各个方面渗透教师的个人思想和理论。"可见，教师的自我发展，由外至内，还需要以教育反思为手段来完成自我的升华。

下面以我的教学过程中一个小事例来说明教学反思对于教师自主生长的作用。

小范，单亲家庭，日常起居由其父亲请的一个亲戚照顾。他有轻微的自闭症，总是独来独往，但也不排斥其他孩子。小范在上课的时候总是一副心不在焉，眼神不聚焦。但我经过几次尝试，发现他并不是没有参与到课堂中，他只参与他自己觉得重要的部分以及他感兴趣的部分。他也总能在课堂上不经意间与我、与同学互动，似乎以此来说明他还在这里。在写作业的时候，小范出现了一些状况。他并没有完全弄懂知识点，在做的时候不会了，他想请教其他同学，但又不敢，怕被拒绝。他来找我，我耐心地给他从最基础的地方讲起，然而，他似乎并没有那个耐心听。他最想的，就是我直接告诉他题目的答案，先让他能够把作业完成。我心里想着这样对他的学习并没有帮助，所以没有理会他那急切的眼神，仍旧给他一步一步耐心地讲着。我一边讲，他的嘴里一边重复着"这样我还是不会啊""我还是不懂"。最终，他把我的耐心磨光了，我让他先按照我告诉他的步骤一步一步写着试试，他不为所动。当同学们一个一个把作业给我批改并放到一起时，我能明显感觉到他内心的急切在不断变强，我想用这样的方式逼迫他，使他能够突破自我的封锁。然而，事情的发展并未能如我所愿，他的急迫变成了不停地抽泣，捶打他自己的桌椅，他变得不安与焦躁，眼睛红红的，无视其他孩子的安慰与帮助，完全沉浸在自己的世界里了。此时，我意识到我似乎做错了什么。他与其他孩子有所不同，这是班主任陈老师早已跟我说过的，我早已把陈老师的话抛诸脑后。为了安抚他的情绪，不至于让他情绪失控，我很不高兴地做了妥协，让他抄了其他孩子的作业。

回到办公室，我把这件事与班主任陈老师讲了。经过陈老师的一番安慰与开导，我也渐渐平静下来。我重新回顾这件事的始末，希望能够从中找出有效帮助小范的关键因素。我发现，我从始至终都没有去找寻与小范沟通的方式，我总在以我认为可行的方式与他沟通。殊不知，这样的沟通方式是对其他大多数孩子而言的，对于他，确是没有效果的，我的自以为是导致了以偏概全的定论，加上不足的耐心，这才是事件发生的原因，看来还是我自己做得不够好。我决定在第二天，一定要找到与小范能够有效沟通的方式，期望能够帮助到他。

第二天，不等我有所行动，小范递给了我一个零食。要知道，没有得到他认可的人，他是不会主动分享任何他的东西的。他的行为，让我的心不经意间颤动了一下，或许对于小范，我认识的还是太少了。我轻轻地向他点了一下头，说了声"谢谢"，他坐回自己的座位，我们开始了接下来的课程……

课下，小范瘦小的身影久久伫立在我脑海间。此时，我想到的不再仅仅是和小范之间的事情，还有其他孩子。孩子们的心，都是淳朴、善良的，只是有时候我们将成人的一些恶的思维模式强加到孩子的身上，让我们自己觉得孩子都有恶的一面，使我们无法原谅他们，这是作为教师当不能解决孩子问题的时候，对于自己的慰藉。这种慰藉促使我们在潜移默化之中对孩子们不再有那么多的耐心，同时也失去了对孩子能够独自解决问题的信念与信心。想到这里，我感觉一阵后怕，又有所欣慰，因为我已经开始意识到这个问题，那么在将来我的教育生涯中，就会有所避免。

在我这几年的教育教学中，类似的例子还有许多，它们无时无刻不在提醒我：在教育孩子的过程中，我们一定要慢下来。成人的步子很大，孩子的却很小，我们需要慢下来，调整好我们的步子，以期望能够与孩子步调一致，走进孩子的内心，教育才会起到好的作用。

如此的反思，让我在教育路上一步一步前行着，它使我学会用心成就自己终身追求的教育事业，让我不仅能用敏锐的心智去思考、推理、判断和决策，还使我能用美好的心情去关爱、关心和关怀，用善良的心灵去体悟、领会和尽力施教。

犹记得曾经参加全国特级数学教师华应龙老师的讲座时，华老师在最后送给我们的一句话——"一群不读书的老师却在教书，是多么的可怕。"我也想化用华老师的话：一群不成长的老师，该如何教孩子们成长呢？既然我们已经选择成为老师，我们就应该要学会主动生长，自主发展。在自主发展过程中，我们要学会借用外力对自己千锤百炼，同时也要由内至外塑造自己，达到内外和谐统一，完成自我的极尽升华。如此，希望不负自己，不负孩子们！

（原载《成才》2021 年第 2 期）

被动向主动，自主生长

武汉东湖新技术开发区升华小学　　陈　彬

正式入职前，我参加区新教师培训，有幸聆听了全国特级教师桂贤娣老师的讲座。桂老师提到她曾经的育人故事：两个小朋友因为小事打架，作为班主任的她去拉劝。她了解清楚这件事的缘由后，没有定论孰对孰错，只是询问学生打算将这件事公了还是私了。所谓公了，就是老师通知双方家长，让家长互相沟通；私了则是双方互相沟通，私下解决此事，不惊动其他人。小朋友们想了一会儿，向桂老师坦白他们决定私了。没多久，这俩孩子就握手言和了，争执得到圆满解决。当时的我觉得这种方法既有趣又智慧，决定等自己带班了，也要在班上尝试。开学后不久，班里的两个孩子发生了类似情况。我如法炮制，结果其中吃了亏的一个孩子偏不肯私了，非要找家长。这与我预想的不一样，于是我强行逆转谈话，允许他们私了，闹了好一会，这场风波才结束。事后，我反复思考才明白每个孩子都不一样，桂老师的方法也许不太适合我。所以只有自己慢慢摸索，结合实情才能找到适合自己的育人方法。可是，怎么找呢？彼时的我还不得其法。但当我开始接触潘海燕教授的自主生长式教师专业发展理论后，便有一种"拨开云雾见月明"之感。

一、借力生长，指明方向

2017 年秋，在湖北省特级教师李明菊校长的培养下，我初次参加了潘海燕教授的自主生长式教师发展理论的会议。会场上大咖云集，专家们侃侃而谈。我安静听着，不甚了解，只记住了潘海燕教授和自主生长式教师两个关键词。2018 年年初，我校承办了自主生长式教师专业发展理论研究现场会，全国各地的实验学校校长和教师代表 40 余人参加会议，大家探讨了自主生长式教师专业发展理论在学校教师发展活动中落地生根的路径，我在一旁旁听学习。多数人倾向于"专家思维"，很大程度上忽略了教师专业"自我经验"的作用——这是我接触潘海燕教授自主生长式教师发展理论最直接、最认可的感受。一名初入职的一线教师，只有自我经验，我其实并不太能够理解和实践"专家思维"。潘教授团队主张深入持久地对自己的教学实践进行反思，以"自我经验"为起点，梳理自我经验、放大自我经验，真切地逐步地形成自己的教育观、教学观、学生观等。这让新教师的我对"自我经验"有了敬佩之心，也莫名地增强了继续扎根教育的信念感。李明菊校长是自主生长式教师专业发展理论实践探究者，她说："我喜欢唤醒的感觉，我喜欢成长的味道。"李校长永远保持着这样的观点——"我们的老师不可能永远停留在这样的环境中，我希望我们的老师未来能够走得更远、更高。"这句话确实打动了我，唤醒了我。

组织的氛围是影响人的。在我入职第一年，我承担一年级语文老师和班主任工作，平时也很少与同事沟通交流，每天就是被动地处理学生突发事件，对班级未来规划、个人未来成长没有多大企盼，过得下去就行，很不自信。第二年李明菊校长来到我校，作为学校管理者，她帮助我正确认识自主生长式教师发展理念、激发潜能，不断赏识激励我。我开始对我的课堂有了明晰的想法——让每个孩子都发出自己的声音；我的学生很多是乡村留守儿童，未必所有人都能金榜题名、功成名就，但我希望我的每一个学生善良、踏实。因为善良，他们能与世界友好，与生活干杯；因为踏实，勤劳肯干，他们能靠着自己的努力给自己创造一个适合的生活。这便是主动的渴望、成长的方向、前进的动力。

二、自主构建，激发潜力

1. 构建自主生长式班级

自主生长式教师专业发展理论揭示了教师"自我经验"由低到高的 4 种存在形态，即事例经验、类经验、个人经验体系、教育实践智慧，即在亲身体验中提炼事例经验，在系列事例经验中整合出类经验，将系列类经验凝练成个人经验体系，在反复应用中生发实践智慧。这样的"经验＋反思＝成长"模式才更具有意义。我再次想起初入职时处理学生矛盾"公了私了"的情形。桂贤娣老师把多年的教学经验反思凝练成自己的"土方法"，形成独特的教学风格，是名副其实的"智慧型教师"。而我最初在班里尝试是直接把桂老师的方法套用，并未结合学生实情，自然不能成功。自主生长式班级要尊重学生差异、彰显学生个性。我总想着要学生有个性，自己却只是生搬硬套，实在是不够智慧。

教育生态系统包含教师、学生、课程、环境等多个生态因子。当这些生态因子互相融合、共生发展时，就更容易形成自主生长式班级。我校地多人少，土地也是最无私的。为此，我一直以"生态"为核心来管理班级。从最开始在网上购买绿色植物培育，到后来在校园里种植向日葵、萝卜、小白菜、大蒜，种太阳花，养铜钱草、多肉等，教室里随处可见植物，人人都有自己的一抹绿色。孩子们最开始是惊喜，后来是接纳甚至习以为常。当看到开花结果时，每个孩子的心中都有一道光。我对待这些孩子们恰如孩子们对待自己养育的绿植，精心栽培、饱含期待。我也希望孩子们能通过这样的培育过程明白生命的意义、成长的不易。几年的共生共长，孩子们已经形成习惯，更会自发地在3月摘桃花、5月摘栀子花、9月摘桂花到教室装饰，路边的小草野花也不缺，室外大自然，室内小天地。自然天地间生命的烙印已深深停留在孩子们心中。每学期开学初，我主张每个孩子定一条规定，归纳汇总成班级公约，人人有事干，个个都参与。人人都是班级的主人和监督者，自主管理、自我约束。

随之而来的也有更多的惊喜：有一次我到教室，看到清洁区的垃圾还未清理，就喊着班长去处理一下。班长过来对我说："老师，今天是A同学扫垃圾。"我很好奇，我并没有安排谁专门在哪一天清理垃圾，她又说："因为每次都是我们几个人，有些人总不做，所以我们自己安排了每个星期几是谁扫垃圾，今天正好是他了。"这群孩子已然能够把我没做的事做了，还能够做得公平公正。我还在班级里形成"一帮一"小组、"小老师"制度等，当教室无老师值守时，"小老师"冲在最前面："请安静""请阅读"，威信十足；当个别学生没有听懂数学题、不会读英语单词时，"一帮一"小组长主动讲解方法。在这些不断实践中，学生得到锻炼，自主生长式意识也逐渐生发。没有一个老师不会为学生的进步而骄傲，在这些"自我经验"中，我体会到教师职业的内在尊严和欢乐，也在不断反思自我的内心，反思学生的内心，补充我的事例经验、类经验、个人经验体系，成就点滴智慧。每天智慧一点点，自主生长式班级才会更令人期待。

2. 构建自主生长式课堂

著名教育学家陶行知曾说过："解放学生的头脑，让他们能想；解放学生的双手，让他们能干；解放学生的眼睛，让他们能看；解放学生的嘴巴，让他们能说。"我觉得这也是自主生长式课堂的魅力所在。

自主生长式教师专业发展理论主张诱导教师内在的创造潜能，引导教师学会"行走"。古诗教学对我而言，一度望而生畏。幸得名师指点，执教过《寻隐者不遇》和《小儿垂钓》的公开课。这两首诗的共同点是都有对话互动，非常适合学生表演。儿童是天生的表演者，他们想象，继而表演出诗人与童子、稚子与路人间的一问一答，配上道具，勇气与乐趣并增，学生们也能够快速地理解诗意，更能掌握古诗想传递给读者的寓意。

以《寻隐者不遇》为例，看到这首诗，我的第一反应是我该怎么教？我校的"三三式"小班化教育教学模式，以前置学习为起点，课堂学习为落点，延展学习为终点。在这种教育教学理念的引导下，经过反复磨课，本课以预习古诗、了解作者为前置任务，课中以看图说话、情景展示来理解古诗，提高学习兴趣，课后鼓励学生手绘古诗插画，增强学生想象力，让古诗之美润泽学生的心灵。这节课我从传统教学出发，虽没有利用信息技术与课堂教学的深度融合，但准备了拐杖、字卡，手绘了松树、作者、童子等，色彩丰富、情景再现、以读悟情，帮助学生想象身处大山深处问路的画面。学生们参与度极高，读熟了，会背了，每个人还都想演一演有趣的童子和那执着的贾岛，每个人都在自由想象师父到底去哪了。这节课带动了学生，更带动了我。

自主生长式教师专业发展理论引导教师带着研究的状态工作。2018年，李明菊校长带领着我校教师团队开始撰写教育叙事，以自修—反思式模式开启了成长之路。我喜欢在自己不断磨课的过程中自我反思，也喜欢在别人的课堂中借鉴成长。

曾经，我给三年级的学生们上习作课，那是一篇写景作文。三年级的很多文章都是总分总的结构，所以我在平时习作教学中多以这样的三段式呈现。结构讲明后，我竟无话可说。在我的意识中，写景不外乎妙词佳句，注意标点和各种修辞手法等。于是我在孩子们练习草稿前，一股脑把他们知道的所有写法都列在黑板上，他们有点懵，直勾勾地盯着黑板，无从下手。同时我又去听了李校长的一节习作欣赏课《我最喜爱的季节》。在李校长的课上，她直接展示出多个不同类型的习作开头，并把文章作者标红在旁边。通过提问你喜欢哪个开头并说明理由的方式，引出学生说出和写出习作开头的方法——开门见山、抓住特点、用词准确、前后关联、引用古诗、留心观察……整节课一气呵成，既向学生传授了明确的写作方法，又极大地鼓励了学生自信心，给所有学生和听课教师展示了一个耳目一新的季节。对比两节课后，我以《授人以鱼，不如授人以渔》写了一篇教育反思。听李校长课之前，我并不太明白什么叫教方法；听完特级教师的课后，我领悟了，从学生的实际情况中选出典型，让他们说出方法，才能印象深刻，直指学生内心，事半功倍。一节课下来，我也学到了如何让课堂更有仪式感，如何在师生互相尊重与被尊重之间把握好课堂秩序。根据李校长的课堂，结合班级里个别"拔尖"孩子，我迅速在班级公约里总结了一条：学会举手、学会倾听，做一个识礼、知礼、守礼的人，还课堂一个"安静"。

通过这样的自主生长式的跨越式成长，我相信必能创生出更精彩的课堂。

三、生生不息，展望未来

教师自主生长没有终点，永远在路上。我的成长仍在继续，尝试不断刷新。在自主生长式教师专业发展理论的指导下，我愿我是一个成长的研究型教师，研究学生，研究课堂，研究自己。有人问我：在近 5 年的教育生涯中，你最大的变化是什么？我毫不犹豫地承认，我从最初的被动处理变为如今的主动出击了，从被推着出去上课到我想出去上课，我有规划、有想法，渴望从更细微的地方寻求解决之法。如班上的留守儿童较多，我会研究他们与教师亲密接触的行为与情感变化，我也因此明白教育是让这些孩子爱上自己，爱上他人，爱上这个校园，爱上这段学习经历。我曾经听过这样一句话：孩子最不可爱的时候，恰好是他们最需要爱的时候。我的班里也有两个"不可爱"的孩子，一个轻微自闭，一个与我有点"小过节"，我该如何帮助他们学习与生活、培养他们的能力，一切也都还在探究之中。又如，中段语文教学里寻找关键词句的方法与高段语文教学中有何区别，课堂教学里如何深化加强，语感教学如何实施，一切都有待研究。未来，我想有自己的教学风格，有自己的教育思想，我想紧跟时代的步伐，在自己的教育生涯中走得更远。

自主生长式教师专业发展是一个永远不会结束的探索。唯有乘风破浪，方能广济沧海。

（此文曾收入《第五届自主生长式教师专业发展理论学术研讨会资料汇编》2021 年 3 月）

遇见"自主生长" 点亮教育人生

湖北长阳县教育研究与教师培训中心 曾丹妮

苏霍姆林斯基说:"真正的教育是自我教育。"潘海燕教授提出的"自主生长式"理念与这异曲同工。潘教授十几年如一日地对"自主生长式教师专业发展理念"进行研究和实施,不断丰富其内涵,拓宽通过"自主生长式"理念提升教师专业发展的路径。它让教师从"土办法""真性情"的自我经验,通过科学的引领、不断的学习,促进自悟内省后形成自己的经验体系,完成从自我经验到教育智慧生长的华丽转身。

细数自己的成长经历,从一名普通的小学英语教师,成长为长阳名师、市级学科带头人,并且走到小学英语教研员的岗位,是潘教授"自主生长式"的理念改变了我,成就了我。

2005年8月,我从乡镇的中学调到县城的实验小学,成为小学英语教师队伍中的一员。多年后的今天,才惊觉,这次的工作调动是我职业生涯的转折点——我的新单位"长阳实验小学"正是"自主生长式教师专业发展理论"课题的实验研究学校。

一、在课题研究中自主生长

自主生长式的专业成长依赖于教师对长期教学实践积累的自我经验,也需要专业理念的引领,课题研究给了我们这样一个平台。在过去的十几年,我参与了多个课题的研究与实施,在课题理念的指引下,经过不断的实践、反思、沉淀,借助外力将自己已有的经验提升并且系统化,形成自己独有的理念和经验体系。

在课题研究的路上,我从蹒跚学步到独立行走,走过了三个阶段:

初遇:课题理念的忠实追随者

记得刚进实小的时候,学校英语研修组正在进行省级课题"小学英语形成性(档案袋)评价"的研究。研究已经进入中期,同事们已经开发出了档案袋评价的多种途径:他们用磁带录音、家校联系本、学生英语学习评价量表、喜报等方式记录学生英语学习的成长和收获；他们让学生收集自己在英语学习过程中最值得收藏的作业、英语小报、卡片、习作等放进档案袋，每学期结束晒一晒自己的档案袋，教师根据档案袋里的资料和学业测评成绩，在学生的成长记录袋中为学生的英语成绩评定等级。

对于刚从初中下来的老师，已经习惯将考试作为评价学生的标准，这个课题研究带给我不小的震撼，为我打开了一扇窗。"多元评价"的理念从此走进了我的内心，影响着我的行动。在长达 14 年的小学英语教学生涯中，我追随课题理念不断地摸索，逐渐形成自己的英语教学评价模式。我将自己的做法提炼总结，写成《巧用评价 为学生扬起乐学之帆》，获得市级教学征文一等奖。

（1）课堂上坚持用正面评价激励学生。评价以鼓励为主，即使捕捉到的是不尽如人意的地方，仍怀揣包容之心，委婉地指出学生的不足之处，让学生"体面"地坐下去。我的课堂常会听到"Try it again." "It doesn't matter.""You'll do it better."等激励性的语言，让学生感受到教师的关爱，从而激发其再次尝试的勇气和继续努力的信心。

（2）坚持用团队培养学生。十几年来，我一直坚持让学生将小组作为"学习共同体"，遵循"组内异质、组间同质"的原则分组，形成小组间的制约力和互助力。小组长对小组进行管理，协助老师做好形成性评价的记录，充分利用小组合作、竞争来调动学生的积极性，让团队的正能量感染和激励学生。

（3）坚持用多元评价提升学习的效果。从不将考试作为评价学生的唯一标准，也许正是这个理念让自己的课堂一直深受孩子们的喜爱。我通过家校本和家长建立联系，掌握家庭学习情况，将学习情况记入评价表；充分发挥小组长和课代表的作用，细化课堂学习情况的评价，做好记载；一个单元或者一个阶段的学习结束后，班级根据形成性评价的记录情况发"喜报"，分小组总结点评学习情况，明确下一阶段努力的方向。而"档案袋"也随着时代的发展逐渐演变成各种记录学生成长足迹的平台，如：在流利说、趣配音里练口语，班级优化大师的记录可以让家长随时掌握孩子学习情况，QQ群、微信群成为孩子们的秀场……

初遇课题，我是它忠实的追随者，默默将它的理念贯穿在行动中，转化成自己的经验沿用至今。

再遇：在课题研究中学会整合优化资源

2007 年，湖北省教研室录制了"小学英语空中课堂"全套教学光碟，旨在缓解农村小学英语教师缺乏的状况，我们作为县城学校，加入了"小学英语空中课堂教学模式"的研讨，作为专业的英语教师，我并没有让 Sally、Peter 老师主导我的课堂，但是他们对于教材的处理却给了启发和借鉴，而且对于在教学磁带和挂图打天下的年代，我发现教学光碟中有许多好的资源，比如歌曲、chant，我从光碟截取资源，在自己的课堂上运用。那是借用资源助力自己课堂的萌芽。

在接下来的 10 多年里，甄选网络平台的资源，丰富自己的课堂教学已经成为一种趋势。而我也在不断寻找和获取的过程中，积累了大量的教学素材，为自己的教学所用。

记得当时我在自己的论文《让"空中"课堂成功着陆》里从"学习资源，提升专业素养""整合资源，优化课堂教学""升华资源，植根教学理念"三个方面论述了我的想法，并在最后写道："我从资源的教学设计里读出了这样的信息：要尊重学生的主体地位、激发英语学习兴趣；要让学生大量地听英语，多模仿；要创设语境让学生多操练，要注重科学的评价；等等。这些理念指导着我，让我的课堂充满生机和活力，让我的学生们热爱着英语课。而我本人，也正是在这些教学理念的指引下，快速地成长起来了！"

而这时的我，对待课题研究更加理性，学会在课题研究中挖掘自己所需，为自己所用，进而优化自己的课堂。

常相守：学会将课题理念与个人经验深度融合

参加"小学英语任务型课堂教学设计"的时候，我已经是课题组长。彼时，小学英语已经走过了 10 年，课堂教学模式已经越来越多样化。"任务型教学模式"引领我们思考任务驱动下的小学英语课堂，我们开始理性看待热闹的小学英语课，开始从任务的设计到完成任务后学生的所得来评估任务的有效性，以及是否形成了环环相扣的任务链。

在实施该课题的过程中，我体会到课题的核心理念就是让我们以具体的任务为载体，以完成任务为动力，把知识和技能融为一体，让学生在完成任务的活动中自然地使用英语，发展和完善自己的语言能力。于是我写了一篇文章《"三气课堂"可以预设的精彩》，我从"创设情境，激发兴趣聚人气""巧设任务，灵动课堂有生气""拓展运用，贴近生活接地气"三个方面阐述了我对小学英语任务型课堂教学设计的一些想法。我将课题理念与自己的实践相结合，领悟出：教材来源于生活，也终将运用到生活中去，通过创设贴近生活情境的任务，使我们的课堂接上了"地气"儿，孩子们在课堂上找到了生活的影子，打开了他们想说的"话匣子"，课堂才会因此而生机盎然！

这时候的我，已经能够将个人经验与课题理念深度融合，在课堂进行准确诠释和践行。

在后来的教学工作中，我和我的同事不仅积极参加省市级课题研究，我们还针对在教学中的困惑，积极开展"小课题研究"。

我们像一群充满个性、自由成长的孩子，而课题研究引导我们的思考更加科学合理、教学样态更加丰富多样。在课题理念的熏陶下，结合自己的教学实践，总结提炼出自己的"类经验"。

二、在校本研修中自主生长

校本研修是教师专业成长的沃土。长阳实小一直致力于把校本研修小组建设成教师专业成长的学习型团队，使其成为自主生长的共同体。教师在浓厚的校本研修氛围中被唤醒、通过参加各项学习活动赋能，然后开启自主生长模式。在这样的环境下，每一位愿意生长的教师都会茁壮成长。

唤醒：自主生长意识

在潘教授"自主生长式"理论下衍生的"自修—反思式校本研修模式"，让教师在自我进修、自主学习的基础上，以自己的教育教学活动为思考对象，对自己的行为、决策及由此产生的结果进行审视和分析，用教育教学研究的方式，主动地获取知识，应用知识解决教学实际问题。它强调"学以致用，学用结合"，强调研修中的"反思"过程。

我们的"自修—反思式校本研修模式"围绕《教师专业发展报告册》展开。根据《报告册》的填写要求，教师每学期伊始要对自己的专业成长做规划，听评课不少于15节，要开展8次以上的主题研修，至少要完成1次自我实践与反思，撰写一篇教育叙事或者案例评析。

在《报告册》的引领之下，学校以校本研修课和主题研修为抓手，从各级骨干教师展示课到每一位教师的校本公开课，一轮轮推进；研修组将8次主题研修细化，定主题，定中心发言人，定活动时间，有序展开。

在"自修—反思式校本研修模式"的氛围中，自主生长意识被唤醒。而我也从研修组成员成长为研修组组长，从参与者到引领者，拔节生长。

赋能：自主生长力

以校本研修为依托，老师们进行专业理论的学习，比如阅读教育名著，定期开展读书交流；学习课标，指引课堂教学；学习前沿教学理念，商讨如何在课堂中践行……还可以借助校本研修的平台进行教学技艺的切磋，通过观摩优质课、研修课展开课堂观察，进行评课议课……每次活动老师们都被赋予不同的角色：主持人、中心发言人、资料员、观察员、授课教师……每次角色的切换，都会有不一样的视角，不一样的收获。校本研修在不知不觉中赋能自主生长力。

印象最深的是，有一个学期的主题研修是围绕老师们的课堂教学进行微格评课。在微格分析的过程中，老师们通过录像回放，从课堂的一个个环节进行认真剖析，从课堂的导入、教学策略的选择与实施到对学生个体的关注，针对不同层次学生的个性评价、合作交流、学习方式的运用进行深入分析。大到教学设计，小到一句话一个眼神，都会被细细论证。

微格评课带给老师们的是思维的碰撞和专业的提升。授课教师教学环节预设与实际操作情况的碰撞，授课教师与评课教师观念的碰撞，评课教师之间思维的碰撞，都可以擦出思维的火花。同时，"取人之长，补己之短"更是一种收获。

微格评课，就像一台"显微镜"，整节课的成功与不足在它的观察之下一览无余，它是教师教学技能快速成长的催化剂，积极为教师的专业成长赋能，像"微格评课"这种赋能的方式，只是校本研修的一个缩影。各项研修学习赐予我能量，激发了我的潜能，我开始在学校和全县的大小研讨活动中崭露头角。

开启：自主生长模式

教师的专业自觉在校本研修活动中被唤醒，并不断在研修活动中、同伴互助中汲取能量，他们的自主生长模式被开启。

其中，教学反思，是教师专业自主成长的必经之路。每半学期一次的校本研修课，可以得到"专业评审团"的帮助，不同的课型我都进行了尝试，从上好每一节校本研修课开始走向各级公开课，我在同伴互助下和不断反思中汲取了前进的养分。

教学反思也从起初的硬性规定逐渐变成自觉行为，每课一思，每课一得。从"课例"的教学预设到教学目标的达成度进行反思，将自己的感性认识进行归纳和提炼，对课堂上的不足进行总结和剖析，逐渐形成教学的实践性知识和技能。

现将当年的反思摘录一二：

在 PEP 教材五年级下册第五单元"What is... doing?"词汇课教学之后的反思：本课时的几个亮点：① 在教学中有效地运用几种不同的方法来呈现和练习"flying、jumping、running、swimming、walking"。② 教学生归纳，通过一个词加 ing 形式的读音推出这一类词的读音。③ 评价方式与操练相结合，没有为了评价而设计的评价，让评价融入课堂教学，并为课堂教学服务。④ 对教材进行了合理的开发，将单词串联在故事中，使枯燥的单词间建立起联系。

不足之处：生本课堂理念运用不够到位，整堂课下来，依然是教师在牵着学生走，放手不够。生本教育在教学方法中提到要"以学定教"，这要求教师要根据学生的学习情况，灵活安排适合学生的学习活动。如果我们在教学中总是被所定的"计划""进度"所牵制，不去因学生的实际学习情况而随机应变，那么我们无形中又走回旧途，又在牵着学生走，最终导致的结果便是又打击了学生学习的积极性。本节课教师导居多，学生合作学习、自主学习不够。

在上完 PEP Book 4 Is this your shirt? A Let's learn，我写道：本节课围绕"Let's learn"中学过的衣服话题，以"Is this your...? Yes, it is. /No, it's not."为承载句型，使学生会在不同语境中运用。以学生的已有知识来引导学习新知，创设真实的情景与学生进行交流，自然引入新句型。与学生用 TPR 的方法复习学过的衣服类的单词，采用 Free Talk 的方式与学生互动交流，进一步巩固新词的应用能力。将评价融入课堂操练，促进小组间的合作学习。巩固练习通过抽卡片游戏和失物招领两个环节来操练。最后德育渗透，在操场上抓拍了学生们丢三落四的一些东西，用"Is this your...?"询问学生，让学生产生共鸣，升华主题。从设计到实施，我都试图体现"以学定教"的教学理念。我认为取得了一些小小的成效。

通过真实任务的驱动改变被动学习的局面。我设计了四个子任务：① 用课前准备的卡片操练新句型；② 创编儿歌巩固新句型；③ 利用评价工具创编新对话；④ 失物招领，创设情境运用新句型，充分体现了任务型语言教学的特点。

将评价糅合在小组合作竞争当中，评价是载体，既发挥评价的作用，又成为操练的工具。掌握程度稍弱的同学在其他组员的带领下也能收获很多。

从上面的反思，可以窥见成长的印迹，并从中读到自主生长的强烈愿望，也正是这种强烈的愿望激励我在反思中不断完善自己，提炼和总结自己的教学实践，向着更好的方向生长。

在过去的十几年里，在"自主生长式"理念的摇篮里，我从"被发展"到"主动发展"，不断改进和丰富自己的"经验性知识"，并且物化为文字。先后有十多篇文章在省级报纸杂志发表，县市级获奖和发表 20 多篇，先后上省、市、县级示范课、观摩课 10 多次，校级示范课 20 多次。先后被授予

"宜昌市优秀外语教师" "宜昌市小学英语学科带头人"，被县教育局授予"曾丹妮名师工作室主持人"。

回首成长的足迹，因为遇见潘教授的"自主生长式"教师专业发展理念，点亮了我的教育人生。如今，作为全县小学英语学科研训员，我会带着这个理念，引领我的团队在专业成长的道路上走出更坚实的步伐！

在教育的天空，做自己的太阳

湖北长阳县研训中心　　田海燕

"师者，所以传道授业解惑也。"一句古训诠释了教师的所有职责，通俗地讲，做教师就是做学生的人生导师，完成这一神圣职责得需要除了课堂以外的其他平台。就我个人而言便是在不同的角色转换中艰辛成长。回忆起自己的成长经历，一路走来曲曲折折，有过众山小的豪迈，有过独上西楼的迷茫，也有过帘卷西风的悲情，好在于山穷水尽之时，偶遇"自主生长式"教师专业发展理论，能见柳暗花明处。美国著名教育家约翰·杜威曾说："教育即生活，教育即生长，教育即改造。"我个人认为这一理论对于成人的成长同样适用，教师的主要生活就是教育，课堂上有教育，活动中有教育，管理中有教育，研究中有教育。反过来说，教师也是在各类教育实践活动中不断生长，在反思与总结中不断成熟。

自主学习，唱一首生命的歌

课堂教学是教师成长的基点，是起跑线。当最初踏上工作岗位时，信心十足，豪情万丈，和学生一起阅读、写作、成长，完全是依托热情去感染学生，引领学生，记得我的学生在《背影》描绘的父爱中泪眼婆娑，在《将进酒》的诗情中放飞自我，在《琵琶行》的意境中体会人生的起承转合。一直认为我的课堂有声有色，我也在个人的世界里乐得其所，但当激情退去，我会反思我的学生除了情感的体验、情绪的饰演，还沉淀下来什么，语言的评品生成了没有？语言运用文从字顺做到了没有？我自己形成独特的风格了吗？我的研究有体系吗？在这种纠结的状态中我的课堂教学进入了高原期，平淡、乏味、倦怠侵蚀我的教学。

冷静思考，反观过去，发现自己的课堂实践是丰富的，课堂体验是深刻的，尽管这些犹如一颗颗宝石散落在沙滩上，熠熠生辉，仅仅这样很不够，我要让松散思维的光辉积聚起来，形成一束亮眼的光辉，指向我和学生的未来。

自主学习是通向未来的必经之路，那么学什么、怎么学引起了我的思考，我不想抛却个性化的风格去邯郸学步，又必须冲破自我束缚革新课堂。后来我了解到潘海燕教授自主生长课堂的基本特征，一是要体现教师个人教育思想的课堂。二是体现共同生长的课堂，在课堂上不仅使学生得到发展，而且让教师、教学环境、教学资源能得到很好的提升。三是在其过程中又进一步反思，概括提升生长自己的新教育思想。通过对自主生长课堂的理念的了解，我发现无论什么理论，与我个人构想的课堂教学蓝图契合度最高的就是最好的。这为我未来的教学指明了方向。

我的语文课堂教学总是把学生放在中心位置，具体讲即语言文字的体味我主张个性化，语言文字的运用我主张自主化，基本知识的掌握我主张系统化，课堂的驾驭我主张水到渠成式的推进。所以单就课堂教学而言，我熟读过李镇西、魏书生等老师的课堂教学专著，深谙前辈对学生的尊重，尊重学生的情感体验、思想自由、心灵对话，我的语文课对学生而言是宽容而舒适的，我总是极力保护学生的童心和真性情。因而我的学生爱语文、爱表达、爱写作，我觉得这不失为一种成功的教育。

学无止境，课堂教学好了，教师个人发展不可缺少，我非常赞同潘海燕教授关于校本研修在自主生长式教师专业发展中的重要作用的观念。走出去无疑是高质量校本研修的助推器，参加各种竞赛更能促进教师个人拔节成长。记得参加省级竞赛课的那段日子，我冥思苦想，坐卧难安，最后在同仁的指导下无数次修改，从一个小问题、一个小目标、一个小活动反复打磨，群策群力，最后以我个人的教学思想为主导成功完成了高压下的课堂教学。比荣誉更让人欣慰的是合作学习，自主生长的思想可以成为我行走的灯塔。

现在我已经由一名科任教师转身为一名研训员，因为我思想成长的土壤在课堂、在学生、在老师，所以依然会唱一首教育的主打歌，这必将是我会一生坚持咏唱的生命之歌。

自我实践，描一幅斑斓的画

"传道"涵盖学校教育包括知识、技能、情感价值等方方面面，课堂教学固然是教育的主阵地，但学校教育是一件很复杂的事情，涉及任何一个时段、任何一个空间，任何一面都不可偏废。作为教师总会承担起班主任、各科室主任甚至校长等多个角色，任何角色都必须守住教育的初心，方能完成教育的使命。

曾记得在学校专业部工作的六年时间里，学生管理和德育教育是必须深入研究的重点课题，费尔巴哈说过"理论所不能解决的那些疑难，实践会给你解决"，我们组织一些多样化的活动来点染学生的课余时间，经过实践一反思发现活动的丰富不等于活动的有效，原因归结为我们的活动没有灵魂，然后我们不断学习理论，不断调整方案，在国家"倡导全民阅读，建设书香社会"的政策方针引领下，实践—反思—总结—再实践，凝结升华，最终我们找到了"以文化人"的牛鼻子，推出"与经典同行，与圣贤为友，弘扬传统文化"等系列主题活动，手抄报、诗文朗诵、国学诵读、经典名著阅读、古典话剧表演等作为常规活动，这些活动延伸到课堂及学生管理，久久为功，长此以往，将经典文化内化为我校学生的内在涵养，极大地提高我校学生的人文素养。

活动的策划可以轻而易举，难点是活动的实施效果要经得起实践的检验，我们在实践中也常常遇到了进退维谷的两难境地，靠简单的总结和苦想也达不到破冰效果。他山之石，可以攻玉，我们将自己的实践与新思想、新理论进行碰撞，结合学生的青春、活泼、时尚的特点，不断调整内容、优化形式，星星之火可以燎原，后来将其推广到其他专业部甚至全校。这个调整的过程就是反思的过程，也是反思的结果，只有发生质变的反思才是有效果的反思，才能触及灵魂，破茧成长。

实施了扎实的教育过程，才能撷取教育的幸福之花。且不说我校德育教育方案在省市县得到广泛认可，更重要的是涵养了莘莘学子。雄伟壮阔的千人诵读《离骚》的场面还历历在目，工作多年过后的学生说"天天的经典诵读让我能吟几句国学经典"的话语还萦绕在耳畔，舞台上精彩绝伦的话剧表演常常浮现在眼眸，轻松不失稳重、规矩不失时尚的活动渲染了课余时间，我坚信留给学生的除了形象之外还有文化的积淀和素养的提升。我认为教育是一幅画，以爱为背景，以文化为底色，用春风化雨般的手法描绘出生命的五彩斑斓。

自我反思，攀一座雄伟的峰

成长如同登山，需要付出努力，拾级而上，才能揽其胜景。在实际教育教学工作中，学会反思总结是一位一线教师成长的必修课。潘海燕教授根据自己长期的理论和实践研究，提出"自主生长式教师专业化发展理论"，认为案例反思是教师经验理论化的最好载体。而一个成功的案例往往折射出教师的智慧和思想的光芒，是个人研究的微成果，是打上个性特点烙印的教育思想，是个性化的教育理论。我在和学生研究论文写作方法时就如何增强论辩的思维逻辑进行重点研究，从而让作文能闪烁思想光辉，能呈现哲辩思想的魅力。我把学生的优秀习作和不合格习作呈现给学生，师生一起总结作品的成功与失败之处，并一一罗列，然后对接部分课文和高考满分作文，在此基础上进行提炼总结成"议论文深入挖掘五法宝"，即一是高屋建瓴发掘隐藏在现象背后的本质；二是由此及彼追根溯源挖根子；三是思想决定行动探依据；四是反其道而行之找危害；五是指明方向提办法。

我陈述的这一案例既是学习方法的总结也是教学方法的凝练，在学生议论文指导方面可以做到有章可循、高质高效。这也是我立足自我经验自主生长，然后把经验凝练成自己的体系，并在课堂中应用自己的教学思想的很好体现。这样的经历让我触摸到自身的价值，体验了职业幸福感，最重要的是让我感悟到教学研究不是空中楼阁，一线教师可以实实在在地做研究。

零碎的专题研究经过实践和厚积的过程，在研究数量和研究程度的不断增长中氤氲生长，后来我积极加入课题研究，将自己的微成果系统化、理论化，尤其是我转入历史教学研究以后，如同走进阳光灿烂的春天一样，带着希望，带着使命，行走于科研之路上。我带领老师们进行"新课程初中历史'对话教学　灵动未央'教学研究"课题研究，在总结反思零碎的研究成果的基础上系统化，同时因为丰富而充足的教学实践，使课题研究既有理论的提升，然后理论反刍课堂教学，并根据理论形成可操作性的实施策略。

学无止境，研无止境，改革永远是教育教学领域传唱的主旋律。2014年3月教育部下发《教育部关于全面深化课程改革落实立德树人根本任务的意见》，该意见从国家层面将教育理念与国际接轨，正式提出"核心素养"，这是时代对教育的要求。作为一名初中历史教育研究工作者，我怎样引领老师成长，怎样深入进行改革课堂，是矗立在我面前的一座高峰，我必须做一名勇敢执着的攀登者。于是我再借力人教社"十三五"规划课题研究平台，成功立项"核心素养指向下的历史对话教学研究"课题。有了研究课题，课堂教学和理论研究就有了方向，整个教学活动才会突破单调反复的牢笼。

我围绕研究课题深入一线和老师们一起研课，充分尊重教师的话语权，尊重教师的个性特点和个人理念，研究和整理老师们的思想，结合当前新的教育理念，就教材处理、课堂实操、教学评价、素养落实等多维度进行研究、整合，构建老师好教、学生好学的历史生本高效课堂。如就如何打造鲜活有效的历史课堂，我们找到了"史料教学"的好方法，以此为突破口，将历史课堂生活化、温情化，形成"借力史料，赋能历史课堂"的路径；就如何让课堂高质高效，形成"从四个转变构建历史生本高效课堂"的策略；就如何彰显大国担当进行专题研究，形成"读懂中国外交，彰显大国担当"的外交策略的鸟瞰。

聊聊几篇文章、几次讲座只是沧海之一粟，接下来的时间结合潘海燕教授的教师自主生长模式，学习—实践—提升—总结—凝练，调整工作思路，确定工作重点，既要志存高远又要脚踏实地，做区域的专家，做领域的先驱。

自主生长路漫漫，科研道路阻且长，我会不断学习和储备教育理论，不断提高自己的理论水平和思想修养，并用理论反哺我的实践，不断攀登科研之雄峰，特立独行，在教育的天空，做一轮太阳，放射光芒。

（此文曾收入《第五届自主生长式教师专业发展理论学术研讨会资料汇编》2021年3月）

风雨兼程求索路，且行且思再向前

湖北长阳县龙舟坪镇津洋口小学　徐长刚

湖北第二师范学院潘海燕教授在《自主生长式教师专业发展研究》一书中对"自主""生长"这样定义：所谓"自主"，即"自我导向"，其对立面是"他主"，就是指教师处于主人翁状态，主动选择、主体性体验与感悟、积极地创造。所谓"生长"，是指在反思下的立足自我经验的个性化发展、整体性发展、和谐发展、可持续发展，而不是违背规律的标准化生长、拔苗助长。"自主生长式发展"就是以唤醒师生的主体意识为前提，以激发师生的内在动机为关键，以激活师生的潜能为重点，以教育反思为手段，以促进师生可持续发展为教育目标，在工作的各个方面渗透教师的个人思想和理论。

在潘海燕教授自主生长式教师专业发展理论的指导下，回顾自己的工作历程，我的专业成长之路大致可分为三个阶段：个人成长磨砺期、个人与学校共同成长期、个人专业成长提升期。

一、初出茅庐，信心百倍，走个人成长磨砺之路

1999 年 8 月我从孝感师专毕业，被分配到素有"长阳西藏"之称的渔峡口镇工作，初踏教坛，雄心壮志，满腔热情，由于领导对我的信任，我在工作期间，服从安排，哪个学校差人我就到哪个学校，学校差哪个学科教师我就教哪个学科。1999—2007 年的 8 年时间里，从教过四所学校，从教学科有小学数学、中学物理、小学英语、体育、美术、校本、地方、音乐等八门课程，担任班主任四年，教导主任四年。2003 年 5 月至 8 月，我在三峡大学参加为期三个月的英语培训学习，2003 年秋，长阳县开始在全县小学三至六年级开设英语学科教学，我便成了全县第一批小学英语教师。

因为刚从学校毕业，也因为年轻，憧憬着希望与美好，总感觉要学习的东西太多太多，总是很乐意去接受新的挑战，哪怕是换一所学校或接受一门新的学科教学。遇到不懂的问题总是虚心向同事请教，遇到困惑就去读教育名著、教学期刊。内心总有对教育名家的崇拜与向往，当时最崇拜的教育名

家就是魏书生，我学习他的班主任管理经验与方法，学习他的六步教学法，也不断反思总结自己的教育教学得失，在实践中实现自我成长，县级师德标兵、县级学生最喜爱的老师、县级优秀教师等荣誉称号就是对我成长的证明。也正是这八年的工作经历，让我对什么是教师，什么是学校，什么是真正的教育有了更深刻的理解，也为我后来从教学岗位逐步走上学校管理岗位奠定了基础。甘于寂寞、信奉"天生我材必有用"，力求把它做得最好！不畏困难，努力工作，磨砺了我的意志，让我确信冉冉升起的曙光。我觉得脚下的路，是缓缓升高的山脉，最终会直抵峰端。

二、披荆斩棘，追逐梦想，走个人与学校共同成长之路

2009—2018年间，我走上了学校管理岗位，任两河口小学和宝箭山小学校长。我开始参加校长任职资格培训、农村小学校长国培项目等培训，我边培训边结合学校实际思考办学思路。因为我任职的这两所学校都是镇内名副其实的薄弱学校，当时有三大难题摆在了我这个新任校长面前：一是师资老化严重；二是办学条件严重落后；三是家校关系有待改善。师资的问题是短期内无法改变的现实，于是我提出了学校发展三步走的战略目标：第一步，想办法改善办学条件；第二步，确立办学理念和目标，为师生赋能；第三步，构建学校特色课程。思路决定出路，从此开启了我个人与学校共同成长之路。

（一）公益改善办学条件

我为了改善学校办学条件，用跳出教育办教育的思路来改善办学条件。办法缘于2010年我在两河口小学任校长时的一次经历：两河口小学是原两河口中学撤销以后新建的小学，要搞保育制示范学校创建，在校学生386人。当时学校负债20多万元，学校烧锅炉的燃料费是一笔不小的开支。作为一个学校的当家人，首先想到的是要节约开支，于是我萌生了一种想法：要是学校能用上太阳能该多好，师生就可以洗上淋浴，又可以节约一笔燃料费。我想到了自己家里用的中德合资"力诺瑞特"太阳能热水器。于是我在网上找到了产品公司的官网，发现该公司有过为学校捐赠热水器的公益活动的新闻报道，于是我大胆地给公司老总发了一封电子邮件，介绍了我们学校面临的困难以及希望得到贵公司赞助的想法。没想到不到一个星期就收到了回复，而且总公司很快就派武汉分公司经理到学校实地查看，当时就达成了合作协议，为两河口小学捐助安装了12台太阳能热水器。这件事让我信心大增，从这件事中我认准了一个理儿，当今社会上有很多负责任的企业和爱

心人士愿意为农村学校发展出力，同时他们也需要有帮助他们献爱心的桥梁，我就是爱心企业与学校之间的桥梁。

从 2012 年起，每年的元月一日，我就会在微博中发布我的心愿，比如：我今年要为学校建一个图书阅览室；我今年要为学生换上新课桌；我今年要为学校添置一套低音广播系统；我今年要为学校建一个迷你游乐场；我今年要为学校建一个梦想教室；等等。有了这些心愿，我就开始主动在网上申请扬帆图书计划，主动上门与领导沟通，主动联系在外工作的同学，与爱心企业对接，采用定单式援助学校所缺项目，一个又一个心愿得以达成。近五年的时间，我们与北京香港马会结为共建单位，先后为学校更换升降式新课桌150 套，为师生捐助校服 942 件，运动鞋 150 双，捐资 15 万元为学校建了"梦想教室"和配套的梦想课程资源；武汉 TA16 团队为学校捐助低音广播系统、监控设备、四开门大冰柜，总价值达 6 万元；与新浪网扬帆图书计划签订五年的图书捐助合同，图书总量达 5 000 册；宜昌浩睿光电有限公司为学校免费安装了价值达 8 万元的节能灯；四个村委会集资 2 万元为学生提供了被子、鞋柜、衣柜；TCL 集团为学校投资 5 万元建儿童乐园。

每次捐赠活动，我都会把学生家长请到学校见证，家长们看到有这么多的爱心企业、爱心人士来关心支持学校的发展，家长对学校的认可度越来越高，家长配合学校教育的程度越来越默契，学校师生对学校的发展充满了信心和希望。

（二）公益培训，为师生、家长赋能

我深深地知道学校的发展、学生的成长离不开家长的积极配合与支持，更重要的是家长要信任学校、家长与教师要相互信任、师生要相互信任。在一次与武汉 TA16 爱心团队接触中，我交流了我的想法：那就是把所有家长、学生、老师聚在一起，开展一次有关爱心、责任、信任为主题的拓展培训。我的这一想法与他们团队做的项目简直是不谋而合，他们说这样的项目目前只在高中、初中做过，可团队的负责人说："既然徐校长有这个想法，正好我们有一个'托起明天的太阳'大型公益活动项目，我们可以按照徐校长的想法来策划这个活动。"当时我激动地一夜没睡好觉。2013 年 11 月 8日，长阳首届学校、家庭、社会"爱心传递校园，真情感动长阳——托起明天的太阳"大型公益活动在宝箭山小学举行，TA16 爱心团队以互动体验式的培训方式，通过游戏、科学实验、蓝丝带的故事、画梦想画等环节让学生、家长、老师放下平时身份所承受的压力，去体会相互之间因良好沟通、相互信任、支持与欣赏所带来的成功和喜悦，让三者搭起心连心的桥梁。这

一次活动让所有师生、家长印象深刻，受益匪浅，师生关系、家校关系有了很大改善。我也从这次活动中得到了很多启示，从此以后每年春秋两季的全校家长会都由我来给家长集中培训上课。

确立办学理念和目标。2013年的9月1日开学，"尊重每一个人，让每个人都有发展的可能；关注每一个人，让每一个人都有成功的可能"的办学理念，"学会做人、学会生活、学会学习、学会感恩"的办学目标醒目地出现在宿舍楼、综合楼的围墙上，我要用新的办学理念和明确的办学目标引领学校发展，办一所"小而美、小而优的乡村小学"成了学校师生的共同愿景。

我来到这所学校之初是担心学生没书读，当有了书以后，我就在想如何让学生把书读好，于是，我就开始打造书香校园。学校现拥有图书近10 000册，为了提高图书的利用率，我们每个教室里都配备了图书柜，并配齐了图书，可供学生课外自由阅读，并结合扬帆读书计划项目开展"悦读活动"。如今教室、梦想中心、图书阅览室都有孩子们喜欢的图书，到处都有孩子们读书的身影。从2013年起，每学期开办一次读书节，让师生在阅读中共同成长。

前面说到爱心团队给我们捐赠了低音广播系统，这一套广播系统为学校德育教育助了不少力。我亲自编制适合学生的儿童化语言，在低音广播系统中提示学生起床、上下课、课间活动、放学、归寝、晚睡。还有古诗欣赏、三字经诵读、成功法则诵读、音乐欣赏、安全提示等。如今《让世界因我而美丽》《成长之歌》《老师老师》《日常行为规范歌》《交通安全歌》成了校园传唱的经典，《写给未来的你》《能量朗读》诵读净化了学生心灵。

（三）构建学校特色课程，提升学校办学品位

学校环境渐渐改善了，师生的精神面貌变好了，师生、家校关系和谐了，这些都让我很欣慰。但一个学校要办出品位、办出特色，还必须在课程建设上下功夫，从2015年起，我就开始构建家长学校课程、大课间活动课程、学生社团课程、德育活动课程、梦想课程。特别是梦想课程的三大理念，即问题比答案更重要、方法比知识更重要、信任比帮助更重要渗透到了教育教学管理的方方面面。比如开学典礼会有教师宣誓、学生宣誓、优秀家长给学生颁奖、学生给优秀家长颁奖、校长给教师颁奖，校长给师生讲座。活泼可爱的兔子舞、轻快灵活的手指操、动感十足的小苹果舞、伴有儿童成功法则的诵读跑步、让世界因我而美丽的手语操构成了学校特色大课间的活动内容。学校每周四的下午开展社团活动，学校有篮球、乒乓球、美工、舞

蹈、书法、趣味数学、低年级游戏社团。德育活动课程有"寻找最美孝心少年"课程、文明礼仪课程、儿童成功法则课程。

通过几年的努力，宝箭山小学的办学效益及办学水平得到了全方位的提升，学校是团市委留守儿童关爱工程试点单位、上海真爱梦想项目学校、香港马会共建学校，学校少先队建有湖北省少先队标准化队室1个，学校被县教育局、中心学校授予"义务教育标准化学校""先进单位""德育先进单位""平安校园""保育制示范学校"等称号。我本人先后获得了长阳县龙舟坪镇"十大杰出青年""十大师德模范""优秀校长"称号，全国第二届TCL烛光奖—引领奖，全国二星梦想教师，县级优秀党员。宝箭山小学也正在走向成熟并凸显特色。

三、百尺竿头，更进一步，走专业成长提升之路

2018年8月至今，我分别在长阳县龙舟坪镇花坪小学、津洋口小学担任副校长，作为分管教学业务的副校长来说，教学教研成了我思考的第一课题，这也对我的专业成长提出了更高的要求，从此，我走上了专业成长提升之路。

2019年3月，我有幸到广州听了郭思乐教授有关生本理念的报告，同年4月，我又细细品读了郭思乐教授的《教育激扬生命》一书，"一切为了学生，高度尊重学生，全面依靠学生"的生本理念已深深印入了我的脑海。《教育激扬生命》一书用丰富的实例反映了学生积极、愉快、高质、高效的课堂学习，以及终端考试的优异成绩，揭示了生本教育以生命为本的实质。通过学习与调研，我及我的同事们都认同郭思乐教授的生本理念，于是我在花坪小学开始给老师们分享培训心得《让生本理念落地生根》，牵头制定《花坪小学生本高效课堂三年实施方案》，编写《生本课堂操作指南》，倡导老师们阅读《教育走向生本》《教育激扬生命》并做读书分享。一场生本理念课堂实践拉开了序幕。

作为分管教学的副校长，理应走在生本理念实践的前列，除了学习生本理念，我还听了学习强国里推荐的18节生本课堂实录，在网上听小学数学专家吴正宪老师的课20余节，在数学课堂上积极开展教学研究与改革，大胆实践"生本教育理念"，在"国培计划"项目县——鹤峰县与长阳县工作交流会中承担示范课一节，上的二年级数学《一分有多长》获得与会专家一致好评，被湖北省中小学教师继续教育中心聘为授课专家，2020年9月，《网络教学六步法　生本课堂开了花》荣获县级网络教学优秀课程资源一等奖。获省级课题"信息技术与教学深度融合"优秀实验教师，主持市级课题

"基于核心素养下的生本高效课堂教学策略的研究"。2020 年 8 月，《生本教育理念下提高小学数学课堂教学质量的策略研究》在《中小学教育》杂志 2020 第 18 期发表。通过不断学习教育理论，向名师学习和教学实践，充分尊重学生、依靠学生，课堂上把数学思想、方法的渗透做到"润物细无声"的教学风格逐渐形成。

回望 21 年走过的教育之路，对成长的渴望是不断完善自我的动力，这让我想起泰戈尔的一句诗："人就像一个初生的孩子，他的力量是生长的力量。"我将在自主生长式发展理论的指引下不断自我反思与实践，把梦想课程理念与生本理念完美结合，让自己真正成长为一名"四有"好老师，让学生拥有一个自信、从容、有尊严的未来。

（此文曾收入《第五届自主生长式教师专业发展理论学术研讨会资料汇编》2021 年 3 月）

探幽生本圣境 成就自主生长

湖北长阳县花坪小学 熊永清

从我当老师的第一天起，我就立志要当一名好老师。何为好老师？在那时的我心中，能上一节好课是其首要标准。因为课堂是实施教育教学的场所，是实现学生成长与教师发展的主渠道。教学是教师的第一天职，课堂教学效果不理想怎么能算一个好老师呢？

为了达到这个朴素的好老师标准，我默默地努力着。很多年里，我上课生怕讲漏一点知识，总觉得老师讲得越多越细，学生才会学得越多越好。课堂上我以学生听懂为终极目标，常常打断学生的发言，总在学生的思维将要旁逸斜出时赶紧"纠偏"。有时数学课上我百般引导，历尽艰辛，总结出一些解题窍门，让学生当公式一样背诵牢记，以为这样的"法宝"能提高学生的解题速度。

当我在培训学习、课堂观摩中接触到生本教育理论后，我才惊觉自己以前教学上的任劳任怨是多么地吃力不讨好！教师恨不得把知识嚼碎了喂给学生，教师成为教学知识的权威、课堂活动的主宰，完全把学生置于被动接受的地位，那样的课堂是典型的师本课堂。想想过去课堂上多少次学生的欲言又止、背笔记时的两眼翻白、讲课中的口干舌燥、辅导学生时的苦口婆心，真是令初识生本的我羞愧不已！在羞愧与反思中，我的自我成长意识觉醒了！

思想的觉醒触发行为的改变，行为的改变迎来学生的惊喜！

一、学习生本理论，自主反思教学

唯有学习才能找到差距，唯有学习才有成长的底气。于是，我认真研读郭思乐教授的生本教育专著《教育走向生本》和《教育激扬生命》。在研读中揣摩生本的内涵，抄写学习笔记，撰写读书体会文章《在跋涉中朝圣》。通过学习，我明确了生本教育的重点不仅仅在于学生的外部地位，更在于学生的内部自然天性和潜能的发挥。在反思中，我肯定了自己"教学是为学生好"之初心的正确性，批判了自己课堂上师生本位倒置的错误师生观；肯定了自己在教学中适度引导的必要性，批判了"学生必须老师教才会"的错误教学观。通过自修与反思，我坚定了两个信念：必须更新教学观念，必须改变课堂生态。

二、实践生本教学，完善自我经验

人类对于世界的认知规律是从模糊到清晰，从现象到本质，从零散到系统。我对生本教育的认知同样如此。书本学习、观摩他人总是犹如雾里看花、隔岸观火，只有深入实践才能验证所学、透视所见。我从 2018 年秋至今一直担任小学低年段数学教学，没有现成的低年段生本教学经验可用，所以只能结合所学，在实践中摸索、积累经验。

自主生长式教师专业发展理论的核心是教师立足已有的自我经验，自主生长为自己的个人思想。根据这一理论学说，对比我的生本教学实践过程，大致经历这样四个阶段：

一是临机顺变，形成经验。

一年级开学不久的一节数学课上，还没到一半时间，有不少同学已经坐不住了，一会儿站，一会儿坐，一会儿转位，一会儿挠头。看到这群好动的孩子们，我干脆暂停上课，让他们都站起来。学生面色紧张地起立，以为我要罚他们站呢！我微笑着说："我们来做做课中操吧！"同学们觉得很新奇。"踮踮脚来拍拍手，拍拍肩膀摆摆头，眨眨眼睛笑一笑……"同学们跟着我一边念一边做我临时编的课中操，脸上洋溢着欢笑，动作也很整齐。做两遍操后，大家坐下，坐得端端正正，我们继续上课，随意乱动的同学果然减少了！

生本教育的伦理观是"高度尊重学生"，对初入小学的一年级学生来说，由于年纪小，几乎没有自控能力，随意、好动是他们的天性，40 分钟的学习时间对他们来说是一种煎熬，如果一味强制学生整节课端正坐稳是违逆他们天性的，所以建立顺应自然、尊重天性、符合低幼儿童发展规律的秩序才是王道！

二是乘胜追击，类化经验。

在以后的课堂上，为了做好组织教学，我还摸索出了更多好方法：唱课中歌、原地做一分钟游戏、师生接顺口溜……这些"集体开小差"活动不仅重新吸引了同学们的注意力，还营造了轻松愉悦的教学氛围，是低年段课堂教学中有效的调剂措施。

三是有序实践，形成体系。

在低年级实施生本教学必须低起点、慢步子，因生制宜，循序渐进。两年多来，我总结形成了个人—对子—小组—全班的四步生本教学经验体系。具体来说，先从学生个人习惯培养和素质提升入手，如把话说完整的语言表达习惯、耐心倾听他人说话的习惯、愿意分享交流的品质、敢于台前展示的勇气等。第二步是组建学习对子，学会合作学习、讨论交流。第三步是组建四人学习小组，学会分工合作，互助共进。最后一步是学会全班交流，有效互动。

万事开头难。第一步很重要，个人习惯培养好了，基本素质提升了，以后的对子合作、小组学习、全班交流才会更顺利更有实效，所以第一步要走稳走好。就拿语言表达习惯的培养来说吧！入学第二节数学课上，我问学生："你从图上看到了什么？"

"4个！"一生回答。

"4个什么？"

"4个胡萝卜！"

"哪里的4个胡萝卜？"

"筐子里的4个胡萝卜！"

"那你可以这样说完整：我看到了筐子里有4个胡萝卜！请你再说一遍，好吗？"

"我看到了筐子里有4个胡萝卜！"

在来来回回的师生问答中，我没有直接否定他的说法，也没有从一开始教这个学生说完整的话，而是在递进询问中让学生自我完善语言，这是对学生潜能的信任，是"全面依靠学生"的行为观的反映。而且在本情境中，筐子外面也有几个胡萝卜，准确完整地表述更有必要，减少了其他学生的认识误会，让他们初步体会到数学的严谨性。

四是立足经验，生长智慧。

近两年的低年段生本教学尝试，我积累了比较丰富的经验，面对遇到的各种教学问题，我能理性对待，根据个人经验分析事件，洞悉本质，查找原因，比较快速地选择最简、最佳的路径解决问题。

在二年级上学期的班级展示交流中，热情高、兴趣浓、胆量足的小鑫同学几次上台展示效果都不好，这让他很沮丧。我赶紧找他谈心了解情况。首先表扬他是勇敢的男子汉，敢于上台展示，乐于分享，不怕失败。然后和他一起细致分析失利原因，原来主要是因为他前置学习不到位，准备不充分，所以展示讲题时思维浅显，讲得不全面，表达不熟练。于是我鼓励他不光要有勇气，还要有认真的态度，前置学习要按老师指定的要素落实。我顺便指导他按要求前置学习了下一课的内容，在某些环节上进行了补充。当天晚上，小鑫在家认真练习，请家长用手机录制展示视频发给我看，我观看后提出了修改意见，他再录再发视频，比前一次好多了！第二天上课时，我直接播放他的讲题视频，赢得同学们肯定的掌声，他别提多得意了！

三、经历改变认知，升华教育思想

初遇"生本"时觉得它高不可攀、渺不可见，开始尝试时担忧"生本"在低年段行不通。实践出真知，经历即成长。经过两年多的实践，我欣喜地感受到：只要敢于转变观念，勇于尝试，踏实行走，"生本"就并不遥远，并不高深，在低年段实施生本教学也是可行的！现在我心中的"生本教育"是一种以学生发展为标，以激发学生生命内力的教育。

经过长期探索、研究、实践，到二年级上学期临近结束时，我的数学课堂"生本"味道更加浓郁：学生的本体意识大大增强，作为教师却常常靠边站的我轻松多了，习题有人争着讲，小老师们范儿更足，课堂上的掌声、笑声多了，下课后偶尔还会有小"尾巴"追着我说他的新想法……这一切得益于生本思想光芒的辐射，得益于自主生长式教师专业发展理论的指引，得益于生本教学研修团队的协作互助。

回看过往，展望明天。我将继续在低年段数学教学的原野上，播撒"生本"的良种，给予爱的雨露，许时光以期待，去畅想生机蓬勃的人性春天，去倾听阳光下生命狂欢的节奏！

（此文曾收入《第五届自主生长式教师专业发展理论学术研讨会资料汇编》2021 年 3 月）

积淀经验"自主生长""和乐课堂"落地生根

——以国家级信息整合示范课《倔强的小红军》建构为例

武汉市光谷第三小学　杨　思

2016年10月长阳学习行让我第一次接触自主生长式教师专业发展理论，从此便醉心于此。我们考察学习的花坪小学是一所山顶上的学校，几间错落有致的校舍，一些踏实质朴的教师，一群快乐有序的孩子。

初到花小，我们拾级而上，高高的阶梯，征服它实属不易，好在每一级阶梯上都写着和花有关的四字词语：花团锦簇、柳暗花明、笔下生花等等。我边读边思考每个词语的意思，不知不觉就爬到了山顶，进入一间简单的会议室，心绪没有多大起伏，直到教师代表汇报他们写的随笔，都是和教学有关的小故事，我的心温润起来。当我看到那一摞摞厚重的笔记本，教师的记载是那样的"精致"。对，就是"精致"，内容精致，版面精致，书写精致。这厚厚的笔记本除了厚，印刷没有任何特点，可是在老师们精心的记录下，它更"厚实"了。每一页都配有精妙的简笔画，有老师自己设计的不同字体，有最质朴的个人思考，有手工剪贴的报纸。最重要的是这一本本笔记本承载着教师们自己的各类教学经验。这让我看到了一种坚持和专注，对自身成长的坚持，对教育的专注。

会上，潘海燕教授说："教师把听到的做出来，把做好的写出来，真正让教师自主生长自己的教育思想，形成个人教育理论，从而促进教师的成长，推动教育的进步。"

于是，我也开始积累自己的经验，寻求自己的自主生长之路，恰逢我校正在研究"基于自主生长式教师专业发展理论下和乐课堂的建构"课题。我想，自主生长打造一节属于自己的和乐课堂是一件多么美妙的事！

一、见多识广积累"事例经验"确定课堂方向

邓拓曾说："古今中外有学问的人，有成就感的人，总是十分注重积累。知识就是积累起来的，经验也是积累起来的。我们对于什么事情都不应该像

'过眼烟云'"。想要上一节好课，先要学会听课，我最愿意做的事情就是听课，听不同年级的课，听不同学科的课，听不同类型的课，每一次我都认真做好听课记录。我发现一节令人愉快的课，一定是教师乐教，学生乐学。2016年10月，我听了我校方利老师的一节信息整合课《壶口瀑布》，课堂上他运用了各类现代技术，如VR眼镜、现场连线专家、小组平板电脑圈画汇报等，课堂上孩子们自主学习，各自展示自己的风采，这节课深深地吸引了我。直至2017年，我又听了一节美术老师的信息整合课《梵高的画》，全息投影的技术，电子书包抢答、弹幕等新颖的教学手段让学生兴趣盎然。我意识到信息整合的课程的魅力。于是，我开始收集这方面的视频进一步积累。每学习一节整合课，我就记录它们的相似点和不同点，同时写下自己的学习感受，经过一段时间的积累，6本多听课笔记成了我最宝贵的财富。

二、总结分析归纳"类经验"生成课堂雏形

通过旁观的参与或直接的参与，我积累了大量零碎的、多样化的事例经验，通过总结这些经验，我发现他们有些是相同或相似的，有些是相互关联的。进一步地识别、归纳、概括，我发现信息技术与课程的整合以各种各样的任务进行驱动教学，是以能力培养和学习相结合为目标的，是"教师为主导、学生为主体"的教学结构，它强调学生的主体性，能充分发挥学生在学习过程中的主动性、积极性和创造性，它还能提供一个开放性的实践平台，让个别学习和协作学习和谐统一。考虑到整合课的特征在选题上能够发挥信息技术的最大作用，包括一些现实的领域和空间无法达到的地方，于是我确定了近年比较火热的红色教育主题，背景知识离学生较远，学习的情境、情感需要多种途径充分渲染。于是，我选择了鄂教版四年级上册《倔强的小红军》这篇课文，它记叙了陈赓同志回忆的一段往事：在红军过草地的时候，一个小红军由于饥饿疲乏牺牲在路上的故事，表现了小红军勇敢坚强，宁愿受苦挨饿，把困难和危险留给自己，不愿拖累别人的精神。这篇课文内容距现在比较久远，学生不太容易理解当时艰苦的生活环境和恶劣的自然条件，适当运用多媒体进行教学可帮助学生理解课文内容。结合阅读教学要求和中段学生的年龄特点，以及本篇课文的特点，我拟定了三维目标。首先指导学生有感情地朗读课文，理解课义内容，了解小红军一心为别人着想，把困难和危险留给自己的高尚品质。同时要激发学生了解长征的热情，受长征精神的感染和熏陶。本课的学习还要引导学生了解通过人物言行表现人物性格特点的写作方法，使其能在自己的习作中加以运用。通过学习能够掌握红色教育系列教材的学习方法，知背景、品故事、析人物、悟情感，力争使学生通

过自主阅读，感悟课文内容和中心，并使学生的学习方法得以引导，阅读的兴趣和激情得以激发。精心设计好常规的教学设计，再选择恰当的信息技术进行融入。

三、反复实践形成"个人经验体系"优化课堂细节

纸上得来终觉浅，觉知此事要躬行，我开始在四年级各个班反复进行验证，每一次都有新的收获，形成自己最优的教学设计。

（一）以学促教翻转课堂，反馈交流课前学习内容

同学们，在上课之前老师已经通过教学助手推送给大家相关学习资料和学习单，让你们自学第11课，根据大家完成的反馈效果，我们今天继续学习这一课，请同学们齐读课题。(11. 倔强的小红军)

1. 学生平板展示自己收集的照片，随机点人，投屏交流收集的照片。

2. 学习反馈效果中没有掌握的词语。

（1）解决读音问题：根据 flash 程序设置游戏（将绿色草地上的拼音拖动到正确汉字白云下面），学生自己操作掌握词语读音。

指导读：语言有温度、字词知冷暖，我们读的时候想词语的意思，就能读的有感情。

（2）解决字形问题：设置程序游戏（正确的和不正确的词语一起下落，学生点击选择，有限的时间内统计对的个数和错的个数）同伴比赛，竞赛中掌握字形，根据比拼结果，再次强调易错的字。

设计意图：通过游戏，学生在操作的过程中兴趣盎然，学习知识也非常直观，效果好

3. 请同学说一说这课讲了一个什么故事？（电子书包抢答）

通过课前的学习，我们都知道这是一篇写人叙事的文章，请同学们回忆一下，这篇课文讲了一个什么故事？故事的背景又是怎样的？（QQ 连线武大历史系专家讲解）

4. 谈话引读课文。

师：就在陈赓同志万般疲惫的时候，他碰上了一个小红军，这是一个怎样的小红军，谁来用书中的话给咱们描述一下他？

（1）指名读。

（2）这部分写了人物的什么？

（3）请同学们自由读读这一部分，圈出描写外貌的词语，从小红军外貌描写的句子中你读懂了什么？（平板圈画交流）

生：长期忍饥挨饿，脸才会黄黄的；破草鞋，冻得又青又红。

师：小红军需要帮助吗？

生：需要。

师：其实小红军非常需要帮助，他快支持不下去了。带着感受读一读描写外貌的语句。

引导：是啊，在长时间荒无人烟的草地上行军，常常忍饥挨饿，连陈赓同志都十分疲惫，更何况一个十一二岁的孩子呢，陈赓同志看到他，怎么做的呢？陈赓同志准备把他唯一的马让给小家伙，用两个字概括——（让马）

（二）由扶到放技术支撑，师生品读理解体会

1. 学习第 4—10 自然段

同学们，小红军欣然接受了吗？默读课文，理清文章人物间的对话，思考他几次拒绝了陈赓的帮助。（出示第 4 至 10 自然段）

请同学交流。

精读第一次对话教授学习方法：通过这四次对话，我们知道小红军拒绝了陈赓四次，同学们我们先来看看第一次拒绝的对话。

自由读读第 3、4 自然段，并且关注对话的提示语，看看通过第一次对话你可以看出这是一个怎样的小红军，又是一位怎样的陈赓同志。

自由交流重点词语，关注人物的语言、神态、动作、外貌描写。

生：不想拖累别人、陈赓关心战士。（每一次交流让学生带着自己的感受读一读）

师：对话提示语中包含着人物外貌、动作、神态的描写，你们看从描写人物外貌的句子中我们了解到了人物的处境，从描写人物神态、动作和语言的句子中感受到了人物的心情和品质。

按照老师教的第一次对话的方法，小组合作学习第 5 至 10 自然段，也就是后面的 3 次对话，完成学习单，并体会人物的性格特点。（随堂录制视频）

对话	陈赓	小红军	关键词句	体会
第一次	"上马骑一会"	体力强	我从"络腮胡子的脸"	体会到：陈赓也十分疲惫，他关心战士
第二次				
第三次				
第四次				

请学生交流自学情况。（电子书包学生演示、小组评分）

小红军很要强、不服输、不服气、倔强、坚强勇敢。

第二次，小组抢答交流后，读此处对话。

第三次，小组抢答交流后，读这一处。（要求采用不一样的读法）

第四次，小组抢答交流后，读这一处。（要求采用不一样的读法）

师：这一次次的拒绝可以看出，他真是一个倔强的小鬼，不服气不服输。千方百计地拒绝陈赓的帮助。

师小结：同学们，你们看读书时要关注作家是如何描写人物的，如人物的语言、外貌、动作、神态等。读多了，记住了，以后我们也能把人物刻画好。同时写人物的对话时，可以注重写提示语的技巧，不仅仅是关注人说的话，还可以巧用提示语，更好地表现人物的品质。

表演课本剧，随堂抖音录制，教授视频剪辑的方法：感受了人物的性格特点，带着理解再来读文章，表演这四次对话会更加投入，谁愿意上台扮演陈赓和小鬼？抽生上台扮演，一名同学录制"抖音"。

技术指导：要求课下可以表演课本剧录制，以及排练过程的相片剪辑上传分享，让学生表演有更广阔的时间和展示空间。

2. 学习第 11—15 自然段

师：同学们，在陈赓同志由劝说到命令，到邀请一起走，给干粮，想尽办法劝说无效后，只好自己上马走了，故事的结局又是怎样的呢？

（1）范读课文，引导学生有感情地朗读课文第三部分。

请同学们仔细听老师读，将你有感触的地方画"——"，批注你想到了什么。

师：同学们，我们读书时需要停顿，不是每句都要读大声，要给自己思考和想象的时间，也给听者思考的时间。

（2）生交流让自己感动的句子。

（3）抓住"陈赓同志全明白了。"这句话，引导学生朗读理解课文内容。

师：他明白了什么？（抽生交流体会）（聚光灯应用）

用上这个句试来说一说，课件出示"小红军倔强地说他……是因为……"句式，引导学生明确小红军拒绝陈赓帮助的原因，为什么费尽心机说服陈赓。

师：通过阅读学习这篇课文，你认识了一位怎样的小红军？（从思想、从性格、从外貌方面）（弹幕应用）

设计意图：教学中，结合课后练习的要求，引导学生联系上下文陈赓和小红军四次对话及下文交代的干粮袋中装的"一块发黑的牛膝骨"，帮助学生弄清陈赓"全明白"的内容，由此使学生体会到小红军还是一位一心为别人着想的人。引导学生抓住段落中的联系，训练学生的阅读思维，突破教学中的难点。同时，穿插了"说话有序"的说话练习，利用课件出示例句，引导学生仿说句子，使学生说话更有条理，达到提高学生语言表述的能力。同时，进行具体的朗读指导，提高学生的朗读能力，落实"读中悟情，入情朗读"的教学目标。

（三）个性朗读激发想象，揭示主题升华情感

师：忍受着饥饿、寒冷的小红军知道自己即将走到生命的尽头，宁愿自己牺牲在长征路上，也不愿拖累陈赓。他一心希望战友能活着走出茫茫草原，所以，他倔强而巧妙地拒绝了陈赓。这是一位倔强的小鬼，这是一位伟大的战士。他义无反顾地把生的希望留给战友，把死的恐惧留给自己。

中国人民漫长而又艰辛寻求光明的路途上，参与革命的小孩很多，漫漫的二万五千里长征路，又何止这一个小红军！他们同无数的革命先辈一起，以其血肉之躯，谱写了人类历史上无与伦比的英雄史诗。

课件配乐出示各类小英雄的事迹和图片。

设计意图：朗读感知课文内容，通过自读—交流—指名读—感悟—分角色朗读—教师点拨一系列的阅读活动，使学生在充分的朗读中体会人物的品质，明确课文抒发的情感。当孩子们对故事内容有了充分的感知后，揭示明确课文的中心。

（四）虚拟情境亲身体验，积淀情感随堂练笔

（1）播放红军爬雪山、过草地的视频资料，再现中国工农红军长征的壮举，学生身临其境。（VR 视频观看）

（2）小练笔：你们想对小红军、陈赓同志或者千千万万的长征英雄们，说些什么吗？请写一写。（拍照上传作品）

（五）举一反三总结方法，巩固学习课后拓展

（1）推送《丰碑》《金色的鱼钩》"红色"教育系列文章的学习资料包。

（2）按照本课的学习方法自学完成学习单。

（3）选取《倔强的小红军》《丰碑》《金色的鱼钩》其中一个故事表演课本剧，将排练照片和表演成品，录制剪辑上传。

板书设计：　　　　　　　**11. 倔强的小红军**

写人	叙事	外貌	语言	动作	神态
小红军（图片）	拒绝		倔强、为他人着想		
陈赓（图片）	让马		关心战友		

四、研磨反思获得"教育智慧"，落实课堂和乐

教育家于漪说："课堂教学是教师安身立命之本，它的质量高低是教师精神成长的直接体现。"人的成长是一辈子的事，优质的课堂从来不是一个结果，而是一个生命展开的过程，它永远面向未来，不会结束。

有幸《倔强的小红军》这一课课例获得东湖高新区信息技术整合课一等奖，随后在武汉市信息技术整合课现场观摩展示，最终它被评为全国信息技术整合课示范课例。这一段成长的历程，让我明白作为一名语文教师，我们会花费相当精力上一节质量上乘的公开课或研究课，它的可贵不在于获得什么奖，而在于自己的教学理念、教学行为符合学生学习语文的规律，在学生心中撒播语文温度，让学生的心灵获得美好的滋养，让静态的语文知识能够活化为他们运用语言文字的能力。这节信息技术与语文教学的整合，体现了我校和乐课堂的理念。这是对教学内容的反复推敲，对教学方法的精心选择的结果。对待语文，我们要主动地"知"，要积极地"觉"，要全身心地投入。然而，更为重要的是我们要将这种自主生长常态化，从课的质量到人的精神，努力做到每节课都有亮点，都有耐人咀嚼、耐人寻味的东西，和乐的课堂是不同层面的学生都能受益，都有满足感和上进心，是每节课都有教师的信念、情操、学识在闪光。教师自主生长是一种境界。自主生长的我们敬畏专业、以心相许，积累真东西、真经验。

最初的自己像丑小鸭，会笨拙地寻找，会迷茫地哭泣，会有失望后沉沦，但从接触自主生长式教师专业发展理论开始，我寻找到了方向，找到了自己的路径，知道了使命，然后开始了奔跑和燃烧，全方位呈现个人的成长，记录个人的成长。我开始相信自己，相信自己的选择，找到自己的坚守，知道这一辈子我可以做什么，并且做得更好！

（此文曾收入《第五届自主生长式教师专业发展理论学术研讨会资料汇编》2021 年 3 月）

做幸福的追梦者

——"自主生长式教师专业发展"理论对我专业成长的影响

湖北省孝感市玉泉小学　周爱华

"也许我做不了教育家，但我愿意做一个幸福的追求者。"在晨钟暮鼓的循环中，时光如流水般逝去。转眼间，我已有了二十多年的教学生涯。从当初懵懂的新教师成长为今天的全国创新名师、湖北省特级教师、湖北名师、孝感市教坛名家、孝感市名师工作室主持人、孝感市最佳人民满意教师……这二十多年的专业发展之路上，有快乐，有迷惘，有汗水，有彷徨，也有收获。回头审视走过的路，"自主生长式教师专业发展"理论对我的专业成长起到了至关重要的影响。

一、优化事例经验，形成类经验

记得 2000 年，我代表学校参加孝感市语文优质课竞赛。我选择的参赛课题是《爬天都峰》。为了上好这节课，我反复研读教材，了解了本课的教学目标和教学重难点，结合自己几年的教学经验，用心设计教学环节，制定了最初的教案，可是在试教的时候感觉过于平淡，没有亮点。当时正值课程改革刚刚推行，作为一线老师不知如何把握方向，恰好学校买回一套全国优质课竞赛一等奖的教学光碟，我反复观摩，用心体会，对每一节课、每一个细节都不放过。结合一节节课例，我不断追问，别人为什么要这样设计？这个环节为什么这样处理？这种方法可以运用到《爬天都峰》课例中吗？还能怎样改进呢？在学习与借鉴的基础上，我重新设计了教案，虽然说在课堂有一些创新的举措，但学生对于文本的理解却浮于表面。怎么办呢？我把自己的困惑向当时分管教学的沈爱贞校长反馈，寻求她的帮助。沈校长马上把学校语文骨干教师集中起来，组建了研究团队，对我的这节课进行集体打磨。在一次次试教后，我把自己的想法、做法、感悟和困惑真诚地跟大家交流，老师们也毫无保留地分享他们的想法、做法、体验和感悟。在认真听取了大家的看法和意见后，我冷静分析和判断，把各种观点、各种思想、各种方法进行梳理、整合，再次制定出教学方案。现场竞赛时，这节课先进的教学理念、优化的教学方法、行云流水般的教学环节给大家留下深刻的印象，最后获得一等奖第一名的好成绩。

虽然我的课堂教学水平有了一定的提高，但是写作，尤其是写论文是我的短板。每次要写论文了，我就一片迷茫，不知从何下笔。

2003 年，玉泉小学成为"自修—反思研修模式"课题首批实验学校，潘海燕教授到校对我们进行多次讲座培训。潘教授认为，如果用高校教师和专职科研人员的标准来写表达自己教育思想的论文，确实是为难中小学教师了。他建议我们从写好案例开始，因为案例是教师教育思想生长的载体，也是写论文的前提和准备。老师们要以自己的教育教学活动为思考对象，对自己所做出的行为、决策及由此所产生的结果进行审视和分析，把自己在教育教学实际工作中的所思、所想、所做、所得等看起来是点滴的、零散的东西，凭借自己的认识与经验，自我整合起来。这样所写出来的案例、论文是最原始的，最真实的，也是最宝贵的。

听了潘教授的讲座，我豁然开朗。于是，我开始关注自己的教学实际，把上课当成一项课题去研究，去思考，去探索。在低年级教学中，我针对识字量大、学生易忘的现状开展了"如何激发学生识字兴趣"的尝试。在每一节识字课上我尝试运用不同的识字方法来激发学生兴趣，如加一加、减一减、换一换、猜字谜、讲故事……并鼓励孩子用自己喜欢的方法识字。学生的学习兴趣调动起来了，原本枯燥的识字课成了孩子们最喜欢的课，识字效率也大大提高。我把这些"土办法"结合实例一一记录下来，形成了一篇篇有价值的案例。还有一次在教学三年级语文课文《荷花》时，为了使荷花这一表象在学生头脑中建立起来，我播放了一段悠扬的古筝乐曲，让学生闭上眼睛，随着音乐去自由畅想。学生精彩的发言震惊了我，于是我开展了"在语文课堂上如何激发学生想象力"的系列活动……到了该写论文的时候，我没有搜肠刮肚地找资料，绞尽脑汁想名词，而是把这些事例经验、反思有效整合起来，写出了一篇篇朴实无华的文章，我所撰写的多篇论文、案例在各级各类比赛中获奖。

我之所以能够取得一点点成绩，就是从亲身体验中提炼"事例经验"，把一系列的"事例经验"进行反思整合，形成"类经验"，从而得心应手地应对各种教育教学工作。

二、开展课题研究，凝练经验体系

2011 年，我代表孝感市参加湖北省语文首届视频案例竞赛。视频案例要求围绕一个主题，以"视频＋评说"的形式展示课题研究成果。这是一个全新的事物，真不知从何下手。静下心来，我想起潘海燕教授提出的观点：
"问题即课题，课堂即研究室。"他认为课堂是教育教学的主渠道，也是教育
研究场所与教师成长发展的场所。那么，反思自己的课堂，最大的问题就是
老师讲得多，牵引痕迹过重，学生在课堂上被动接受多，自主学习时间和空
间少。针对这一问题，我再次认真学习潘教授的《自主生长式教师专业发展
理论》，他提出："自主生长课堂就是在充分发挥学生主体作用的前提下，让
教师在课堂上应用已有的教育思想，并生成新的教育思想。"自主生长课堂
不仅要体现教师个人的教育思想，更要体现共同生长的课堂，在课堂中不仅
使学生得到发展，而且让教师、教学环境、教学资源都能得到很好的提升，
教师还要反思与生长自己的新思想。经过认真思索，我终于明白我追求的只
是教师自己所谓的教学艺术，却忽略了对学生学习主体的关注。于是，我选
取了"以学定教，顺学而导"这个研究课题进行专题研究，课堂上更多地关
注学生，根据学习内容、学生的个体差异和学情变化，有针对性地确定教学
目标，设计教学方法和活动内容，灵活调控教学流程，纾解学生疑难，启迪
学生思维，实现教师主导和学生主体的有机统一。通过一次次的"实践—反
思—改正—再实践—再反思—再改正"，我反思生长出自己新的教学思想，
探索出"以学定教，顺学而导"的几点教学策略：以学习内容定教，顺动态
目标而导；以个体差异定教，顺多元解读而导；以学情变化定教，顺课堂生
成而导。在湖北省首届"视频案例"竞赛中，我主讲的"着眼于'学'的实
际着力于'导'的技巧——'以学定教，顺学而导'教学策略研究"获省特
等奖。现在，我的课堂上，学生学习积极性高涨，兴趣盎然，思维活跃，而
我，也享受于这自主生长式的课堂。

有了"自主生长式教师专业发展"理论的支撑，有了在这项课题研究中
积累到的方法，开展其他课题研究我不再迷茫。比如，我发现统编语文教材
中编排了大量优秀的中外童话，而学生也十分喜欢读童话，但是很多老师在
童话教学中忽视了童话本身的文体特点，与其他文体的教学混为一团，没有
教出"童话味"。针对这一问题，我申报了孝感市级教育科学规划课题"基于
培养学生核心素养的童话文本文体教学策略研究"。我们以课例研究为抓手，
开展不同年段童话教学课例研究，通过"同课异构""说上评"等多种形式，
在一节节研讨课中积累、提炼"事例经验"。开展"专题研讨"进行反思、总
结、归纳，将一个类别、一个年段的教学方法总结成一个个"类经验"。通过
课题中期检查和课题结题，凝练出不同年段童话教学策略，形成"经验体
系"，提高了教师课堂教学水平和课题研究能力。我们还在学生中举办校园
童话节系列活动："童言讲童话""童趣演童话""童真写童话""童心绘童

话"……让孩子们在轻松愉快的氛围中读童话、演童话、画童话、写童话，激发了学生的阅读热情，丰盈了学生的内心，提高了学生的审美情趣。现在课题已顺利结题，我个人被评为优秀实验教师，学校被评为优秀实验学校。

我还主持了湖北省小学"习作教学的心理研究"的课题研究和省"群读类学"课题研究，承担湖北省小学生经典诵读课题研究，参与全国重点课题"孝感名师 1＋X 同步课堂"课题研究。每一项课题研究，我都会以"自主生长式教师专业发展"的理论和方法来开展活动，关注教育教学中的实际问题，带领课题实验老师扎扎实实开展行动研究，所有课题都顺利结题，我个人多次被评为"课题实验先进教师"。

一项项课题研究，让我在一次次分析、探究、反思、整合、提炼、建构中，将一个个零散的事例经验，串成一串串类经验，再连成一片片个人经验体系，逐渐凝练形成了个人的教学思想，并通过课题应用推广到教学实践中。

三、组建学习共同体，分享教育智慧

一个人可以走得很快，但一群人能够走得更远。教师的专业发展要依托教师专业发展共同体的力量和智慧，将其经验转化为成长的动力和独特的思想，促进其自主学习，灵锐思考，持续成长，并运用自己的教育思想指导教学实践及其他工作。

作为湖北省名师工作室主持人，我组建了"周爱华名师工作室"学习共同体。我们每学期定期开展研究活动，通过听课议课活动，开展同伴互助，进行深度会谈，相互借鉴启迪，不断改变心智模式，使各自思想处于不断追求创新的境界，实现经验、精神、意义和智慧的共享。我们工作室开展多次"送教下乡""同课异构""专题讲座"等活动，2020 年 10 月 16 号，在"孝感教育大讲堂"活动中，我们工作室以学术沙龙的形式向全市教师展示我们的课题研究情况，获得了领导和老师的高度评价。在疫情期间，我们工作室分别以"古诗"和"寓言"两种文体开展了两场大型网络研究，展示了不同年段的课例，开展了专题讲座，每场活动参与老师都是一千六百多人，取得了很好的示范作用。在一次次活动中，我们将自己的教育智慧与老师们进行了分享和交流，不断促进了自己的专业成长，同时还引领更多的老师专业发展。

回望自己二十多年的教坛之路，岁月的积累让我慢慢地成长，这中间有自己的坚守，有同伴的互助，有学习共同体的帮助，更离不开"自主生长式"理论的指引。行走着，我一直在路上……

（此文曾收入《第五届自主生长式教师专业发展理论学术研讨会资料汇编》2021 年 3 月）

自主生长理论助力教师专业成长结硕果

——记新疆生产建设兵团第五师双河市高级中学
"兵团英才"培养人刘巧燕

新疆生产建设兵团第五师双河市高级中学　马继海

教师的专业技能是在不断学习教育理论，不断探究教学实践中成长起来的。"让教师立足自我经验，自主生长与应用自己的教育思想"是自主生长式教师专业发展理论中的明确构想。教师是有丰富"自我经验"的个体，针对教师个体而言，是一个由不成熟到成熟的成长过程。这就是潘海燕教授及其团队在 20 多年的学校实践中，总结提炼的"自主生长式教师专业发展理论"。在新疆生产建设兵团第五师高级中学，有这样一位老师经历了 38 年的学习和教学专业实践，真正诠释了"自主生长式教师专业发展理论"对教师专业发展具有积极的指导意义和珍贵的实践价值，她就是刘巧燕老师。

刘巧燕老师是在新疆本地州直师范学校上的中专，毕业后回到自己的母校从教 8 年，工作之余参加新疆大学成人自学考试获取了大专学历。机会总是给有准备的人，就在当年新疆兵团通过考试选拔派送部分教师去上海教育学院脱产两年（专升本）学习时，她是被录取的其中一员。大学毕业后，一直投身于发展家乡的教育事业上，无论是班主任管理工作，还是教育教研工作等方面都形成了自己独特的方法和经验。尤其是学习了潘海燕教授的"自主生长式教师专业发展理论"后，她不断地反思自己的教学行为，以"自我经验"为突破口，梳理长期以来教学工作中积累的经验，通过不断丰富其内涵，形成了属于自己教学专业的"操作体系"，即：基于学生自我认知能力、实际学习能力的课堂教学实践。要始终秉承在教学中，心中有学生，创设"寓教于乐"的学习氛围，让学生获取知识。如今的刘老师是新疆维吾尔自治区特级教师、兵团首批有突出贡献的专家、"兵团英才"第一层次培养人。并于 2016 年获得国务院政府特殊津贴、2018 年荣升正高级职称的中学教师。她不仅在个人专业发展方面取得了突出的成绩，还在领航青年教师专业发展中起到了积极的作用，为新疆生产建设兵团第五师的教育发展做出了很大的贡献。

一、传承兵团精神，立志扎根于家乡的教育事业

1. 懂得感恩，坚守誓言

从小听父母讲他们来到新疆屯垦戍边的经历，刘巧燕从一个努力上进、成绩优异的学生成长为一名中学老师，这里面不仅包含着父母的养育之恩，还有那些默默奉献在教育战线的老师们的无私教诲。作为兵团二代子女，回顾这三十多年的教学生涯，她认为自己的点滴成长得益于兵团上级领导的关心和厚爱。从去上海专升本的脱产进修、去湖北半年的挂职培训，到"兵团英才"第一层次培养人，都得到了兵团各级党委的培养和支持。尤其是近两年"兵团英才"战略的实施，不仅为"兵团英才"的培养出台政策、搭建平台，还通过专项资金鼓励"兵团英才"培养人积极开展和参与重大科研、重点学科建设等项目的研究，体现了兵团党委为了兵团事业的兴旺发展，高度重视人才，珍惜人才和培养人才。每当想到这里，刘老师在心里总会默默立下誓言：为家乡的孩子们，一定要在生我养我的兵团土地上扎根教育，传承老一辈兵团人屯垦戍边艰苦奋斗的精神，尽自己所能，让孩子们成为国家栋梁之材。2017年她已到了光荣退休的年龄，但她依然没有离开自己的三尺讲台。

2. 奉献爱心，关注成长

刘老师认为当老师不干班主任，会给自己的职业留下遗憾。25年的班主任让她在工作中产生一份难以割舍的师生情。和失去父母的孩子一起过春节，迎新年一起包饺子吃团圆饭。与家长联系，城乡孩子互相交流，体味不同生活。在严格要求学生的同时，自己也表里如一，以行动做表率，理解学生，做学生信赖的老师。浇花浇根，育人育心，因为有爱和责任，干好班主任工作是她的决心。通过对教学研究的一份执着，对学生的了解，基于学生认知能力和实际学习能力的教学实践在她的教学活动中得以充分体现。学生主动学习的积极性提高了，整个班级呈现出积极向上的精神面貌，在本地区所教的班级高考成绩连年提升。

教育家陶行知的一句名言：千教万教教人求真，千学万学学做真人。在刘老师看来，教会学生做好人，做真人，做社会有用的人是做班主任的核心工作。"成己为人，成人为己"是人生的哲理，是人生的真谛，是有意义的付出和有价值的回报二者间辩证的统一。刘老师一直认为她在事业上所取得的这些成绩和她教过的这些学生们是密不可分的，可以说她培养了一批又一批的学生，同时，这些学生们也成就了她的事业。

二、在实践中凝练"个人经验体系"，生成个人教育思想

1. 立足课堂，提炼"自我经验"

对教师来说，课堂就是他们的主战场，他们的首要任务就是扎根于自己的课堂进行研修。自主生长式教师专业发展理论特别强调立足课堂，充分利用一切课堂资源。潘海燕教授领衔的团队认为，立足教师自我经验的自主生长式的专业发展，就是引领教师深入、持久地对自己的教学实践进行反思，让教师在这个过程中系统化自己的"自我经验"，进而形成一定的操作体系（个人理论），并使之成为教师个人行之有效的教学方法和教学设计的理论，对自己的教育教学产生持续而深远的影响。

在多年的教学实践中，刘巧燕老师教过不同层次的学生，从学习基础较差的平行班到学习成绩优异的重点实验班。刘老师能够针对不同层次的学生开展有目的、有计划、富有成效的课堂教学。在教学中，刘巧燕老师能够努力做到关注学生的心理，寓教于乐；关注每一位学生的成长，与学生谈理想，论学习方法，以情促学；每次早读、晚自习设计各种学生关注、喜爱的学习内容。刘老师总是想方设法地给同学们更多一些时间，让同学们做课堂的主人。为了让同学们在快乐中学习，她采取多种教学方法组织课堂教学。让学生爱学乐学是刘老师对自己教学艺术的追求。

通过自己潜心学习，积极探索，教学成绩有了不断的提高和突破。刘老师要求自己所带班级的学生养成良好的学习习惯，培养持之以恒的学习品质和自我管理能力，创造合作学习的氛围。刘老师设计了在多项学习活动中设置小组，小组与小组之间开展活动比赛，每周公布比赛成绩，"以好带中，以强促弱"。潘海燕教授在 2012 年提出"让教师在自己的课堂充分应用自己的教育思想"这一理念是对中小学课堂教学要求的高度提炼和总结，刘巧燕老师在自己多年的教学实践中，从实践中不断积累，从平时的课堂教学中提炼"自我经验"，通过不断观察和反思并及时更新，在教育工作中不断凝练"自我经验"，不断提升自己的专业素养和育人智慧，形成了自己的教学理念，那就是只有基于学生自我认知能力、实际学习能力的课堂教学实践，才能取得良好的成绩。

2. 终身学习，保鲜"教育生命活力"

捷克教育学家夸美纽斯认为：教师应孜孜不倦地提高自己，随时补充自己的储备量。多年来，刘巧燕老师能够始终坚持树立终身学习的理念，在教学方面力求精益求精。2020 年由于新冠肺炎疫情的影响，学生只能在家里上

网课，这对于 58 岁的刘老师来说，进行网上空中教学有比较大的困难，平时在教室里上课，可以不用课件。但是由于疫情隔离，有长达两个多月都在钉钉上课，每天都需要做教学课件、布置作业，网上批阅作业，关键是看不见学生，不知道学生的学习效果，为此，刘巧燕老师就把钉钉软件设定成现场课的模式，与学生互动，但是信号常常阻断了师生之间的交流，刘老师努力学习如何调整信息化设备，不影响空中教学。体会这段教学，真的并不是想象中的网上教学比教室上课容易，备课时不仅要兼顾学生学习的兴趣、态度和实际学习能力，还要具备信息技术操作的能力。经历了这段空中教学之后，刘巧燕老师不仅在计算机操作能力上有了质的飞跃，同时空中教学设计和课件成了学生们对刘老师教学认可的最好见证。刘老师说她很庆幸自己有钉钉教学这段经历，活到老，学到老，她一直在努力。作为知识的传授者，教师要树立自我发展意识，只有具备了自我意识才能促进教师自我可持续发展。

三、领航青年教师专业成长，构建教师专业发展共同体

古人云"独学而无友，则孤陋而寡闻"。一个人走得快，但一群人走得远。作为英语学科带头人、学校教研组长，刘老师对学校教师英语教学水平的提高及教师的成长担负着义不容辞的责任。刘巧燕老师曾多次在校英语组教研工作会议上说道："学校教学质量的提升和发展离不开每一位教师的专业成长，带动更多的青年教师发展，起到辐射和领航作用，这是名师工作室的重要任务。"

1. 立足自我经验，提升自我经验的敏感性

在平时的教学工作中，刘巧燕老师能够率先垂范，充分发挥引领作用。在长期的教学实践中，刘老师通过积累的"自我经验"，不断反思，提升自我经验的敏感性，设计了不同的教学模式，采用了多种教学手段，带头备好课，并主动上展示课；积极组织老师们开展听评课和课题研究、论文、课件设计等多种活动。我校英语老师先后参加了兵团及全国的各级各类大赛，并荣获多种奖项。在高三一轮复习备考中，刘巧燕老师以专题语法教学为内容，设置情境与知识交融，训练以合作为依托，方法与学生能力相适应，在全校英语老师面前上了观摩课。在教学方法指导方面，一方面听课评课指导，另一方面，把外地学习回来的体会与老师们分享，并以"兵团英才"第一培养人的名义送给校教研室一盒中国教育学会第十九届教育学会举办的课堂教学比赛的光盘《高中英语课堂教学观摩课案例集》（2016）最新版。让

老师们通过观看教学光盘，了解现在英语教学的新动向，学习优秀骨干教师的教学风采，提升自己的专业水平。

2. 辐射引领，发挥"兵团英才培养人"工作室作用

经历了第一期"兵团英才"第一层次四年的培养，刘巧燕老师对自己第二期的"兵团英才"第一层次培养人的工作和未来制定了总目标。刘巧燕老师在培养期内的总体目标是这样写的：树立成为国家级英语教学前沿研究的优秀专家。希望自己能通过"兵团英才"培养人平台不断创造学习的机会，提高专业水平，起到引领和示范的作用。正是在刘巧燕老师的带领下，第五师双河市高级中学的英语教学教研工作取得了很多可喜的成绩，在整个新疆生产建设兵团的高中英语教学教研工作中也颇具影响力。在刘巧燕老师的精心指导下，英语组先后有 3 位教师在全校青年教师综合素质大赛中获得了"教坛新秀"，有 3 位青年教师在参加全国或新疆兵团现场课教学中荣获一等奖，有多名教师的录像课获得全国或兵团一、二等奖。正是她的悉心指导，学校英语组中青年教师快速成长，并且承担了学校重点班的教学工作，很好地完成了我校新老教师的更替交接棒工作，为学校的长期稳定发展打下了坚实的基础。

刘巧燕老师在教学实践中潜心钻研，不仅带领全校的英语老师开展各种各样的教学研究活动，而且还带领第五师其他团场兄弟学校一起开展课题研究活动。2016 年 9 月，刘巧燕老师把负责研究的全国课题"基于学生实际能力的教材整合和教学设计的研究"深入第五师八十九团高中英语的教学中，两校共同开展了基于学生实际能力的词汇训练，师高级中学在高一年级举行，根据八十九团中学学生基础薄弱的情况，在全校高中三个年级举行，共进行了三次学生词汇竞赛活动，不仅提高了老师们自身业务水平的能力，也提高了教学成绩，学生的词汇学习意识得到了进一步的增强。2018 年 4 月21—22 日承办了新疆高中质量提升联盟英语学科的"观课—作课—评课"的自治区级大型学术研讨活动。与会代表来自全疆各地，近 100 名英语教师齐聚在第五师高级中学、黄冈中学第五师分校。邀请了多年从事高考研究的湖北省教科院专家、特级教师肖启焜老师和新疆具有丰富培训教师经验的卢萍老师为本次研讨会做了精彩的讲座。有来自华山、兵团二中等五名参加过各级各类大赛的优秀老师做现场示范课，并集体共同评课和研讨。举办此次活动级别高，示范课的老师水平高，专家引领的思路高，教师们评课的质量高，得到了主办、协办单位的高度赞扬和参会老师的夸奖。课题组借此学习机会编写了第五师高级中学"烛光思语"（Build Dreams）英语教师论文集

（总第三期增刊），奉献给与会代表，分享教学研究的成果。

四、突出课题研究，推广研究成果

自 2010 年以来，刘老师共负责 4 项国家级课题子课题研究，并全部顺利结题，取得了优异的成绩。2010—2013 年刘巧燕老师负责承担学校关于全国教育科学"十一五"规划课题的子课题"高中英语作业评价"的研究，历时 3 年，获得了全国二等奖；2015 年和 2016 年连续两年通过英语特色教研活动，积累了一些适合学生学习年龄的活动资料和内容；组织老师们参加了各级各类的教学观摩课展示课研讨及微课比赛，并收集了部分优秀的教学设计案例。2016 年 8 月在全体课题组人员通力合作下，编写出校本教材《初高中英语衔接讲与练》，并在学校新高一年级正式推广试用。同时还赠送第五师双河市八十三团学校和博乐市温泉县高级中学共计 80 本为新高一学生试用教材。此书在内容的编写上收集多年一线教师的经验积累，基于本地学生难易程度的语法和试题，得到了老师和学生的好评，为进一步提高本书的质量，通过教学将不断完善内容，成为课题研究的第一批成果。

2014—2018 年刘巧燕老师负责承担全国基础教育外语教学研究外研中心设立的课题研究项目"基于学生实际能力的教材整合和教学设计的研究"，该课题于 2018 年 6 月 13 日顺利结题，并取得了优异的研究成果；2019 年 10 月刘巧燕老师又成功申报了中国关心下一代工作委员会教育中心教育科研规划管理办公室"十三五"规划全国重点课题"新时期有效促进教师专业化成长与发展的研究与实践"的子课题"新时期有效开展高中英语教师教学设计原创性及实践的研究"；2020 年 1 月子课题"新时期有效开展高中英语教师教学设计原创性及实践的研究"的开题报告会上，邀请师（市）英语教学研究会理事参加了课题开题的验证和评估。2020 年 4 月疫情期间，组织开展了与课题相关的"停课·不停学"中小学英语教学设计和教学课件大赛。并通过比赛评选出 29 件作品，组织课题组编写课题研究成果案例集。研究成果的形成历时半年，6 月课题组老师们对提交的课件设计和课件进行了编写和修改，最终编写出"停课·不停学"中小学英语教学设计案例集。通过此次课题研究活动，引领新疆生产建设兵团第五师双河市广大英语教师不断学习教育的新理念，增强时代感和主动学习的紧迫感，选择疫情期间原汁原味的词汇、文章，合理整合教学资源，充分体现教学设计原创性的特点。此书作为课题研究的成果获得了总课题组专家的高度赞扬，荣获了"十三五"重点课题子课题研究成果一等奖，师教研中心荣获优秀组织奖。

一直以来，刘巧燕老师深知教学实践和理论学习是老师必不可少的储备

"粮"，撰写论文是教学经验积累和相互交流的有效途径。刘巧燕老师撰写的论文《微课在英语知识难点突破的妙用》于 2015 年 11 月刊发在《中学生报》教研周刊第 46 期上；2015 年 12 月论文《基于学生实际学习能力的教材整合及反思》刊发在《中小学教材教学》杂志 12 月第 12 期上。2015 年 12 月 30 日被兵团党委批准为兵团首批有突出贡献的专家。2016 年 7 月被评为享受兵团政府特殊津贴人员。

从一名普通教师的专业成长开始，经历了从新手教师—骨干教师—卓越教师—专家型教师的转变，刘巧燕老师在自己专业发展的每一阶段都用自己独特的方式和坚持不懈的精神践行着自己作为一名教育工作者的神圣使命。在自主生长式教师专业发展理论的指导下，刘老师正朝着成为智慧型教师的成长目标努力前行。

（此文曾收入《第五届自主生长式教师专业发展理论学术研讨会资料汇编》2021 年 3 月）

一个有温度的班主任养成记

——自我经验生长式班主任感悟

武汉市建港中学　刘小玉

　　任教以来，从事班主任工作已有十六载，从初为"班妈"的青涩逐渐成长为学生口中亲切的"小玉姐"，中间的过程曲折漫长，有泪水，有喜悦，有低潮期，有兴奋期，有失败的挫折感，也有成功的收获感，有驾轻就熟时的意气风发，也会有自我否定时的徘徊……

　　自从接触了潘教授的自主生长式教师专业发展理论之后，回首自己和孩子们一起成长的道路，以及一些班主任经验的获得，才发现，这其实与潘海燕教授总结提出的"自我经验"的理念是一致的，对于"自我经验"成长式有很深的感悟和领会。

　　对班主任老师来说，"自我经验"同样需要亲身体验获得，需要从最初的反思、从具体的班级管理案例中提取"事例经验"，再分类整理、反思、再提炼，产生"类经验"，经整合与实践产生"实践智慧"，从而让自己在班主任工作中越发成熟与睿智。

　　记得大学刚毕业，走入教学工作岗位，意气风发，刚开始接任班主任，掌管班级工作，以为只要对学生严格、严厉就能维持自己作为班主任的威严，维护好班级的秩序，这样就能提升班级的整体成绩，促进良好的师生关系，让自己桃李满天下，让所有的学生铭记师恩。所以初为班主任时，我对学生整天板着脸孔，严肃以对，对学生的每种行为都想掌控手中，对学生的行为过于"原则性"。这样管理的班级，其文化不差，但我总感觉学生怕自己，远离自己，总是和自己有距离。学生心中有问题时，情感上有困惑时，学习上有障碍时，他们对我的信任度差，不愿对我袒露心扉，感觉自己是个缺乏温度的班主任。尽管自己在所带的班级文化成绩上有自豪感，但在情感上，我还是有挫败感，并没有成功的喜悦。

　　记忆中曾经带过的一届学生中，因为有一位男生在班上没有完成自己所任学科的作业，我要起班主任的威严，当着全班同学的面，在讲台上板着面孔批评了该同学的作业。本来自己的初心是"恨铁不成钢"、爱生心切的一种表现，但不顾场合的严厉批评让学生接受不了，致使这名男生当着全班同学留下委屈的眼泪，内心留下阴影，也给其他的学生造成了对我表面服从，而内心不服的局面。尽管事后我向该同学解释并袒露自己的对他殷切希望的心扉，直到毕业，这名男生考入他理想中的大学，作为他的班主任，我对他的成功感到由衷的开心和宽慰，我以为该生也会对班主任的付出铭记在心，但他于我并无感恩之心，给我心中留下很大遗憾和感慨。

这次经历反映出我作为班主任处理学生问题的方式稚嫩、刻板。不恰当的方式，会在学生心中留下永久的难以磨灭的印记、烙下永久的伤害。哪怕这个孩子在学业上成功了，但他在心理上，对他的班主任仍存有阴影的一面。

实际上，在班主任的工作中，给我很多反思和困惑的地方还不仅仅在于某个学生个例的反馈。记得在经历了几届高三班主任，送走了几届自己还算引以为豪的学生，可是每到教师节，或感恩节假日等，看到别的有经验的老班主任或可爱的年轻班主任总有毕业学生回访并感恩，而回访自己的学生却是寥寥无几，内心深感失望，没有一种作为班主任的自豪感。这时，我不禁反问自己，是我管理的班级成绩不理想吗？是自己所带班级的学生不知道感恩吗？是我自己的性格问题吗？还是我教学及管理能力有问题，没得到学生的认可？……诸如此类的问题在我脑子盘旋，甚至曾经在学校校长面前感性地流下眼泪，哭诉过，抱怨过，但校长给予我共情的鼓励，让我找到原因，擦干眼泪，继续努力，找到正确的方向。

恰逢徘徊成长之时，有幸得到潘海燕教授"自主生长式"教师专业发展理论的指导。我将之前亲身体验和困惑进行了整理，进行了反思，——作为班主任不仅要坚持原则性，还要关注学生的情感。

之后，在班级管理中吸取反思中的教训，对问题生不再是厉声呵斥、居高临下的姿态，而是幽默以对，注意温和以待、和风细雨，从学生的情感上做工作，尽量让自己做个有温度的班主任。这些转变让我的班主任管理上升了一个台阶。

在对高中生管理的过程中，早恋是个不可回避的问题。面对班上有早恋的现象，刚开始其实我是束手无策的，只能用最粗暴的方式处理：请家长，做保证，或是用抛弃的态度嫌弃之——凡是涉足早恋领域的学生，基本高考无望。其实，这种处理方式不仅不会解决问题，甚至还会使早恋之风带来的弊端恶化。经过静心反思，我认为还是应该从学生的情感出发，和学生谈心，和家长共同携手面对。用这种方法解决此类问题取得了良好的效果。

但正如潘教授的理论所言，仅仅满足于反思的初始阶段还是远远不够的。在"事例经验"的阶段，教师对于班级管理自身所反映的问题还认识不到事物的本质，解决管理问题的方法还无法灵活地变通。

果真，因为自己取得了一定的管理经验，学校把一届高三重点班交给我来管理。但在管理过程中，又出现了新的问题。因为首次担此重任，压力大，神经绷得紧，从而给学生上的发条紧。有一天，班上突然有一名成绩优异的学生想从我班转到平行班，理由是无法忍受我班高压的氛围，缺乏温情的备考关怀，这种情况无疑又给我自信的管理理念当头一棒。自以为很有经验的管理，出现这种情况，必定是我的管理存在不足。我找这位同学谈心，和他讨论在两个班的利弊，及可能的高考结果，联系家长共同做工作，都没能改变这位同学转班的决心，让自己痛失一位潜力巨大的"优秀高考指标生"。

的确，作为一名班主任，在管理过程中会碰到预想不到的这样或是那样的状况，每一件意料不到的状况对自己来说，都是一次事例经验。这些事例经验都是相对独立和彼此分离的。反复研究潘海燕教授的理论，要想让自己更加成熟，迅速成长，我必须要把这些事例提炼出"类经验"，即在这些经验的进一步反思中，对其进行分类整合，提出解决这一类问题的主要思路和具体步骤。通过研究在管理过程中所发生的这些问题，总结出自己存在最大的弱点在于班级管理有文化成绩但缺乏温情，而导致事故频发。我深刻地认识到：做一个有温度的老师比做一个学者型的老师更重要，因为缺失的知识随着年龄的增长仍有机会获得，而每一个孩子情感世界的构建却是不可逆的。慢慢地，我把这种理念应用在管理中，不仅仅是在表面上对学生幽默、温和，而是发自内心去爱学生，关心学生；改变了以前把关注文化成绩放在首要，现在把关注孩子的个性发展及情感体验放在第一位；同时，也很好地贯彻了我校的办学理念"愿求人人成材，更求个个成人"。在学校每年进行的"德育研讨会"上积极踊跃地投稿，参与并发言，与班级管理者们共同探讨，分享经验，互相学习，一起进步；参加省级、国家级的德育论文比赛并获奖；而且在一些重要杂志上发表自己"做一个有温度的班主任"的管理感悟及经验总结论文。

在优秀班主任自我成长过程中，我的基本策略是以理论学习与培训为先导，基本路径以自我反思为最初基本手段，逐步形成自己一定的认识和理论，在教育行动研究中成长，以促进自身精神生命的成长，最终让自己更成熟，更有风度，从而更有温度。通过反思，在以后的班主任工作中，避免类似的事情再次发生，通过自己的努力并按照自己认为最合适的方式行事，探寻自己心中确信的"真实的管理"，把"做一个有温度的班主任"的理念在实践中反复应用，并产生实践智慧，从而使管理运用自如。

理念应用在实践中的智慧，印象最为深刻的还是高三管理过程中的两次实践。两次都是临近高考，学生备考紧张，思想处于紧绷的状态，任何一点"异相"都会拨动学生们拉紧的"弦"，所以这个时期的班级管理一定要"有温度"。

有一次，距离高考不到一个月，在一个一切有序的中午，突然有学生向"小玉姐"报告——有两位女生不和，前天晚上在班级 QQ 群里，其中一位女生对另一位有轻微忧郁症的女生进行人身攻击，导致该女生中午在走廊上痛哭，任何人都劝止不了。听到这么多敏感词汇的描述，我内心是波澜汹涌的，知道解决此问题的难度。但多年的经验让我冷静下来。以学生的学习同伴、小玉姐和指导者的身份，走到两位女生之间，与她们平等对话、交流互动，近距离观察她们的状态，认真聆听两位女生的心声，最终问题得到圆满解决，两位女生的情绪在高考前夕也得到了平稳过渡，并在高考中取得自己满意的结果。在整个事情的处理中，作为一个成熟的班级管理者，我深知，在这种情况下，评判谁对谁错都是不明智的。我把之前的认识和理念应用于该实践，我知道每个孩子都需要爱与温情，犯错的孩子需要温情让她们认识到错误，受到伤害的孩子更需要感受到温情去平复受伤。

还有一次是又碰到早恋的情况。在高三下学期，我发现班上成绩一向不错的一个女生，即班上的班长，情绪不是很稳定，甚至被班上的其他女生所孤立。私下了解，有学生告知，班长遇到了男女生的情感问题。高考迫在眉睫，发生这种事情，作为班主任的我内心着急程度可想而知。我冷静下来，没有像以前非常武断地、粗暴地找男女生家长，也没有在班上对这两位学生的密切交往及其危害性含沙射影，而是以关心其学习状况入手，以小玉姐的身份，分别和男女生进行单独交流，然后再把两位同学拉在一块进行学习上的共同交流，再逐渐拉入其他几位学生，让她们成立特别的学习小组，学习小组有进步了，小玉姐会"小请"她们喝喝奶茶，聊聊天，让处在情感困惑中的男女生感受到来自老师爱的温度和集体的爱，逐渐分散他们只关注彼此两个人的注意力，让他们更多地融入集体，不知不觉，我没有过多对他们的情感进行干涉，我惊喜地发现女班长开朗起来了，不再情绪化了。有一天，我收到了女孩偷偷给我的一封手写的书信，表达了对"小玉姐"的无比感激之情，我知道自己担心的问题已经在无形中解决了，我内心涌出一股自豪之情，为自己、也为自己的学生。

渐渐地，一个个成功的管理案例让自己找到了作为一名班主任的成就感与幸福感。有人曾经说过，教育是一门温暖的功课，温暖自己，温暖孩子。

教育的对象是人，是有情感的人；教育是一项爱的事业，而爱是有温度的。好教师、好班主任的真正魅力来自关爱，成为好班主任的真谛就是一个"爱"字，也就是教师的温度，而这种温度，发自对学生强烈的责任感和发自心底的爱。热爱学生是我们教育成功的秘诀，我们要把爱心献给学生，亲近学生，喜爱学生，关心和帮助学生。做一名有温度的教师，是当下教育的呼唤，也是我们教育教学走向成功的基石。

　　这就是我作为一名班主任，在接触了潘海燕教授"自我经验生长式"理论后，如何指导自己一步一步成长为一名"有温度的班主任"的轨迹。在今后的班主任管理工作中，我们更应该常常回过头去思考自己给学生带来了多少温暖，踏踏实实走好班级管理的每一步。

　　（此文曾收入《第五届自主生长式教师专业发展理论学术研讨会资料汇编》2021年3月）

反思，助推自我经验的嬗变和提升

湖北省汉川市实验初级中学　汪　懿

自主生长式教师专业发展理论的提出和先行先试者潘海燕教授认为，教师专业发展要基于"自我经验"嬗变的过程，即以"事例经验"为起点，借助"专业共同体"，深入持久地对自己的教学实践进行反思，梳理事例经验，整合出类经验，凝练成个人经验体系，真切地、逐步地形成自己的教育观、教学观、学生观、课程观、科研观。在课堂教学过程中，就是要将反思贯穿整个教学过程，尤其要重视课后反思，不断整理教学思路，总结教学方法，提炼教学体验，逐步形成个人特色课例。

《愚公移山》是初中语文教材中的经典课目，是一篇励志寓言故事。我从事农村初中语文教学二十年，曾教过多年毕业班语文，以传统方法来教《愚公移山》一课，可说是驾轻就熟了。运用信息技术教学是近几年的事，在逐渐成为一种习惯后，我和学校语文组教师有过运用信息技术教学《愚公移山》研讨课的经历。在每一次教学研磨中，我们都积极开展课后反思，不断形成新的课例，逐步克服和改变了基于信息技术条件下的语文教学"两张皮"的问题。下面以基于自主生长式教师专业发展理论指导下的三次《愚公移山》教学打磨课为例，与大家做些交流与分享。

一、三次教学《愚公移山》概况

初次运用，限于我能"做"。"能使用"信息技术对于多数教师而言已不是问题，但"会使用"还不能妄言。我在年级组组织的《愚公移山》研讨课上，初次运用信息技术设计课程教学，只是在传统教案的基础上加进信息技术的表现手段，给教案和课堂润色，在呈现方式上发生一些变化，给人以新鲜感。

常言道：外行看热闹，内行看门道。固然，教学形式的改变是信息技术与学科教学结合必不可少的，但不是终极目的，没有教学实质上的变化不是信息技术条件下学科教学追求的目标。囿于所掌握的信息技术手段和方法，这一次的教学无论是教材的挖掘还是信息技术的呈现方式都有很多不足，留有早期幻灯片教学的痕迹，与"放映式"教学无异，也没有跳出传统教学意义上的"教师讲，学生听"的教学格局，只是用现代教学方式强化了传统语文教学。

教师们评价说，这只不过是在教学呈现形式上做了些探索或改变，信息技术与语文教学结合的"味"还没有出来，特别是改变学生的学习行为方式还没"沾到边"，教学内容呈现形式的多样化还是传统教学媒体较为浅表的那一套，信息技术与知识传授的结合只是触其皮毛，缺乏内在有机联系。

显然，信息技术与语文学科整合教学，只有教师会用，才能达到优化课堂教学的目的。教师须从"能使用"提高到"会使用"。

二次调整，引导学生会"玩"。当今，学生对于信息技术知识的掌握和运用不亚于教师，有的还先于和优于教师。如何将这一优势转化到学生学习上来，是信息技术与学科教学亟待突破的。

第二次教学《愚公移山》是学校语文学科组举行的教学观摩课。鉴于第一次的研磨课基础，也为了摸索出较为成功的教学经验，学科组一致赞成仍以《愚公移山》作为研讨课。剖析第一次教学的不足与教训，本次教学方案在学生参与上做了大胆设计，意将学生信息技术知识运用能力强项转化为学习优势。为了让学生做好课前预习，教师提前布置了相应的学习任务和要求，学生上课有备而来。课堂上，学生根据教师设置的教学情景和课堂提问，表达了教师意想不到的极具个性的学习体验与认知。面对学生提出来的诸多问题，教师应接不暇，课堂异常活跃。一节课下来，学生学习积极性高涨了，主体地位也得以彰显，但因对学生在信息化环境中进行自主、合作、探究学习可能出现的问题预见性不足，应对措施也显欠缺，教学的重难点突破不尽人意，预设的课堂教学任务未全部落实。虽然实现了学生的"动"，但这种"动"不是与文本的真正对话，产生不了"共鸣"，仍是教学的一种表面现象。

教学质疑声一片：这样的教学互动没有什么实际意义，仍还是"走过场"，无助于文本知识的拓展和挖掘，"冲击"了正常教学秩序，教学目标达不到，这种搞法是教学退步。课堂上虽然不乏学生的良好表现，但却被满堂的"自由学习"气氛所淹没。

诚然，只有学生会"玩"，教师会"导"，才能真正转变学生学习方式，提高学生学习质量。本节课虽然在信息技术与知识教学的结合方式上有较大改进，但对于教学效果，大家未置可否。

如何引导学生正确合理使用信息技术，并促进学生的学习，使学生的学真正与文本对接，是个亟待解决的问题。

再次建构，朝向"教与学"深度融合。上述两次教学尝试或者两种现象并非当今中学语文教学的偶然，而是初中语文教学常见的问题。此类问题解决不好将会引起人们对信息技术与学科教学整合的怀疑，重拾传统教学的老路，致使本已不习惯现代教学的一些人的传统教学思想固化，从而严重影响和阻碍信息技术与学科教学的整合。

第三次执教是学校举行教学示范课，这次活动恰好是我在苏州大学参加"国培计划"学习结束不久。我同大家认真分析了前两次教学的不足，把在苏州培训期间所接触了解到的信息技术与学科教学整合的先进经验运用到教学中来。这次设计不是对原教学方案做简单修补和改进，而是重构。教学设计基本思路是：将信息技术、教材、教师、学生等资源组合在一起，综合施策，统筹考虑，合理利用传统教学的有益成分，发挥信息技术教学的独特作用，既讲究教师的讲，也注重学生的学，在两者的结合上做些创新，使教学形式与内容有机结合，信息技术手段与语文知识教学密切契合，实现真正意义上的信息技术与学科教学的整合，使之深度融合。

教学过程掌控好"一主两翼"。"一主"即课文知识教学主线。在知识教学主线上，把握寓言教学及本文的特点，紧扣"愚"与"智"两种思想价值观的冲突，融知识、情感、价值观教学为一体，借助文本语言精美流畅的风格，以润物无声的方式渗透励志教育，完成文本的知识教学和思想教育任务。

"两翼"指"教师的教、学生的学"。两翼互动，互为表里。在"两翼"互动的教学处理上，以教师主导引导学生主体作用的发挥，发现和抓住学生学习过程中的主要矛盾展开教学，创设教学高潮，机敏地避开无效信号对课堂造成的干扰，始终将学生的学习置于良好的教学情境之中。

充分利用和借助信息技术在处理文本教材上的形象直观、信息量大、多感官刺激、复杂原理具体化、短暂现象再现以及使用便捷的优势，是本次教学的一大亮点。在教学显示图片上做些声光电方面的艺术处理，使之烘托和渲染文本教学主旨，有助于对文本知识和思想观念的认知和理解。力求信息技术运用和讲授内容呈现链接无痕，相得益彰，信息技术辅助手段和方式的运用恰到好处，满足学生对高级学习形式的需要。

第三次教学较之前两次可说是有了长足进步，但也不是很完美，相关教学元素以及教学过程细节，都还要深入研磨。无论是传统方法的"导"还是现代技术的"演"，都需在教学内容与传导方式的形神一致上做进一步的努力。

二、几点体会

华南师范大学教育技术学博士生导师李克东指出：信息技术与课程整合

是指在课程教学过程把信息技术、信息资源、信息方法、人力资源和课程内容有机结合，共同完成课程教学任务的一种新型的教学方式。教育部颁布的《中小学教师信息技术应用能力检测标准（试行）》将其应用能力划分为四个层级，即能使用、优化课堂教学、转变学习方式和深度融合。以此衡量，我们的教学还有很多需要改进和提高的地方，务必做到课程设计忌华而不实，课堂展示避雾里看花，传统方法与现代技术密切配合。鉴于此：

（1）教学方案要切实有用。好的教学方案如同唱戏的"脚本"，没有对教材的深度理解和把握，没有紧密联系学生的实际，只是简单借助和复制网络资源课件，必会导致教学方案设计碎片化，缺乏思想灵魂的统领，显得苍白。信息技术运用到学科教学中来，只能是锦上添花，不能是改弦更张，更不是改头换面，不能滥用，随意拼凑无关紧要、花里胡哨的东西，在语文教学头上加一顶信息技术的桂冠，不是现代教学意义所追求的语文教学美。

（2）教师作用万不可削弱。要摆正传统教学方法与信息技术手段运用之间的关系，教材知识是本，务本最为重要，教材内容知识的处理才是教学的本质。信息技术是为教学服务的，扮演的是服务者的角色。若淡化教师的作用，教育思想与智慧的引领指导缺位，教学限于一般性多媒体教学课件放映，或是两者割裂，那是教育退化。即使教育智能化程度再高，信息技术手段再先进，教师这一特定的职业角色和在教学中的地位与作用，是任何时候都不能动摇的，也是任何先进手段不可替代的。

（3）学生自主学习需引导。无论是传统意义上的教学，还是现代意义上的学习，学习者在学习中的主体地位和主人作用都不容置疑，也都需要引导。信息技术运用到教学中来只会加快学生自主学习的进程和速度，随着信息技术的快速普及，人人皆学、处处能学、时时可学的时代已经到来。我们现在要做的是，要使信息技术在教学中的运用成为常态，不断优化课堂教学，引导学生正确使用现代信息技术，真正转变学生学习行为方式，让学生会用会学，从而提高学习品质。

回顾我们的教学实践过程，信息技术与学科教学结合还有较长的路要走，我们中的大多数人在信息技术与学科教学结合的运用上，都还要经历能用、会用和善用的过程。实现真正意义上的信息技术与学科教学的深度融合，彻底改变信息技术条件下的学科教学"两张皮"现象，需要人们不断探索，不断反思，不断完善和不断提高。

（原载《成才》2020 年第 1 期）

予生长袖　生必善舞

——我与我的自主生长课堂

武汉市新洲区第三中学　桂　琳

刚刚走上讲台的我，是教学的中心，是课堂的主宰，是学生面前屹立不倒的知识"权威"。那时，我还太年轻，太急于证明自己无愧于老师这个职业，所以我一味地强调知识的逻辑体系，教授了太多太多与学生的生活相去甚远的书本知识，使学生的学习索然无味，制约了学生的发展潜能。

直到有一天，因为校本研修，我开始接触到潘海燕教授及其团队提倡的"自主生长课堂"的理念，随后看到卢梭的这句话："教育即生长，生长本身就是目的。"顿时醒悟：如果知识存在的目的仅仅在于高高在上地让学生们仰视，唏嘘叹惋它们的崇高与伟大，而无法融入他们的生活，变成他们愿意主动伸手触及的事物，对他们的成长和未来的人生有所裨益，那么这样的存在还有什么意义呢?! 抱着"要使每个人的天性和与生俱来的能力得到健康生长"的思考，我开始了我的自主生长课堂的探索。

我先从点滴开始尝试。在发现学生对形近字的辨识存在很大的困难后，我决定从根源入手，向学生做专题讲解，讲解汉字的构字和用字的法则——"六书"，并做相应的举例说明，辅以例字的字形演变图。努力让学生理解：汉字的字形与其意义紧密相关，而汉字的意义应当从造字源头着手了解。这样，了解汉字的意义，字形就不难识记了。同时这也是一个让学生了解祖国文化的博大精深的良好契机，能够极大地提升学生的民族自豪感。

然后我又布置了一点小作业，让学生自己以组别为单位，借助网络查找一些象形字、指事字、会意字、形声字。然后在随后的课堂里让学生推荐代表来讲解，并评出最佳讲解员。

随后的放假作业依然是借助网络查明汉字的字形演变，并分辨每个字是什么类别：一是自己的名字；二是时下流行的"囧"字、新洲的"洲"字、汪集的"集"字（并让汪集的同学把汪集牌楼上的"汪集"字样拍照带来）。这项新颖的作业让学生很是兴奋。不过后来，学生的名字让他们自己课下分享了，而仅仅让他们展示"囧""洲"和"集"这三个字。通过展示，学生了解到："囧"本是会意字，"象窗牖玲珑之形"，"明亮"之意，但时代的发展，赋予了它"郁闷、悲伤、无奈"的意义；而新洲的"洲"字，是形声字，"从水，州声"，由此学生了解到家乡"新洲"的得名，其实与本地的地理位置有关；还有汪集的"集"字，是个会意字，牌楼上的是"集"字最初的形体，"木"上面是三个"隹"（象形字，描摹短尾鸟的形状），很多鸟聚集在一棵树上的形态，所以本义是汇集、聚集。

这些作业成果的分享过程，不是追求一些浅表层次的"热闹"，而是力图通过学生自我展示和我的鼓励、正面点评，使学生受到鼓舞，培养和发展学生与学生之间相互沟通、互相分享的意识与能力的过程。这些活动的设计，就是要让学生手动、口动、眼动、耳动，让学生全身心地进入学习状态，充分激发学生的情感体验，不断提升学生的思维品质，真正使学生达到在课堂中高程度的自觉投入、高层次的情感体验、高质量的思维互动。

关于"六书"的知识，这样三次重复下来——第一次教师引导，后两次则都发挥了学生的主观能动性——让学生在兴趣的指引下掌握知识。尤其是最后一次，结合实际生活的知识探究极大地增强了学生学习语文的兴趣，激发了学生学习语文的积极性，也让学生认识到语文知识无处不在，开始关注起身边的语文现象来。

这是一次成功的尝试，也让我尝到了甜头：在自主生长课堂里，教师不再是一个面容冷峻的知识权威，而是学生自主学习的引路人、学生学习成果的分享者与欣赏者；教师的作用只在于，找到学生的燃点。因为，在自主生长课堂里，学生不再是完全被动接受知识的"容器"，而是可点燃的"火把"。

有了这次成功的经验，我越发大胆起来，给了学生更多的自主权。上完必修四的文言文后，考虑到学生已经有了一定的文言文基础，所以我决定做一个文言文特殊句式的专题研讨。我给了学生必修一到必修四近四十个特殊句式，让学生相互讨论，把这些句子按照句式进行分类。然后我集中讲解了学生反馈来的不太懂的疑难句子，让学生以组别来相互讨论，按类别来观察每一种特殊句式，找到其标志或是分析其结构，然后总结翻译这类句子时应该注意的问题。然后推荐代表来讲解，其余组别可以进行订正或是补充。我则只在学生没有注意到的地方稍加指点。

在这一堂课里，我完全把课堂交还给了课堂的主体——学生，也是这一堂真正完全由学生自己担纲主演的课堂里，我终于欣喜地听到了学生主动吸取养分，努力"拔节"，向上"生长"的声音：学生知识的生长，智慧的生长，能力的生长，情感的生长……生长课堂秉承着"教育必须服务于完整的人的成长"的理念。我们教学的任何一个环节，都应自觉地朝向这个教学的终极目标——完整的人——来发展。教学的真正目的是最大限度地促使自我发展，促进个人成长和自我实现，以此成长为一个完整的人。在文言文特殊句式的专题课里，学生通过相互讨论，不仅仅自己总结归纳了知识点，找到了巨大的成就感，还收获了一块可以借以了解祖国古圣先贤们思想的敲门砖，同时初步建立了总结归纳知识的好习惯。

最近我又在酝酿一节新的自主生长课，是漫画徽标类的语言表达题的专题课。正在筹备中，已经嘱咐学生们多看报，在报纸上剪辑一些有趣又有内涵的漫画和一些奥运会图标、中国国徽、苹果公司的图标等徽章图标来。然后让学生自己讨论漫画徽标的构成和内涵，进而总结出答题方法来，在全班面前展示。我相信这又会是一个成功的专题，因为它既能让学生掌握答题技巧，又能在情感、态度和价值观上熏陶学生：关注现实的漫画会教会学生关注社会现实，胸怀天下，而徽标会让学生懂得每一个徽标的背后都有其独特的寓意。

今后，我也会这样：努力张开自己紧握课堂的双手，使课堂真正成为学生自己的自主生长课堂，让他们在课堂上自主学习，进行思维的交流与碰撞。因为我坚信：予生长袖，生必善舞！这些生活在信息时代的孩子，这个广阔的世界给了他们太多可以帮助他们自主学习的媒介。

孟子以"得天下英才而教育之"为乐，虽然我的学生不都是英才，但我可以期待的是，在自主生长课堂里，每个学生的天性和与生俱来的能力都将得到健康的生长！他们会关怀世界，对世界保有一颗好奇心，会成长为一个独立思考、不依附、不屈从的人。这就够了。

（原载《成才》2015 年第 10 期）

在"行走"中改变 她一步一个脚印走来

武汉市洪山区楚才小学 李 崇

武汉市旭光学校 张策锋

2011 年,湖北第二师范学院潘海燕教授及其团队在洪山区楚才小学进行"自修—反思式校本研修模式"实践研究。潘教授认为:教师专业发展活动最重要的思路是基于教师的"自我经验",让教师在解决自己真实的教育问题的同时,升华个人自我经验,在"行走"中改变行走方式,进而建构自己的教育理论。他的理论别具一格,引发了老师们对于个人发展的思考。老师们围绕着学校"十一五"尊重教育课题,结合自身的教育教学实际,在学习中提升,在"行走"中改变,在"自修—反思"中不断成长。

楚才小学李崇老师,就是践行"自我经验"的自主生长式教师发展理论的受益者。作为"十一五"尊重教育课题组的成员,她深入教育教学一线,以真实的"教育问题"为起点,长期对自己的教学实践进行反思,借助"专业共同体",梳理"自我经验",参加"自修—反思式校本研修模式"研究沙龙,赴湖南岳阳交流,思维碰撞出火花,努力践行着"自我经验"自主生长的教师发展观。

2012 年,高效课堂改革犹如一缕春风吹进了校园。这是教学理念的巨大变革,教师的教学和学生的学习方式都将发生翻天覆地的变化。作为一线教育工作者,她深知:高效课堂建设迫在眉睫,课程改革势在必行!她热爱教育事业,责任心强;工作态度端正,踏实肯干,在高效课堂建设中,她始终站在课改第一线,自主学习,大胆创新,带头上示范课,在实践中开拓,在反思中提升,引领着教师们一路前行。

一、立足"自我经验"自主生长理论,自主学习,更新教育理念,创建高效课堂

潘海燕教授著作的《自主生长式教师专业发展研究》一书,给了她很大的启示。她立足"自我经验"自主生长的理论构想,不断学习,更新教育理念,提升专业能力,以饱满的热情、开放的心态投入改革浪潮中。

2012 年 8 月,她参加了《中国教师报》和洪山区教育局共同举办的"洪

山区区域课程改革整体推进第一阶段骨干教师培训"。在学习中，她积极创建小组，带头踊跃发言，表现突出，赢得了学员们的认可，获得了"洪山区优秀学员"的光荣称号。学习归来，她意尤未尽，又借助互联网自学了杜郎口、安徽铜陵等地的课改理念。

通过学习，她意识到：在"行走"中改变行走方式，首先要改变传统的班级管理模式，用理论指导实践，创建学习小组。2012年是龙年，她巧妙地把中华民族传统——"龙文化"和学习型小组联系起来，率先把班级"排排坐"改为"团团坐"，创建了班级、小组文化。"生龙活虎""龙腾虎跃""龙马精神"等一个个小组诞生了，不仅让同学们学习兴趣倍增，还大力推进了班级文化建设，营造了浓厚的文化氛围，为校园增添了靓丽的一笔。

在学校第一届"课内比教学，课外访万家"活动中，她创建的"龙文化"特色班级第一次亮相，学生精彩的表现在全校引起了轰动。老师们惊喜地发现：学生发生了巨大的变化，发言踊跃了，落后生自信了，也能上台当"小老师"了……

是课改给了学生展示的舞台，让学生充满了自信，成为"课堂学习的主人"；是教师"自我经验"自主生长的理论，让她明确了个人发展方向，让她走到了课改前列，成为学校高效课堂建设的领路人。

二、以真实的"教育问题"为起点，大胆实践，获得"自我经验"，推行高效课堂

洪山区楚才小学地处洪山东隅，生源不足，大部分学生来自全国各地，是进城务工随迁子女。受家庭条件影响，他们没有自主学习的习惯，所以在全面推行高效课堂时，学校遇到了前所未有的困难。

反对声最高的是中老年教师，多年来的教学已让他们形成了一套固有的教育思想和教学行为，他们不愿改变。青年教师们也感到疑惑：农民工子女连预习也不会，课堂交给学生，行吗？在一片反对声中，李校长找到了她：尽快组织全校老师学习，更新他们的观念，教会他们创建学习小组，还要设计出符合我校实情的高效课堂预习案，编写导学案。

接受任务后，她开始整理学习笔记，利用教研活动和老师们一起学习，耐心地为老师们讲解。可是，这种方式的学习收效甚微。

"只有不断进行反思的教师，才能实现'自我经验'的不断生长。"潘教授独特的思想让她养成了反思的习惯：只有在"行走"中改变行走方式，才能摸索着更好地走下去。怎样改变？怎样以一种最简单的方式教会老师们创建学习小组呢？爱学习、肯钻研的她想出了一个绝妙的主意，当下不是最流

行"微课程"吗？如果把自己推行高效课堂的经验做成微课程，现身说法，一定会受到老师们欢迎。

几个不眠之夜过去了，凝聚着她心血的第一个微课程诞生了。当她把获得"全国一等奖"的微课程——《想说爱你并不容易》放给老师们看时，全场一片静默。对于如何合理安排座位，划分学习小组，开展同伴互助，小组合作探究，老师们已了然于心。短短的五分钟过去了，全场报以热烈的掌声，这是对她最高的评价，让人至今难以忘怀。

潘海燕教授说："教师要以自己的教育教学活动为思考对象，对自己所做出的行为、决策及由此所产生的结果进行审视和分析，把自己在教育教学实际工作中的所思、所想、所做、所得等看起来是点滴的、零散的东西，凭借自己的认识与经验，自我整合起来。"在实施高效课堂的过程中，她针对"农民工子女不会预习"的问题，反复实践，摸索出一套适合学生自主预习的方法。在教学副校长谢校长的协助下，编写的第一本《楚才小学语文高效课堂预习案》问世了，哪怕是农民工子女，也能在家自主预习了。为了能最大限度地发挥"预习案"的作用，她率先在三年级上了一节预习展示课《海底世界》，对如何使用"高效课堂预习案"进行了详尽的演示。

"功夫不负有心人"，楚才小学接受高效课堂的老师越来越多，一个以"高效课堂导学案编写"为核心的楚才小学教研团队组成了，全面推行高效课堂已步入正轨。

三、借助"专业共同体"，反复实践，应用"自我经验"，实施高效课堂

楚才小学教研团队的形成，让她信心倍增，借助"专业共同体"，她带头上公开课，在研讨中反思，在反思中不断进步。在教研团队的共同努力下，"楚才小学和美高效课堂导学案"应运而生了。这是一种全新的课堂教学模式，课堂以"自主学习，合作探究，展示交流，课堂检测"四个环节为导向，让课堂成为生命相遇、心灵相约的场所，成为师生对话、探寻真理的地方。

2013年秋，她执教的《给自己写信的人》一课，令人耳目一新，是对"楚才小学和美高效课堂导学案"教学模式的最好诠释。作为课程改革领路人，她带着这节课去邻校交流，受到了兄弟学校——武汉市旭光学校领导、老师们的一致好评。到场指导的洪山区教研员黄莹老师激动地说："老师引导学生自主学习合作，师生平等对话，课堂气氛活跃，变革了教学方式，优化了课堂结构，可以在片区推广。"同时，她也提出了更高的要求：课堂还

给学生后，老师要敢于点拨，及时引导学生更深入地与文本对话，突出语文学科的工具性。

怎样引导学生更深入地与文本对话呢？她又一次陷入了沉思。

潘教授曾经说过："教师可以通过反复实践，获得个人自我经验。当反复应用个人自我经验时，教师也会产生实践智慧，形成独具特色的教学思想。"的确，当我一遍一遍以课堂为主阵地，以导学案为抓手，倡导自主、合作、探究学习方式的时候，运用多媒体辅助教学，让这一难题迎刃而解。

2014年春，学校举行了高效课堂"同课研究"活动，同年级选择同一节课赛课，最终由优胜者上示范课。不出所料，她执教的《囚蚁》一课，又在全年级脱颖而出。"小龙人"班的学生自信地走上讲台，拿起触屏笔，在片段中勾画讲解，她及时点拨引导，同学听得更认真了，质疑更大胆了，互动更精彩了，课堂也更活跃了。

"不积跬步，无以至千里"，有了这些一线的教学经验，她设计的导学案《刷子李》《别董大》《囚蚁》多篇获洪山区一、二等奖，她撰写的论文《五步打造高效课堂》《尊重差异，让高效课堂"和和美美"》多次在"楚才讲坛"上交流。这一切让中老年教师看到了高效课堂带来的活力，明白了"知识的超市，生命的狂欢"的真正含义。他们放下思想包袱，克服困难，全情投入。楚才小学人人上课议课，集智备课，高效课堂的研修氛围空前高涨。学校还邀请了洪山区教研员到校指导，给教师切实的专业引领，老师们的专业水平提升得很快，学校也被评为"洪山区第二批课改样本校"！

四、梳理"自我经验"，反思整合，形成"类经验"，优化高效课堂

时光荏苒，三年过去了。作为学校"高效课堂建设骨干"，她又一次面临着严峻的考验。2015年4月，洪山区第十四届"进取杯"教学比赛开始了，比赛要求将学科课程与信息技术整合，将现代化信息技术运用到高效课堂中。

面对挑战，她没有退缩。她梳理了几年来的教学实践经验，开始了教师"自我经验"逐渐类化、系统化、升华的过程。这次比赛，她抽到了六年级比较难上的一篇文言文——《菊和莲》。课前，她进行了大胆的尝试，设计并制作了微课——《五步三读学古文》，教给学生学习文言文的方法，激发学生课前自主学习，课堂展示交流，实现"翻转课堂"。果不其然，精彩的视频导入，激发兴趣；分组交流展示，情绪高涨；平板检测反馈，形象直观，实现了信息技术和语文的和谐统一，优化了高效课堂。

　　"一份耕耘，一份收获"，《菊和莲》这节课，荣获了洪山区小学语文"进取杯"一等奖，区教研员高光椿老师对她给予了充分的肯定。同年九月，高老师组织全区语文教师观摩了这节录像课，并请她做了教材教法报告，现场说课，会场掌声雷动……这节课还被推荐到湖北省、武汉市"一师一优课、一课一名师"活动中去参赛。

　　漫漫课改路，她一步一个脚印走来。从茫然到坚定，从语文教师到学科带头人，艰辛与喜悦并存，困难与进步同在。立足"自我经验"的自主生长式教师发展理论，她撰写了一本又一本教育故事，解决了一个又一个教育问题。在学习中提升，在实践中开拓，在"自修—反思"中成长，她形成了独有的"自我经验"、独特的教学思想、独特的"专业自我"，现在正朝着更加专业与卓越迈进。随着教育互联网时代的到来，她面临着新的挑战！她相信：只有在"行走"中改变行走方式，不断求索，不断进取，才能在教育这条路上坚定地走下去！

　　（此文曾收入《第五届自主生长式教师专业发展理论学术研讨会资料汇编》2021年3月）

教师群体成长个案

自修—反思式校本研修模式建构案例

湖北第二师范学院教育科学学院　潘海燕

武汉市洪山区街道口小学东方雅园分校　刘　巧

校本研修是一种学习、工作和研究三位一体的学校活动和教师行为，它涵盖所有为了学校发展而进行的各种各样的研究和学习活动。"自修—反思式校本研修模式"是一种研究性学习的方式。它是指中小学教师在自主学习、自我进修的基础上，以自己的教育教学活动为思考对象，对自己所做出的行为、决策及由此产生的结果进行审视和分析，从而主动地获取知识，应用知识解决教学实际问题。它不仅强调教师的自主学习，更强调"学以致用，学用结合"，强调研修中的"反思"过程，强调教师的全员参与性。它促进教师由权力强迫型发展转变为自主生长式发展；促进教师从"教书匠"转变为教育教学的研究者和反思的实践者；促进教师由知识的传授者转变为学生学习的引导者和发展的促进者；促进教师从课程的忠实执行者转变为课程的建设者和开发者。

津洋口小学的建构活动持续做了十多年，取得了不凡的业绩。近年来，学校在各方面获得累累硕果。先后被教育部表彰为"学习型学校"先进单位、"国家级三生留守儿童关爱行动优秀组织奖""省少先队示范学校""省校本研修示范学校""省校本课程开发一等奖""省级大家唱大家跳二等奖""省网站绩效评估 50 强""市三八红旗集体""市名牌学校""市基础教育改革先进单位""市示范家长学校""市平安校园""县办学水平一等学校""县师训干训先进单位""县级放心食堂""县科技节优秀组织单位""县级先进学校"，成功创建"县级寄宿保育制示范学校"等。现将他们的做法介绍如下。

一、津洋口小学的基本情况

津洋口小学是一所历史悠久的农村全日制小学。1949 年前为龙永初级小学，1972 年改名红光小学，1979 年定名津洋口小学。20 世纪 80 年代初期，荣升为县重点小学，迄今已有 60 多年的办学历史。

　　学校位于清江之滨，龙舟坪镇枫竹园小区以西，香炉山脚下久兰路127号，占地二万零七百七十八平方米，服务区域为"七村一区及所辖机关、企事业单位"，覆盖人口近3万。虽然覆盖面广，但由于地理位置限制、发展相对较慢，仍然存在师资力量较为薄弱、教师素养及科研能力普遍不高、教育质量有待提升的现象。

　　学校现有26个教学班，74名教职工，其中党员教师34名。随着自修反思式校本研修的推进与实施，全校教师的综合素质普遍提升。具有专科以上学历的教师有69名，具备中级以上职称的教师有53名，是一支名副其实的高素质的教师队伍。

　　学校倡导生命教育，以"名校出精品"为目标，坚持"建有文化的校园，塑有思想的教师，育有个性的人才"的办学思想，遵循教育规律，将科学和人文完美融合，以求实现教育的可持续发展。秉承"育乐学进取的阳光少年，塑睿智豁达的和谐团队"的办学目标，打造具有"书香飘逸的绿色学园、温馨和谐的精神家园、全面发展的幸福乐园"的精品型现代化"三园"学校。

　　2009年起，学校研修制度的制定为自修反思式校本研修"护航"。长阳县津洋口小学立足于教师的专业成长，不断完善校本研修制度、优秀校本研修小组评选制度、教师专业发展规划、骨干教师考核评价办法以及教师教科研津贴发放办法等系列制度建设，通过扎实有效的校本研修，促进了学习型学校的建设，提升了教师的专业素质，促进了学生的快乐成长。

　　《教师专业成长报告册》的记录为自修反思式校本研修"开航"。已有经验研究的结果也表明，只有当问题是从真实的教学情境、教学实务中衍生出来时，理论与实践之间"摩擦而产生的火花"才会有效地发生。津洋口小学要求教师将自身的教学反思和实践用《教师专业成长报告册》记录下来，每学期对《教师专业成长报告册》使用做了具体要求，学期结束进行认真评审，将每位教师优秀的"反思"和"案例评析"统一装订成《成果集》，并鼓励教师将好的教学反思和案例整理成文向教育期刊上投稿。《报告册》的使用、填写与评价，真实记录了教师专业成长的轨迹，在积累教育教学经验的同时，提高了教师的行动研究能力和反思能力。

二、长阳县津洋口小学自修反思式校本研修的实施流程

1. 以《教师专业发展报告册》为载体，积累丰富的"事例经验"

　　《教师专业发展报告册》是用于记录教师教育教学工作过程中的闪光点

和问题的主要载体，同时也是记录学校和教师开展校本研修情况的重要形式。它随时记录了教师在开展教育、教学、教研、科研、培训等工作中发生的真实教育生活，具有个性化、独特性、创造性和实践性的特点。

《报告册》包括教师自选发展目标表、案例陈述与评析、观课记载、学习笔记和自评自估几个板块的内容。其中，自选发展目标涵盖全景目标、课程准备、课程结构、课程资源、校本课程、学习方式、课程评价、教师角色几个方面。

在学期开始时，教师自行选择发展目标，采取行动研究方法进行跟踪研究，在日常教育教学工作中围绕自选目标，不断反思、总结，发现自我的不足，撰写与自选目标相关的教育教学案例。在案例撰写中积累教学经验，逐渐整理出"类经验"，从而形成理论体系，养成自修反思的习惯。《教师专业发展报告册》在教师专业发展过程中起到了重要的作用，一方面，它记录了日常工作中的闪光点或存在的问题等，形成了个人的积累沉淀，是教师工作评价的重要方面。另一方面，也成为教师日后科研或论文撰写过程中的资源库，为写作能力的提升提供了有效且丰富的资源。

2. 以研修小组为组织形式，提炼、形成"类经验"

教师互动重在信息的交流与整合，达到资源共享、优势互补、互相促进、共同提高的目的。研修小组是教师互动活动实施的主要组织形式，主要以学科、学年进行分组，每组成员约7—10人。由县级（或县级以上）骨干教师作为组长与其他教师结成研修学习小组。研修小组的活动将教学与自修反思式校本研修相结合。每月在研修小组内组织教师互评鉴定，结合学期初选定的自选发展目标，探讨反思的成果和情况，发现其中的进步，并在此明确努力方向。

3. 建书香校园，以写作为依托形成理论体系

苏霍姆林斯基把读书教育看作学校教育中举足轻重的教育措施。他说："无限信仰书籍的教育力量，是我的教育信仰的真谛之一。"学校专门印制了"建设学习型学校"专用学习笔记本，形成了每年研读1至2本书的基本学习制度。除此之外，网络学习也是教师们最常用的方式，"网络教研中心"、各教育网站、教育博客均是教师的学习园地。在此过程中丰富了教师的精神生活，开阔了视野，丰富了知识储备，也有助于教师形成做一个有内涵、有发展潜力的教师的人生观价值观。阅读能帮教师树立正确的三观，通过阅读，与先贤们博古烁今，与文人骚客们煮酒论歌，从故事中吸取经验教训。研读名著，可以让教师们受到启迪，不断提升理论素养和文化素养。

与此同时，学校鼓励教师保存反思案例，在一定时间周期，如半年或者一年时间后进行回顾、修改、提炼，以文章的形式参赛或在教育期刊上发表，并将文章的发表与绩效挂钩，参与教师评级，以促进和督促教师的发展，提升教师的写作能力，促进教师综合素质的全面提升。

4. 发挥骨干引领作用，在课堂实践中检验、完善研修成果

为将理论联系实际，在实践中检验和完善教师的个人理论成果，一方面，教师在日常教学过程中将形成的理论体系运用于教学过程之中，从而检验其教学效果，反思其中尚待提升、改进之处。另一方面，在研修小组内以研修选题为主体，将教学与研修相结合，通过集体备课、上示范课、随堂听课、自主约课等形式进行课堂教学研修，共同提高教学教研水平。同组教师自主约课，由上课教师先自行反思理论应用后的教学效果，再由研修小组成员及组长提出改进建议。研修组每周的集中研修时间安排进课表，通过说课、听（观）课、研（悟）课等方式，落实研修内容，增强研修实效。

三、长阳县津洋口小学自修反思式校本研修模式的保障措施

为有效引领教师养成自觉学习和参与校本研修的习惯，津洋口小学从理顺管理机制、夯实管理制度、追求管理创新做起，努力营造以人为本的自我成长氛围。经过长期的坚持落实与推行改进，已形成了较为完备、有效的管理机构和管理机制。

1. 确立机构，分工负责

成立了以校长为首的校本研修管理和督导机构，形成了"校长—分管校长—教导处—研修组—备课组—科任教师"六位一体的研修管理网络，并明确各自的职责。

校长是学校校本研修的第一责任人，建立健全校本研修制度，保证校本研修的经费投入，保证校本研修必要的设备设施，督促规划和制度的落实，总结校本研修的经验和规律，不断推出学校和教师的研修成果。在年度考核中，校本研修是考核校长工作的重要内容。

学校班子成员分别联系一个年级组、一个研修组，深入到教师中，深入到课堂上，了解教学，对教学各个环节认真督促落实。

2. 健全制度，严格管理

(1) 月查与年度考核相结合

学校实施严格的月查制度。每月 27 日，学校将从五个方面进行"月查"：一是备课，看是否按要求修改导学案，要求上到哪备到哪；二是查上

课：以学生问卷和学校领导巡课的形式进行，涵盖"按时作息、学生对'五步三查'式教学的满意度、作业批改、作业量以及差生辅导"等内容；三是查辅批：以检查学生各种作业的形式进行，包括作业的书写、格式、批改方式、反馈形式等；四是查检测：独立作业（校本作业）、一课一测（字词句、单词句、计算过关）、单元测验等，查开展方式及效果；五是查读书活动：学生读书记载、教师读书笔记。月查结果通过 QQ 群公示，教导室督促整改。

学期结束时，教导处、各研修组根据学校制定的各项考核内容，对研修组、教师的教学研修情况进行逐条考核评价；一年进行一次总评，作为教师年度考核和各种评比表彰的重要依据。教学质量虽不作为评价教师的唯一标准，却是评价教师的重要依据。无特殊情况，教学质量差的教师，在骨干教师评定、职称评定、评优先等方面实行一票否决。

（2）多元一体的评价方式

校本研修实行多元一体的评价方式，教师、学生、家长、社区人士等都可以作为评价主体。同时实行分层评价，由学校对研修小组进行评价，中心校对各学校的研修活动进行评价，负责校本研修合格学校的评选，并择优向县申报校本研修示范学校，为创建学习型学校创造条件。校本研修实行听课、走访、座谈、查看档案、参与活动等多种评价方式。

（3）以教育局校本研修领导小组为主导，以校为单位的校本研修小组将研修评价工作落到实处

县教育局成立校本研修领导小组，负责制定实施研修规划和校本研修管理考核评价制度，组织校本研修学校的督导评估等工作。各乡镇中心校、局直属学校建立以校长为组长、以一名副校长专门负责，中层干部、优秀教师、骨干教师参与的校本研修领导小组，负责本地域的校本研修工作。

学校为加强研修小组的建设，选派责任心强的教师担任研修小组组长，制定研修小组的考核细则，定期评选校内优秀研修小组。建立研修工作的激励机制和约束机制，建设好教师专业发展记录袋，提高全体教师参与研修活动的积极性。

研修小组以教育教学中的实际问题为中心，定期开展学习与研究活动，讲求研修的实际效果。每学期要对教师研修的状况进行评价和考核，提高教师参加校本研修的积极性，确保校本研修的健康发展。

（4）绩效考核办法

学校为深化教育人事制度改革，激励教师参与自修反思式校本研修，将绩效工资分为基础性和奖励性两部分，同时将教育教学、校本研修成果纳入

绩效奖励。基础性绩效工资占绩效工资总量的 70%，奖励性绩效工资占绩效工资总量的 30%。奖励类别分为九个类型，主要包括政府表彰、教育行政表彰、业务部门表彰、论文发表、论文获奖、上课（示范课、研究课、优质课）、辅导学生作文或书画获奖/发表、指导学生文体竞赛和学校整体工作。并依此按照国家级、省级、市级、县级、镇级、校级由高到低分配积分分值。奖励性绩效工资分学期考核发放。

3. 轻负减压，愉悦成长

学校出台了一系列措施，为教师减轻工作压力和负担，让教师轻装上阵，愉悦成长。一是积极改进寄宿保育工作，将寄宿生日常管理工作相对独立，由专门的生活老师负责，使专任教师能够全身心投入教育教学工作中；二是班主任不再参与值周，便于随时跟班管理；三是压缩会议场次和会议时间，精简会议内容，让教师把更多的精力投入教育教学工作中。

这些措施让教师在繁忙的工作中感受到了人性的关怀，实现了减压高效，让教师放心工作，愉悦成长。

4. 优化生态，满足生命成长需求

（1）优化团队氛围，提升团队学习力

通过改善办公室条件、解决午休问题，尽可能为教师提供舒适的学习生活环境；通过开展丰富多彩的娱乐健身活动，释放压力，增强团队合作意识；通过推行抱团成长，合作研究已成为常态，资源共享也成为教师的自觉行为。与此同时，通过开展文明办公室、先进年级组、优秀研修组等评比活动，激发教师形成团队共同发展的愿景。

（2）创设多种渠道，满足教师成长需求

一是在以自修反思式校本研修为主的基础上，以教师外出培训为辅，丰富和拓宽教师学习成长的渠道。二是邀请名师专家来学校指导，邀请《中国教师报》专家团队、教研员、实验小学骨干教师来校现场上示范课，课后沟通交流。因此，教导室提出了教案、校本"满天星"的新要求，即教师在已经基本成熟的教案上，结合本班学情和本人教学风格再度修改完善，这是提高教育教学质量的有力保障。

（3）课题研究，解难答疑

坚持微研究，问题即课题。在教导室主持下，各研修组定期将教师们的疑虑警示收集、梳理、分类，然后利用校本研修，以同课异构、主题研讨、微格课例分析等形式开展问题研究，各个击破。从自身课堂的微小处入手，将集体智慧运用到教学实践中，经过"实践—反思—改进—再实践—再反思"的循环过程，逐步找到解决问题的有效方法和途径，是提高教学质量的有力途径。

（4）阅读经典，引领成长

学校每月定期开展全校性读书活动，用阅读引领成长，让师生为友，与经典对话，营造勤奋读书、积极向上的校园文化环境。学科教师、班主任以及各年级均有必读和推荐篇目，让经典走进校园，提升师生文化素养。

（此文曾收入《第五届自主生长式教师专业发展理论学术研讨会资料汇编》2021 年 3 月）

自主生长式校本教研的实践探索

湖北省秭归县驻香港部队秭归希望小学　邓向东

　　校本教研是指以学校为单位，围绕教师专业发展开展的研修活动。但是目前学校常规校本教研还存在着以下问题：一是形式主义。不善于围绕教育教学中的"真问题"进行教研，重过场不重内容，对"真问题"缺乏敏感度，缺少对教学本质和问题背后的假设追问与深度思考，教师行为跟进乏力。二是参与面窄。不善于调动参与教师"真主人"进行教研，教研活动成了少数教师的表演场，大部分教师沦为"听者"或"观众"，教研活动退化成"你讲我听""你做我看"的"授—受"被动状态，导致大部分教师游离于教研之外，主动性不够，教师没有成为真正的研究者，使校本教研达不到真正效果。三是引领不力。不善于抓住教师的"自我经验"，缺乏对教研主题的有效反思，找不到有效教研的路径，教师空有专业发展的动机和热情，无法实现从实践到理论再到实践的跃迁的智慧生成。

　　针对以上现象与我校实际，我校以潘海燕教授提出的"自主生长式教师专业发展理论"为指导，以教师"自我经验"为基点，遵循自我经验嬗变规律，调动教师发展的内在需求，激发教师发展的内驱动力，把教学与研究、实践与思考融为一体，提高教师的专业素养，促进教师不断生长，探索出了一条自主生长式校本教研的新途径。

一、以"微课题"导向"真问题"，帮教师提炼"事例经验"

　　自主生长式校本教研的最大特点就是关注教师自我经验，尊重教师的研修主体，"我"的地盘"我"做主。自我经验需要教师有"真性情""土办法"，教师对身边司空见惯的问题要有陌生化的能力，要有怀疑追问的哲科思维，将它上升为课题研究。学校通过这些"微课题"研究，引导教师将真实存在的问题转化成具体研究的微课题，以真问题为中心架构研究内容，组织研究资源，实施研究活动。引领教师在校本教研中不断发现问题、分析问题、解决问题、反思总结，再自我诊断、改进与反思，从而促使校本教研获得高质量开展。

微课题研究过程就是提炼"事例经验"的过程。此过程要求教师即研究者，以微课题为导向，用语言文字或图片视频记录真实的经历与体验，促使教师行思并重，在行中"思其当然"和"思其所以然"，引领教师持续反思，达到行中有思、思中有行、行而后思、思而后行的境界，形成教师个人有效的教育教学"土方法"，提炼出具有教师个人烙印的"事例经验"。微课题研究主题宜小不宜大，最好一段时间或一学期能解决问题。微课题主要来源于教育教学实践，大致有以下方面：一是课例反思。教师对照高效课堂评价标准，通过录像回放再观自己的课，对课堂教学进行自我分析和诊断，反思自己的教学行为，找出其中的问题，形成研究的主题。二是行动反思。教师在教育教学过程中出现的困惑和薄弱环节，经过分析、诊断，找出最有价值的问题提炼形成研究的微课题。如我校家长多属于进城务工人员，造成留守学生较多，学生学习习惯较差，学生的作业正确率和书写质量不高，作业一次批改二次批改占用了师生大量时间，轻负高效成了"空谈"。于是学校三年级数学学科教师把"如何提高三年级留守学生的数学作业质量"作为研究的主题，确定研究思路：第一步调查分析三年级留守学生作业质量不高的根源；第二步通过"个案研究"，随时对问题的生成、思考和解决的思维过程用文字记录下来，在众多"个案"中找出适切解决问题的方法；第三步采用"行动反思法"，在教师教学、同伴督促、家访互动中不断总结反思，将感悟进行整合提炼成最有价值的经验；第四步整理总结，提炼出了"教师个助，同伴互助，家校合动"的事例经验。

二、用"共同体"驱动"跟进研究"，帮教师整合"类经验"

自主生长式校本教研不是强调教师"孤军奋战"，而是让教师在"专业发展共同体"中过一种高品质的教育生活，相互启迪，相互促进，共同提高，改变自己的"行走"方式，进而在相互切磋碰撞中不断领悟整合出"类经验"。

学校在"专业发展共同体"建设中，特别注重以学科组、兴趣组等为基础的"研修共同体"发展，机动灵活、自由高效地将教师的个人发展与团队发展紧密结合起来，构建了10个自主生长式校本教研的研修共同体，摸索形成"确定主题—跟进研究—反思总结"的校本教研流程。教师借助共同体成员间的深度反思、智慧碰撞，促进教师对个人事例经验再反思再凝练，整合出"类经验"。

确定主题。聚焦才有力量，只有目标确定，所有的力才都是合力。研究目标具体化，克服随意性，共同体每次的教研活动，要确定一个具体的主题进行研究。参加研究的教师，每次活动都担任一个角色：主持人、中心发言人、追问员、总结员、资料员，不同活动成员角色进行轮换。这样人人有角色，人人必思考，真正实现人人参与研究，成为研究者。

跟进研究。主题一旦确定，必须围绕主题目标跟进研究，行动才能不偏离方向。同时研修共同体成员协作商讨，分层级明细阶段目标，随时注意研究问题资源的提出与破解，观察与检视、提炼与生成、实践与验证，每位成员在研究实践中思之有物、行之有效，不达目的不罢休，不破楼兰终不还。

教师专业发展的根在课堂，校本研究最终目的都要应用到课堂，提升课堂质量。为了固根守本，校本教研各研修共同体建立了系列自主生长式校本教研制度："阅读感悟分享制"倡导教师人人成为学习的典范，阅读经典、教育著作，并定期分享感悟，打开眼界，提升思考力；"师徒结队成长制"通过师傅的教师教学观察和教学诊断，让徒弟在师傅的指导下迅速提升教学能力；"专家视导介入制"让专家进入课堂视导，促进教师较快成为骨干老师；"课题引领合作制"，借助高效科研力量，通过校级合作，采用"请进来、走出去"的方法，促进教师科研能力的提升，助推成长为研究性教师。这些小研修共同体，让我校自主生长式校本研修接地气，凝人气，聚灵气，帮助了教师整合"类经验"，极大促进了共同体真实发展。

反思总结。反思不是为了证明，而是为了改进；总结不是教研终止，而是新的开始。我校共同体的反思分为三个层级：一是个人自思。每位教师在主题牵引下不断研究深入，进行自我反思促进教师专业发展。跟进研究是教师自己反思之后形成思考和想法再指导自己的行动，这是老师不断进行"事例经验"的修正和重新学习的过程。二是同伴助思。教师在同伴的支持下，再次检视自己的教育教学，在与他人进行争议过程中不断反省，强烈感觉自己存在的差距，在新旧比较中产生多路径解决问题策略。三是专家导思。学校定期收集研修共同体的在主题研究中存在的问题和困惑，针对性地请区域外的专家进校指导，帮助教师探索问题产生的心理机制，问题破解的理论支撑，问题解决的智慧方法，不断整合出"类经验"，获得"有思想的方法"和"有方法的思想"的高质量教师专业成长。

三、以"成果激励"助力教师在凝练"教育主张"过程中蜕变发展

实践智慧的核心就是高度个性化，其内在逻辑就是教师要有自己的教育主张。"成果集"又是教师个人教育主张的有效载体和外在物化。对今后教师持续专业发展具有更科学、更条理、更深入指导意义。成果集可以是一件

件成果，如教学设计、教育故事、论文、研究报告、研究历程、教学反思等，也可以是音视频，如优课、微课、微讲座等，可以让教师获得信心和成就感，有效引领教师主动、积极、科学、持之以恒地展开研究。

我校借"成果集"助力教师凝练"教育主张"。具体做法是四"抓"助力：第一环节，抓汇集，找问题。及时发现教学实践问题和呈现问题，完成从泛化现象到本质问题提炼的过程，做好"微课题"汇编，让真实问题有价值。第二环节，抓实践，重反思。立足教育教学实践，通过案例进行反思，获取深刻的体验和感悟，完成从事实陈述到本质认知的过程，做好"教学案例"汇编，不断反思总结提炼教师的教学主张。第三环节，抓写作，重提升。写作是非常重要的环节，写作可以让教师对"事例经验"与"类经验"进行理性的分析和梳理，更好地架构自己的教育教学主张与实践智慧。做好"教学论文"汇编，将教师的体验感悟反复打磨加工，进行总结提炼，将研究成果转化成可分享的文字语言。第四环节，抓展示，重引领。请专家现场对教师的研究成果进行鉴定点评，给予引领，指明下一步的发展方向，让教师的发展增值。做好"教学成果"汇编，进行交流展示，促进学校办学水平提升和教师专业高品位发展。

自主生长式校本教研克服了当前校本教研"形式主义""参与面窄""引领不力"的弊端，关注到了每位教师的自我经验的嬗变，教师丰富的情境性经验得到尊重、支持与提升。通过"微课题""共同体""成果集"等有效抓手，把舞台还给教师，满足了不同教师的专业发展需求，帮助教师在亲身经历教育活动中提炼事例经验，在众多事例经验中整合类经验，在系列类经验中凝练个人经验体系，初步形成教师个人的教育主张。

（此文曾收入《第五届自主生长式教师专业发展理论学术研讨会资料汇编》2021 年 3 月）

以"类"相聚　抱团发展

——社团促进教师专业成长提档升级

武汉市新洲区邾城街中心小学　汤江萍

潘海燕教授的自主生长式教师专业发展理论认为：教师只要进行"反思"，就会获得属于自己的个人感悟，即"自我经验"。"感悟"的初级阶段是"事例经验"，如果继续反思，则可嬗变为"类经验"，以及"个人经验体系""教育实践智慧"。"事例经验"只是基础、开始，问题是很多人都在这一步停滞不前。潘海燕教授还提到，如果能依托"专业共同体"，则比较容易在比较中整合出"类"，发现"成类别"的相关联经验；如果将相关"事例经验"进行"加减乘除"的合并拓展，慢慢可形成利于自己从事教育教学实践的"类经验"。教师从一个成功的、高效的"类经验"开始，再对多个、适合自己教育实践的各方面的"类经验"进行反思、凝练，个人经验系统也就容易形成。

以教研组为形式的学科教研活动是学校最基本的组成形式。长期实践证明，在同一学科教研组内，"一碗水"端平的想法不现实。如何实现校内层级式的教师专业成长梯队，受潘教授的理论启迪，笔者所在学校将爱好兴趣相同或相近的教师组织在一起，组建共同体，提供学习平台，以社团形式抱团发展，教师专业成长提档升级加速！

学校成立的教师学术社团有翻转课堂社团、自主生长研修社团、作文教学社团、名师工作室、课题研究社团、读书联盟社团、"一师一优课、一课一名师"社团等。社团自主开展活动，淡化行政味，强化学术味、学科味，全体成员站在大师的肩膀上专业阅读，站在团队的肩膀上专业交往与交流，站在自己的角度专业反思，搭建活动平台，为教师专业成长提供学习机会、场地及必要的经费支持。学校采取自愿报名的形式，不分配名额，自由组合，学校引领，条件设施保障，注重督查，优化活动效果。组建教师社团，让社团活动的发展推动学校工作全面向前推进。在活动的推进过程中，学校特色逐渐呈现，一大批社团教师在全校教师中起到了示范引领作用。

一、借智自主生长社团　提供思考高地

自主生长社团成员互相走进各自的课堂，用自主生长的理论去设计教学、去观察课堂，去实践反思、去评价教学；总结出自主生长课堂的三个基本特征：独特、高效、共生；形成了"三实践、三反思"的操作范式，教师在课堂上充分应用了自己已有的教学思想，生成了新的教学思想和实践智慧；提炼出"课堂观察八法""课例研修八有"等经验；形成有个性的教学设计、有主题的课堂观察、有深度的课例研修等一系列的研修流程。社团成员经常以课堂观摩示范形式在全校教师中展示自主生长的实践成果，为教师提供思考的高地，引起教师对课堂教学深思和共鸣。教师观课磨课兴趣浓厚，从社团成员内部学习，到全校教师踊跃观摩、全区展示，自主生长社团成员成熟的经验作法已被广泛认同和借鉴学习。经过打磨，社团成员现在已经都成为学校各学科的骨干和教学领军人物。

二、立足翻转课堂社团　推进深度融合

翻转课堂社团依托武汉市"智慧教学与翻转课堂"名师工作室专家进校指导活动，组织翻转课堂、微课制作、信息技术与教学深度融合等专题培训10余场次，组织开展"小切口""问题式"专题研讨等活动。全面推行智慧教学与翻转课堂融合之课堂教学七环节，成立翻转课堂名师工作室，尝试电子备课与传统纸质备课并行，引导教师建设个人空间和微信公众号，建设学校资源库。用教师社团智慧支撑区"堂堂清"赛课，全面推进信息技术与学科教学的深度融合，组织开展翻转课堂"四个一"评选活动，向智慧教学、智慧校园要效益、要质量，使"用出习惯自然、用出经验智慧、用出数字效益"逐步成为翻转实验基本要求。一批翻转课堂社团成员教师在各级教师信息技术大赛中频频获奖，全国教师信息技术大赛中连续两年多人次获得一等奖，全校教师使用现代信息技术进行教学的人数激增。疫情期间，全校共承担区级空中课堂录制168节。

三、教师社团之花绽放　促进学校和谐发展

学校名师工作室社团成员，聚焦课堂，抓牢抓实课堂教学主旋律，精心设计每一个教学环节，社团成员互相交流，学习成长提高快。名师工作室成员指导青年教师，在全校上公开课、研讨课、示范课，展示自己的教学备课及研究成果，指导青年教师参加各级各类教学比武，示范引领，促进教师专业发展提高快！

组建教师读书联盟，建立教师读书阵地，指定必读书目，实施学校教师读书联盟机制，落实平时和寒暑假读书打卡制度，规范教师读书行为。评选读书之星，指导社团教师建设班级图书角，全校班级推广成功做法，高水平建设校园口袋图书馆和班级图书角。

学校组建课题社团，加强课题研究。学校"十三五"期间立项研究省市级两项课题，市区级个人课题共 30 项。武汉教育科学"十三五"规划课题"'互联网＋教育'背景下农村小学课堂教学设计的研究"2019 年已结题，等级优秀。2020 年 11 月我校申报的"农村小学混合式课堂教学的实践研究"，立项为省级课题。课题研究五年来，课题组成员以及全体教师通过实践研究，取得了理想的研究结果，获得了较好的成效。

作文社教师社团，让一批对习作有兴趣的老师走到一起，探讨习作课堂教学方法，畅谈习作教学心得体会，研讨习作教学过程中师生的有效沟通。课题研究社团成员，引领学校课题最新发展，共同为学校课题研究做足功课，教师习作课堂教学水平得到提升。学校近十年来，积极参加武汉市楚才作文大赛，获奖人数和获奖等次一直位居新洲区小学前列，学生习作水平稳步提高。

四、做实校本研修　打造名师集群

中央电教馆自推行"一师一优课、一课一名师"活动以来，学校高度重视。然而，开始几年成绩并不是特别理想。在认真总结反思的基础上，潘海燕教授的"自主生长教师专业发展理论"对我们这项工作的开展指明了方向。自主生长式教师专业发展理论所持有的最基本的校本研修理念就是"培训即生长"。通过把教师的工作场所变成教师的学习场所、合作场所、研究场所，使教师自身的思想、观念、行为始终处于一种追求创新的境界。通过撰写反思案例，自我评价、自我总结；开展教师互动，组建"一师一优课、一课一名师"社团，合作学习、进行交流，社团成员重在信息交流、整合，达到优势互补、资源共享、相互促进、相互借鉴、共同提高的目的；校长或专家的导评，对教师是否达到阶段发展目标给予评定，让经验型教师向研究型教师发展，让理论型教师勇于实践，形成自己的教学风格。

学校明确提出"全员参与、突出重点"的工作思路，处理好骨干和全体的关系，以社团为载体，把活动作为聚焦课堂的重要抓手，与常规教学教研、教师专业成长紧密结合，将应付式、功利化转为自身专业化发展的自觉行为，提升课堂教学水平。组建社团学科团队，开展集体教研和集体备课，全校掀起了学优课、研优课、推优课、录优课的教研热潮，极大调动了老师们的热情和积极性。

活动过程中，同伴互助，以教研组为基础组建学科打磨第一梯队，通过听课、评课进行分层打磨。学科社团团队打磨，以学科骨干为基础组建学科打磨第二梯队，通过剖析、研讨、交流对教师进行重点打磨。专家引领，邀请专家来校指导，进行第三轮研课、磨课。2019年成绩揭晓，我校获得部级优课9节，省级优课14节，市级优课18节。省部级优课获奖数量位居全省小学第三名。正如有的老师所说：通过这次赛课，让我们学会了积累，让我们学会了反思，让我们学会了合作。

基于自主生长式教师专业发展理论的学校社团建设是一项长期而艰巨的工作，通过社团提升个人理论研究水平，促进老师"抱团"发展，将"事例经验"提升到"类经验"，形成自己独特的经验体系，更好更快地提升教师个人专业发展水平，充分发挥示范效应，引领全体教师自觉投入教育教学，还有很多工作要做。我们坚信，为了学校的发展，为了教师的成长，我们应该做好，也必须做好！

（此文曾收入《第五届自主生长式教师专业发展理论学术研讨会资料汇编》2021年3月）

小型学校教师自主生长式发展实践探究

武汉东湖新技术开发区升华小学　李明菊　周陈成　李玉琴

一、背景分析

缩小义务教育城乡差距，促进教育公平，提高教育质量，努力让每个孩子都能享有公平而有质量的教育是新时代背景下我国教育的目标。我校地处武汉市西南边缘，与鄂州接壤，当前学生数为 112 人，学校虽隶属于东湖新技术开发区，同在光谷教育蓝天下，但由于地理位置与经济发展因素，呈现的面貌仍然是一所乡村小学，2017 年以来，我校也进行了新老校长的更替，新校长三年来，在传承的基础上，学校行稳向好，教师感受到了专业发展的内生力带来的变化，看到了希望，更有精气神了，学校"偏""弱""小"在他们眼中再也不是劣势，反而变成了优势，期望小学校更加"静谧""精致""有潜质"，因而更加期待自己的专业得到发展，教书育人的能力得到提升，将来有行走远方的力量。

二、理论支撑

基于区域优质均衡教育、小型学校转型、百姓家门口的好学校、教师专业发展的背景，我们的教师专业能力亟须发展，而传统的"你讲我听""榜样示范"忽视了教师个体的经验与个体的差异化。潘海燕教授提出的"自主生长式教师专业发展理论"强调教师的发展实质是"自我经验"依托"专业共同体"的嬗变，由"事例经验"不断走向"类经验"，走向"个人经验体系"，乃至"教育实践智慧"的过程，关注教师的主动权与自主权，从而唤醒教师专业成长的内驱力。

三、实践探索

在此理论下，充分尊重小型学校的校情，因地制宜，以人为本，逐步开发整合，唤醒每位教师的自我经验、自主发展意识，激发其潜能，激活学校场域中的每一个人，为创建"小而美、小而优"的学校注入不竭的动力，最终打造一支德艺双馨的教师队伍，保障小型学校可持续式、内涵式发展，让每一个孩子能享受到均衡优质的教育。

（一）制定发展目标，明晰前行方向

学期初，每位老师根据"自我经验"发育程度，制定适合自己的年度发展目标与计划，通过教师代表大会，相互分享交流，共同见证承诺，鼓励每一位老师脚踏实地，心有光芒，立马行动起来。

（二）校长以身试行，争做专业引路人

校长在教师专业发展中发挥着至关重要的引领作用。我校李校长作为潘教授自主生长式教师专业发展理论团队成员之一，十分重视学校工作的"整合"与"氛围营造"。

文化引领，营造教师自主生长的氛围，学校以校园里的香樟大树为载体，挖掘香樟品质，逐渐物化为升小人的品质，同时借力多方资源美化校园环境，用环境、用氛围影响人、唤醒人。

思想引领，唤醒教师生长的潜能。雨天路滑，李校长会第一时间在群里提醒老师注意行车安全，自然而然班主任也在班级群送去温馨提示；妇女节、母亲节、教师节等重大节日，李校长总会手写寄语，寄望我们的教师团队心怀感恩，拥抱自己，努力向上；未婚青年集体婚礼、已婚家庭孩子教育问题，李校长总是想着教师，想着升小团队。

行动引领，勇敢做教师自主生长的表率。清晨，李校长总是升小的早起人，巡视校园、清洁小院、听读与跳绳，用朝气蓬勃迎接新的每一天；分享独特的阅读笔记、假期好书、当前教育动态，时刻保持着学习的热情，悄无声息间传递着升小人脸上有微笑，心中有方向的最美样子。无论工作多么烦琐，李校长总是以满腔的激情、向上的姿态去迎接去面对，微笑面对每一位老师，每一位学生，感召着每一位升小人。

（三）好书以身相伴，提升自身修养

阅读是教师专业成长的不竭动力，每学期初我校根据教师自主申报，订阅相关书籍，以教研组形式形成青年读书班，并坚持撰写读书笔记，定期举行读书交流会。此外，我校专门设计自主阅读笔记手册，从"原文＋感受"固定格式撰写，摘抄触动心灵的句子，结合教育教学进一步反思、深化。

（四）坚持问题导向，发挥研修价值

校本研修是推进课程改革，提高教师素质，提高教育教学质量的重要措施之一。我校立足教师个人经验状况，坚持问题导向，先后开展教育叙事撰写、师德、信息化、小班化育人、课题等相关研训，理论与实践相结合，开拓教师视野，更新教育观念。

其中，教育反思案例是教师知识结构不可或缺的组成部分，是尊重教师个人话语权的具体体现，为提高教师教育叙事撰写能力，明确叙事研究方法，近两年，先后邀请胡松林、刘永存、施火发、王一凡做教师专业发展专题讲座，结合专家成长经历，教会老师们学会用笔说话，关心课堂教学，留心学生成长，不怕小，不怕丑，不怕短，抓住身边的小事件，用心体验，用情去感悟，用自己的语言去表达。两年来，老师们坚持撰写，有班级育人小故事，有课堂教学情景重构，案例典型真实，过程细致，体验真切。

青年教师贾云霞作为一名美术老师，将自身专业与学校留守儿童现状结合，坚持探索留守儿童绘画治疗教学，关注并解析课堂绘画中色彩与情感、线条与语言、内容与形式，坚持师生书信交谈，尤其是 2020 年疫情期间采用特殊教学方式，"剪、贴、折、画"综合使用，以巧手开启丰富学生心灵的教学之旅，以美育德，治愈心灵，努力增进学生与家人之间的情感，帮助学生释放"线上教学"的压力，让孩子们更加自信、快乐。

陈彬老师是一位教龄 5 年的青年教师，她热情活泼开朗，用心构建幸福小班文化，以节日为载体，创建"向日葵广播站"师生分享生活的真善美，温暖彼此的心扉；用情关心每一个家庭，利用假日间隙走进家庭，面对面交流，不放弃任何一个孩子，培优补差让孩子在学习上有起色，有进步。

周霞老师将复活节化妆索要糖果这一西方文化引入课堂，周陈成老师策划"乘风破浪毕业典礼"，孩子们自己主持、排练，令人动容；王建平老师以问题为着手，大量阅读，老师们日益用敏锐的心智去思考、判断、推理和决策，在这种氛围下老师们用美好的心情去关爱、关心和关怀，用善良的心灵去体悟、领会和尽力施救，我想这就是一名教师自主成长的最真切的样子。

（五）立足常态约课，转变研修方式

课堂是立德树人的主阵地，是学校教育教学管理部门的管理核心。只有真正走进教师的课堂，观察、帮助、引领教师发展，引导教师由接纳到主动邀请不同对象进入自己的课堂，一起开展教育教学研究，逐步实现自主约

课，才能真正促进教师自主生长式发展。我们研究决定以"约课"为路径，深入推进小班化教学研究，引导教师深耕课堂和班级，在日常教育教学中实现个人专业自主发展。

1. 约课之前：主动邀请与自主学习

开学初，教师一起学习学校的约课制度，明确每周有 2 至 3 节的校级约课，鼓励大家早思考、早确定、早准备，自觉申报，最后由学校课程管理中心统一安排。在申报的过程中了解并倾听教师的发展诉求，鼓励教师向教研员、向校外专家、向家长等发出邀请，请他们来到自己的课堂学习与交流，学校给予一切支持。

2. 约课之中：自信展示与课堂观察

约课中，坚持赏识理念，鼓励老师自信展现自己的课堂，老师自信，学生才会自信。2019 年我们变听课为课堂观察，设计了三个不同的课堂观察量表，观察教师重点、难点与落点的实施，观察教师评价语，观察学生听课状态，为教师在教学实践和教学理论之间架起桥梁，让课堂建议和二次重构不流于形式，干货满满。

3. 约课之后：积极重构与多样研修

约课之后，学校引导教师吸收众多意见，进行课堂重构，同时倡导多样研修方式，包括"一师一展板""教坛三人行""一课一席谈""精彩极了与糟糕透了"辩课赛，借助同伴引领，引导教师批判、选择、推理与重构，生成"类经验"或个人经验体系。2019 年，我们设计自主生长手册，让教学设计经过一次、二次重构，在类经验中生发出实践智慧。

（六）借助校际共同体，给予教师平台

面对我校存在的教师结构化缺编、研训氛围不浓厚问题，我校近两年牵手光谷六小，相继开展家访送好书、齐心墙绘、共庆元旦等校园活动；六小音乐教师每周送教升小，让歌声萦绕在课堂；升小教师走进六小，感受大班体育课堂，语文教师共聚六小，发挥名师辐射作用。从校际交流到成长共同体，融合中创新，融合中前行！

（七）成立执勤校长，探索管理机制

根据小型学校自主管理的可实行性，探索执勤校长机制，每天一位执勤校长，巡视课堂、接待处事、应急处置等全面负责学校工作，及时拍照总结晒群，以此让教师变换思维，主动作为，增强凝聚力、向心力。

在自主生长式教师专业发展理论实践下，我们的学生、老师、校园发生着可喜的变化。学生向上向善，自己主持升旗仪式，开通校园广播，担任小小礼仪接待员等，性格越来越活泼、自信、开朗；教师爱专研，爱思考，在各级活动中自信展示风采，个人课题与集体课题齐头并进，各级教学、论文比赛频频获奖；学校校园建设逐步完善，环境优美，社团课程丰富，老师善教，学生好学，家长满意度越来越高，学校在龙泉街，甚至光谷影响力逐渐扩大，先后被列为湖北第二师范学院教师实习基地、湖北省微循环学会"留守学生健康关爱基地"、武汉市少年儿童图书漂流点，吸引了全国各地教师到校参观学习，其中 2019 年湖北省省培、国培先后共计 500 人到校参观校园建设，观摩各科教研活动，高度评价了我校自信团结的教师队伍，也更加明确了小型学校的未来发展方向。

由"他主"走向"自主"，"标准化地拔苗"到"个性化、整体、和谐地生长"，我们相信在自主生长理论的实践下，我们的教师定能脚下有力量，脸上有光芒，行走远方。

（此文曾收入《第五届自主生长式教师专业发展理论学术研讨会资料汇编》2021 年 3 月）

让青年教师在同行课例讨论中自主生长

——以语文科组诵读型单元整合课例研究为例

广东省韶关市第八中学　刘艳婷

　　自己也曾是一名稚嫩的青年教师，经历过一段孤立无援的茫然，上公开课是兔子乱撞眼迷离，写论文是抬笔四顾心茫然。青年教师除了要应对班主任和学科教师的角色转换，还要接受许多繁杂的工作任务，有的在历练中坚强，有的在慌乱中低沉。学习了潘海燕教授的自主生长式教师专业发展理论，让我呼吸了一口清新空气，作为科研组长，我要换个角度看科组的教研建设，课堂改革的核心环节就是教师专业的发展，除了关注课堂教学本身，还应有意识地兼顾到青年教师专业的成长。从教师专业发展的形态来划分：一种是缺乏经验，有求知困惑的"求生型"教师；一种是满足已有经验，有职业倦怠的"生存型"教师；还有一种是经验呈动态发展的、有理想的、有追求的"生长型"教师。青年教师就属于有成长欲望、有帮扶需求的"求生型"教师。要实现教学经验的生长，正如自主生长式教师专业发展理论所主张的，让教师立足"自我经验"，沿着从"事例经验"到"类经验"，再到"个人经验体系"与"实践智慧"的行动轨迹，在经验的嬗变过程中实现自主生长式的发展。如何积攒教学经验，实现自主生长，这就需要一个知识众筹的平台，更需要一个自我历练的舞台。学校语文科组是语文教学的专业共同体，我以科组为单位启动了"基于同行讨论的自主生长式中学语文教师专业发展研究"的课题实践，以同行课例讨论的方式，借助专业共同体的力量助力青年教师赛课，量身定做一把引领青年教师快速成长的钥匙。本文将以本科组李老师的赛课经历，见证青年教师在同行讨论中实现教师专业的成长，是一种如鱼得水式的自主生长。

　　我校语文教师队伍出现断层现象，很有必要采取措施促进青年教师成长。我们决定让青年老师去参加一个区的课例比赛，目的不是获奖，而是为了激活。李老师没有任何承担过区级公开课或参加比赛的经验，我和她说："别担心，你不孤独，你有我们。"同行讨论的方式赋予新教师勇气，我们比的不是一个人的竞技，而是一个团队的精神。同行讨论是一片湿度适宜、养分充足，适合青年教师生长的最佳土壤，于是我先在科组内建设一种开放性的教研文化，始于同行之间的"拆墙行动"，在生活中建立起愉悦的氛围，享受抱团的温暖，比如开展一师一"优菜"评选，一起诵读经典诗文，一起过生日等破冰行动，让同行彼此背靠背，心连心。明确同行讨论的原则：① 团队共享；② 平等互助；③ 情境真实；④ 共同愿景；⑤ 多元表达；⑥ 深层开发；⑦ 解决问题；⑧ 整合归类。同行讨论是每位语文教师积极分享个人经验，其他成员要保持倾听和建构的态度，不断建构和重构分析问题的框架，最终实现经验的重构。在分享经验的过程中，不断反思问题的条件，随着问题条件的改变，问题自然而然就会化解。沿着李老师的赛课路径来看看同行课例讨论在教师成长中的推力。

一、萌生——"悬挂式"同行课例讨论

什么是悬挂式讨论？悬挂讨论就是将基于自己个人经验的原始设计"悬挂"在同行前面，以便不断地接受同行的询问与探询，进行深度讨论。在原行为设计阶段，李老师立足于自我经验，向同行悬挂了自己的原始课例："写景单元整合课"。为创设多维度、多形式、多互动的立体讨论空间，我们邀请了浈江区教研员、同区学校同年级的语文教师参与了课例讨论，希望既有引领式的讨论，也有校内外的讨论。课例观察后，我们将这个原始课例置身在一个极具活力的开放式的交流讨论中，大家围桌共话：如何上一节单元整合课？上课内容为部编版教材七年级上册的第一单元。李老师原始设计的教学环节为：

（一）学生朗读单元内的重点段落，教师点评朗读。

（二）师生选择重点段落赏析，概括写景的手法。

我们讨论知识的焦点，不是只存在于授课老师的身上，而是存在问题相关者的经验中，同行讨论，从根本上看，这是一种问题解决的最佳形态。授课老师是问题的悬挂者，是寻求助力的，而不是一味地维护自己的观点，倾听可以让她看到她自己无法碰及的一面，让她站在别人的角度"换位思考"，这样就会多一个维度看世界，实现经验的增长。讨论中来自不同学校，不同层面的同行提出重要的新见解，整理出"单元整合课"的讨论热点：

（1）教学内容：一个单元的内容如此多，可以用诵读教学法实现整合。

（2）学法指导：选读是老师指定段落朗读，还是让学生自由圈划喜欢的段落？建议圈读可以体现学生的自主生成，而不是教师的指定动作。

（3）教学方法：诵读教学法可以实现单元整合，诵读教学除了开头环节中使用，还应贯穿全文做一个线性设计。

（4）教学目标：课堂的教学目标不明确，只是对旧课的复习，单元整合课应该是一种教学资源深层次的开发。

立足个人经验，在同行课例讨论中，大家收集到以上关于单元整合的事例经验。在倾听的过程中，每一位听课者不断反思自己的观点，不断去迭代和完善自我经验。学习者不是只有授课的青年老师，凡参与同行讨论的老师都是学习者，三人行必有我师。在课例讨论中每位老师都站在自己的角度，立足自己已有的经验，表达自己的思考、聆听他人的想法、反思自己的不足，沉淀集体的智慧，积极地向身边人学习，在共同学习中携手成长，青年教师更是浸润其中，悄无声息地自主生长。

二、滋长——"碰撞式"同行课例讨论

什么是碰撞讨论？碰撞讨论就是一课多研，同课异构使自己的教学思想与别人的教学思想进行碰撞，或在自己新旧设计中进行碰撞讨论，在面对面的讨论中异中求同、同中求异，以改进自己的教学设计。在悬挂式讨论中，个人经验从封锁的状态开始解封，我们已经采集到来自同行的宝贵经验，但这个时候还是碎片化的经验，还没有落实在课堂上，我们要用以改善教学行为。于是在校内的科组讨论中，我们开始集体反思，由原行为规划阶段进入新设计实施阶段，以主问题肃清微问题，发生了以下三组讨论：

1. 新设计与旧设计的碰撞讨论

我们依据单元要求，采纳了悬挂讨论的热点内容，修整了枝枝节节，少就是多，目标集中在修辞手法的学习，明确使用诵读教学中"以读促学"的教学方法去达成整合，一改原始课堂教学目标不明确的缺点，将本节课的课题修改为"美读四季"，将该课的目标修改为：教学目标一，把握朗读的语速、语调、重音和停连，以读促学；教学目标二，有感情地朗读课文，品味修辞之美，以读促写；教学目标三，培养学生热爱自然、热爱生活的思想情感，以读促感。采纳了讨论意见，以诵读教学串联了单元整合的学习，整理出新的教学设计：

环节一：圈读课文，领略景物之美。

环节二：比读课文，品味修辞之美。

环节三：移读课文，内外联通之趣。

环节四：以读促写，修辞写景之美。

2. 设想与实施的碰撞讨论

最后迁移阅读的环节中，李老师引用了《荷塘月色》的第四段作为学习

修辞手法后的课外阅读赏析段，讨论中有老师提出这是高中的课文，可能学生不容易明白，赏析不到位，有着设想与实施之间的距离。为了跨越这一鸿沟，我们讨论着将这一文段中有运用修辞手法的文字全删去，如下：

> 荷塘上面是田田的叶子。叶子出水很高。层层的叶子中间，零星地有些白花，有开着的，有打着朵儿的。微风过处，送来缕缕清香。这时候叶子与花也有一丝的颤动，霎时传过荷塘的那边去了。叶子本是密密地挨着，这便宛然有了一道波痕。叶子底下是流水，遮住了，不能见一些颜色；而叶子却更见风致了。

将卸去修辞手法的文段和原文段对比，针对七年级学生的特点，阶低了阅读难度，在对比阅读中，易体会到修辞句的妙处，靠近了学生的最近发展区，使设计落到实处。

3. 自身与他人的碰撞讨论

每个人都有思维的盲点，我们连接不同的大脑，多维度看待问题，针对问题进行智慧激荡，查漏补缺，探索解决问题的可能性，从而整理出解决问题的方法和策略。为了能最大限度地激活思维，我们联合参与了同行讨论课题研究的兄弟学校行之实验学校，开展了"诵读型单元整合课例"同题共振的主题教研活动，两位青年老师面对相同的内容、相同的教学方法、相同的主题教学，各自教学的异同在哪里？在课例观察后大家进行了同行课例讨论，得出以下异同点：

相同点：以诵读串联了一个单元写景美段的学习，大家都对单元内容进行了整合，提炼出有价值的生长点。

不同点：刘老师以第一单元的三篇教读课文各选一个文段，逐个文段赏析修辞写景的手法，小结诵读的技巧，感悟作者的感情。每个文段各做一个表格支架便于学生建构学习；李老师将三篇文章的写景美段，集合在一起做探究式的赏析，但是没有表格作为支架。

在教学碰撞中，会自觉或不自觉地与自己的教学相比较，反观自己的教学，从而对自身的教学做出相应的评价。在碰撞讨论的过程中，听课教师既讨论别人，也讨论自己，从而实现了同行评价和自我评价的双重评价角色。讨论的集中点是：① 第二个环节的文段探究，是一段一段呈现，逐段讲解，还是合并同类，进行比读？② 是否使用表格支架？是一段一个支架，还是三段合并一个表格。最后同行从单元整合的教学理念出发，我们合并了同类段，并列三段使用一个表格，突显了单元中的"整合"，引导学生在类文中进行探究学习。这是一个从采集经验，到经验取舍的过程，教师学会了如何使用诵读法进行单元整合，获取了大量的事例经验。让学习在同行讨论的情境中真实发生，是一种情景式的学习，青年教师从个人经验出发积累了一组事例经验，这种经验嬗变过程，便是自主生成长过程。

三、储藏——"凝结式"同行课例讨论

什么是凝结讨论？凝结讨论是对改进前后的课例进行复盘，在讨论中通过对过去教学行为的回顾、反思、探究，收集同行的经验，总结规律，从而指导我们解决同类的问题，凝结成教学的"类经验"，帮助我们提升教学能力。许多教研活动，往往最缺乏凝结讨论这最重要的一步，没有促成"类经验"的生发。彼德·圣德在《第五项修炼》里提道："没有系统的思考，愿望的种子就落在了贫瘠的土地里。""凝结式"的同行讨论，侧重于将知识点结构化、系统化。有了知识结构，我们采集的事例经验才不会松散，而松散的经验，因为彼此之间没有联系，所以不能够用来解决同一类问题，也难以用于实践。我们要找到事例经验之间的关联点，使经验生发的层次进阶，从零散到系统，从基本到高级，使凝结成的"类经验"在之后的教学中更有价值。在事例经验的基础上，经过采集讨论与碰撞讨论，我们开启了凝结讨论的模式，进入新行为的研究阶段。通过同行讨论的归类整合，我们生成了一种诵读型的单元整合课型：诵读型单元整合课，诵读教学设计以同一单元课文的整合、融合为出发点，侧重知识、能力和思维的系统化整合。立足单元教学，以将单元的多篇文章，以圈读的方式化多为少，以比读的方法细化探究，将本单元的相关知识进行提炼和升华，在聚拢思维的探究下找到群文中最有价值的知识点，再移读课外，以读促写。教学流程：圈读课文—比读课文—移读课文—以读促写。同时我们还通过阅读，"取他山之石，琢己身之玉"，学习了单元教学的三种课型：① 种子课，统观文本，为学生学习和掌握本单元所涉知识、能力、思维、情感等播撒种子的课；② 生长课，深耕文本，让种子课上播下的知识、能力、思维、情感等方面的语文教学内容的种子茁壮成长的课；③ 果实课，俯瞰文本，就是学生对本单元的课文进行进一步学习，是对本单元所学知识、能力、思维和情感等的归纳梳理，形象地说就是提炼学习的果实。教师对诵读型单元整合课的学习上升到了知识的系统化，由一例到一类，由一个人到一群人，教师们获取了"类经验"后，终于明晰了上这类课的有效路径。到这里，青年教师才如释重负地说："科头，我终于知道怎么才算是一节好课了！"通过量的一点一滴的积累，实现教师经验由低级到高级、由简单到复杂、由浅到深的质变飞跃，教师也就是在这样的活动过程中进行深度学习，发生质的变化，实现专业化发展的目

的。青年老师收获颇多，受益匪浅：李老师《美读四季》的案例在广东省青年教师课堂教学展示中获二等奖；在韶关市初中语文教学案例评比获一等奖；撰写的论文《任百花无数，我只摘一朵》获浈江区论文比赛特等奖。作为科组长的我结合实际经历在韶关市语文阅读教学研讨中开设了"单元整合教学的三种课型"讲座，将这种单元整合课的课型进行推广。最重要的是我们还架构起了同行课例讨论的生长模式，如下：

同行课例讨论的生长模式

原行为规划阶段：

　　原始设计—课堂实施—课例观察—悬挂讨论（采集经验）

新设计实施阶段：

　　教学改进—课堂实施—课例反思—碰撞讨论（取舍经验）

新行为研究阶段：

　　教学完善—课堂实施—课例复盘—凝结讨论（整合经验）

同行课例讨论中，教师的学习是一种以问题为驱动的行动学习，以案例为支撑的情境学习，在实践经验上的反思性学习，以主体建构为追求的研究性学习，以群体为基础的合作学习。在同行讨论的过程中，经验发生的嬗变：由浅层向深层转变；由分散向系统转变；由单一向多元转变；由隐性向显性转变；由他生向自生转变。学习者在与同行进行深度交互讨论的过程中获取的知识、信息、经验、情感信号将被内化到个体内部，个体过滤、权衡、取舍之后将会为其他学习者提供更高层次的知识、信息、经验、情感信号，在紧密的相互作用中，个体内部与个体间都无时无刻不发生着协同作用。教师在个体个例中体验成长的乐趣，同时诱发了群体群课的群生群长的良好状态。

没有一篇文本是一个孤岛，没有一位教师是一座孤城，单元需要以诵读教学整合内容，教师需要同行讨论来抱团生长。教学工作多数时候是由教师个人单独完成的，使得教学工作具有孤立性的特征，教师缺乏相互合作的意识，青年教师是正急需帮扶的孤独者，同行之间应伸出援助之手。"春耕夏耘秋收冬藏，四者不失时，故五谷不绝！"青年教师的成长也如同四季的轮回，经过春天萌生，夏天滋长，秋冬之时便开始储藏经验。四季更迭，我们撒播种子，收获经验的果实，从不懈怠！

（此文曾收入《第五届自主生长式教师专业发展理论学术研讨会资料汇编》2021 年 3 月）

历史名师发展个案

湖北第二师范学院的潘海燕教授经过多轮实验与总结反思，构建了基于"自我经验"嬗变规律，并借助专业共同体的四个层级路径，即让教师从一个个具体的教学反思案例中提炼"事例经验"，借助"专业共同体"，再集中对许多的"事例经验"进行分类整理，对同一类的经验整合产生类经验，集中若干类经验后，再凝练为个人经验体系，在实际应用中生发"实践智慧"。历史上的一些特级教师实际已自觉或不自觉践行了这一理论。本组文章以教育部师范教育司组编，2006 年由北京师范大学出版社出版的《教育家成长丛书》（20 本）为蓝本，运用自主生长式教师专业发展理论，深入剖析新中国成立以来的二十位特级教师的成长历程，分析他们是如何践行自主生长式专业发展之路的。

从教学反思中积累"事例经验"

——基于《教育家成长丛书》的案例研究

武汉市光谷第十二小学　谭姣姣

美国心理学家波斯纳提出了教师成长的公式：教师成长＝经验＋反思。他认为，如果教师仅仅满足于获得教师经验而不对经验进行深入反思，那么他的经验将往往停留在表面。我国著名教育家叶澜教授也指出，一个教师写一辈子教案不可能成为名师，如果一个教师写三年教学反思就有可能成为名师。可见教学反思对教师成长起着关键作用，教师需要勤于反思，归纳事例经验。

一、事例经验从每一节课后反思中来

很多初入职的老师或者师范生常常会有这样的疑问：事例经验怎样来？其实，事例经验是教师在反思一件件亲身教学经历时所获取的体验感悟以及解决问题的能力，因此，事例经验从教师自身的经验——每一节课中来，重要的是要养成积极反思、勤于积累的好习惯。

"我坚持写'教后'，记下自己教学中的不足，记下学生语文学习过程中的闪光点。"于漪的这段话也体现了教后反思的重要性。诚如此，教师的专业成长与发展离不开对教案、对课堂、对事例的感悟与反思，只有通过反思，才能够形成经验的积累，以指导自身能在最短的时间内形成应对不同事例的策略，生成教育机智，从而更好地指导自己的教育教学活动。

刘可钦对没能很好地收集那些曾经带给她欣喜和教育灵感的案例很是遗憾，以至于当了校长才忽然感觉做老师的经验那样贫乏，过去与学生在一起的景象仿佛也变得模糊起来。她认为，还是因为自己当时采集得不够、总结得不够。她表示："做教师要善于捕捉小故事，学会从中体会怎样做老师，尝试着把自己面临某个教学事件的人物场景、冲突原因、应急处理、事态演变、内心感悟等进行真实记录，多积累丰富的感性事例经验。教师也需要逐步养成教后反思的习惯，带着研究意识从事教学，用专业的眼光看待学生、尊重学生、帮助学生发展。这样做才能从一个单纯的教育者，转化为一个自觉的研究者、主动的实践者、严肃的反思者，逐步成长为学习型、研究型的教师。"

　　龚春燕在谈起自己的成功经验时说："工作 21 年来，我坚持每天晚上反思一下当天的工作，并且把所思、所感、所得记下来，日积月累，形成了很珍贵的原始素材。多次整理，写了不少的文章。"龚春燕的成长离不开他 21 年来的反思习惯和日积月累的反思记录，正是他实践和思考并行的习惯，让他在专业成长中的每一步都走得扎实而又稳健。

　　正如窦桂梅所说："如果每天记录，可能需要惊人的毅力，但围绕每学期的公开课做好一个实录、写好一则教学故事与一篇教学反思，这应该不难。在这样的过程中，我们就能清晰明辨自己在课堂上的行走过程，从而更好地回到具体的一节课中去'革'缺点的'命'。而后的课堂，你就会在'小心翼翼'推敲课堂的过程中，走向理性与精彩。如此，你的教学生活会从琐碎与无奈中，剥离出很多值得回味的东西，从而超越了课堂'重复'的枯燥与乏味……就像苏霍姆林斯基那样守住心灵，把困惑变成收获，把收获变成反思，在课堂反思中稳步前行。"事例经验可以从一个实录、一则教学故事或是一篇教学反思中来，当我们开始习惯从每一堂课的小细节中不断地进行反思时，就是事例经验得以积累的好时机。

　　因此，经常在每节课后进行教育教学活动的反思，由此形成的事例经验对自己的教育教学活动本身有着直接的发展价值，在不断反馈、调整、修正中，完善教育活动，也促进教师的专业化发展。

二、事例经验从具体的教育教学情境中来

　　教学反思、体验感悟是因人而异的，每一个老师要结合自身以及班级的实际情况寻找事例经验，一方面扩充知识量，增长见闻，一方面时刻将活跃的思维与班级、学生相联系，寻找存在的不足，进行反思与改进。

　　20 世纪 90 年代初，教育改革呼声渐烈之际，赵谦翔在刊物上看到了著名语文教育家刘国正先生的一则有关医者的笑话，突然顿悟：当一个语文教师只管教给学生字词句章语修逻文，却不关注他们的精神素养时，他与那个治标不治本的外科庸医，又有何区别？之后，赵谦翔弟子送给他一本余秋雨的《文化苦旅》，赵谦翔顿觉羞愧，因为他"只闻秋雨其名，未读秋雨之文"。于是他决定不再按照以前的教学模式，而是开始尝试"扩展式语文教学"改革。后来，他又提出"绿色语文"，并应用于教学中，取得很好的成绩。

　　在"扩展式语文教学"改革的实践中，赵谦翔打破以往教学常规，删掉了在当时还被视为金科玉律的内容，加入具有时代气息的新鲜时文，将唐诗宋词鉴赏辞典作为补充教材，鼓励学生尝试创作旧体诗。后来，在一场专家

与学生答辩中,学生们表现极其出彩。"尽管这次教改实验只是小小的改良,但对我的教育生涯却有着'拨乱反正'的重大意义。……从此,我从'应试教育的急先锋',变成了'语文教改的过河卒'。"

魏书生在让学生寻找自身优点的过程中感悟到——培养自信心从扬长开始。分班时班上来了一位叫张军的学生,成绩倒数第一,魏书生认为在他身上找缺点会找很多,但是他缺少的是别人帮他找优点,让其自信心有个落脚的地方。一开始张军觉得自己没有长处,魏书生对他加以引导,最终张军找到了自己的长处——心肠好,爱干活。魏书生根据这两点大大地表扬了张军,给了他希望与动力,而张军同学也真的越变越好了。魏书生感叹道:"我体会到,在犯错误的学生面前,困难的不是批评,不是指责,更不是数落他的一系列错误,而是找出他的错误的对立面——长处,只有找到了长处,才算找到了改掉错误的救星,才能帮助他找到战胜错误的信心和根据地。"

吴正宪清楚地记得教四年级时,班上转来了一位期末考试语文 16 分,数学 17.5 分的留级生,班主任把他安排到了教室的最后一排,一个被人遗忘的角落。他学习很吃力,数学基础知识漏洞百出,考试成绩不及格已成为家常便饭。他对学习总表示出一副无可奈何的样子:"老师,我小时候得过大脑炎,我妈说我脑子有毛病,所以学习跟不上,不是学习的料。"于是,上课时他从来不听讲,不是玩儿就是与同学窃窃私语,从不举手回答问题,学习成绩愈来愈差。吴正宪曾经与他商量:"今天上课我提比较简单的问题,请你先回答怎么样?"他连连摇头:"千万别叫我,我肯定不会。""你还不知道我提什么问题,怎么就断定不会呢?"他听后默不作声。结合之前的教育教学经验,吴正宪把重点放在为他创造有可能成功的机会上,让其找回自信。在学习"乘数是三位数的乘法"时,先给他补"乘数是两位数的乘法"的知识,在补习中对他的问题有了明确的认识,在交流中不断发现他身上的闪光点。在真诚的鼓励下,他有了想学习数学的愿望,知识的漏洞在训练中也得到弥补。最后他彻底转变,变得爱学习,爱思考,而吴老师也从亲身体验中捕捉到了感悟和思考。她表示自信对人的成长至关重要,教师要满怀热情地去爱护孩子们的自信,竭尽全力保护孩子们想学习、爱学习的愿望;教师要精心创设育人环境,慷慨地把重新跃起再获成功的机遇献给孩子,帮助他们建立自信。对教育教学的反思,让教师能够不断发展与进步,更多地从关注教学走向关注学生,促进学生健康成长。

"语文教学调查"是李镇西获得直接评价的途径之一,这有利于其进行教学反思总结,使事例经验在反思中积累,形成类经验。其主要做法是请学生无记名填写调查表，调查的内容有：你对语文课的兴趣是增加了还是减少了？李老师讲得最好的一篇课文和最差的一篇课文分别是什么？李老师出得最好的一道作文题和最差的一道作文题分别是什么？李老师教学中最大的缺点是什么？比起上次调查，你感到李老师的教学有无改进？请给李老师的语文课打分……每次的调查表都由学习委员负责收上来统计结果并向全班公布。除了自己的评价和反思外，教师要适时倾听学生的声音，接受他人的评价，获得更好的教学感悟。

另外，教学相长是教与学相辅相成，学生也能给老师"上一课"。李镇西因为某个小组上交默写测试太迟而生气，要求这组同学罚抄一遍，以示惩戒。该组一名学生不但拒绝罚抄，而且当众提出质疑："李老师，我坐在第一排，后面的同学没有传过来，我怎么能够及时交给你呢？因为其他同学犯了错误而让我接受惩罚，我觉得不合理。另外，我们都知道您一直提倡素质教育，而您用抄作业来惩罚学生，这与您所提倡的素质教育精神是相违背的！"尖锐的批评没有让李镇西觉得难堪，反而认为反驳的有道理，于是当场接受了学生的批评，并向那组同学道歉，同时向全班学生保证以后绝不再以抄作业的方式惩罚任何同学。并且在今后，要杜绝这样的事情发生，弄清事情的前因后果之后再采取行动。这件事给李镇西留下很深的印象，也对他以后处理学生作业提供了教训和经验，是一个经典的反思案例。

程红兵认为拥有高尚师德的教师应该关怀每一个学生，帮助学生获得成功的体验，因此，文化课非常薄弱的张树英一直是老师多加关怀的对象，程红兵没有想到她也会闪光。在一次学生的项目设计中，张树英突发奇想，可以在上海建地球村，她撰写建议信并由老师不断修改后寄给市长，最终她还在电视台的采访下侃侃而谈，毫不怯场。

随着小学生主体性发展实验研究的展开，一直熟练教书的刘可钦，却束手无策，纪律完全无法保障。当她怒吼："注意啊，老师要生气了！""安静，听我说……"却仍然不见效果。这件事给了她很大的震撼，过去她一直在考虑如何变着花样让学生做题考高分，但现在把课堂放开，却有些手足无措了。所以她开始不断实践、反思记录，静下心来学习理论、钻研教材、改进教法，设法增加课堂的趣味性，耐心倾听孩子想法等，开始了研究状态下的教师生活。同时，进入实验之后，刘老师坚持写实验札记，白天太忙就晚上写，有时半夜里来了灵感，也要起来把它记下来。几年来积累了厚厚的几大本实验札记，其中都记载着她在实验中的感受、困惑和思考，记录着教师和学生成长的历程，对实验中出现的问题的质疑等。

　　通过对这些优秀教师的研究与分析，成功的教师时常会将真实教育教学后的察觉和感悟撰写为教育叙事和案例反思，没有反思就谈不上自我经验。教师面对自己亲历的教学事件，总有成功与不足的地方，要在成功处优化有效的好做法，放大有效的好做法；在不足处改进低效的原方法，丢弃无效的原方法。只有这样，才能促进自己的专业发展。

（原载《成才》2020 年第 9 期）

从"类经验"中获得教学的规律性智慧

——基于《教育家成长丛书》的案例研究

宁波大学教师教育学院　李思怡

　　"类经验"是指教师将大量的事例经验进行分析整合、归纳，由此形成同类事项规律性经验。类经验的形成需要建立教师互动与研讨的机制，建设学习共同体，让教师之间共享智慧，共同成长。

　　很多优秀的教师在教育实践中已自觉或不自觉地实现了自主生长式的专业发展。本文以教育部师范教育司组编，2006 年由北京师范大学出版社出版的《教育家成长丛书》（20 本）为蓝本，运用自主生长式教师专业发展理论，深入剖析新中国成立以来的二十位特级教师的成长历程，分析他们在践行该理论时是如何形成类经验的。

一、加强同行之间的交流，抓住公开课的机会

　　教师的成长绝不囿于孤岛，同行之间的交流有利于教师个体事例经验的碰撞与沟通，能激发经验的共鸣。同行的认可更是为教师的成长带来外部动力。教师要抓住上公开课的机会，完善已有的经验。

　　刘可钦做老师时，常常按捺不住想与同事交流从教心得，分享课堂上的无奈和喜悦，找到共鸣后往往乐不思归，直到月亮升起，才意识到该回家了。她的成长也正得益于这种教师同伴间的相互交流和深度碰撞，不断获得新信息和新启发。

　　于漪说道："在专家的指导下，在同行敬业精神的感染下，我把'勤于学习''勇于实践'这两根支柱聚焦在'反思'上。"

　　高万祥特聘钱理群、巢宗祺、朱永新、曹文轩、王尚文、于漪、陈钟梁、陆志平、成尚荣、范守纲、谷公胜等国内知名专家担任学校课题顾问和青年教师的导师，让学校老师与这些名人开展不同形式的交流。老师们在感受这些名人风采之时，不自觉地提升了自己的文化品位与思想修养。

　　魏书生一度感受到同行对他的赞同，从而坚定了教学信心。"……1984年暑期，全国'中语会'在大连召开，重点推广我教书育人的经验。德高望

重的吕叔湘先生，亲临会议，从头到尾听了我的汇报发言……给我许多的鼓励。吕老的鞭策使我获得了极大的动力，增长了战胜困难的勇气和力量，坚定了对教师职业的责任与信心。"

公开课是获得新经验、完善已有经验的好机会。窦桂梅分享道："和我一起毕业的几位同学，他们进步快的原因，就是经常得到'公开'历练，她们更直接、更便捷地得到了专家、领导的指点，所谓'听君一席话，胜读十年书。'公开课中同行的认可、质疑比自己单打独斗、点滴积累不知要快几倍。如果失去这个平台就失去了和老师们一起研究、解剖的机会。"教师要抓住每一次上公开课的机会，与同行们一起研讨，这样，自己存在的不足能够很快被发现，并得到改进的建议。窦桂梅提到：教师之间合作同进，掌握整体观点，确立共同价值观，共同分享经验。

二、完善教师培训模式，建设学习型组织

很多学校开始注重教师的培养，建设学习型组织。教师学习共同体的建成，有利于教师相互交流、沟通、共享自身的事例经验，促成许多事例经验的分类、整理、再反思、再提炼，形成类经验，以更好地指导教师对同一类问题进行反思与解决，共同探索促使教师提升自己的个人方案。

于漪十分重视对青年教师的培养。她带教青年教师，注重在理论和实践结合点上，师徒互动，共同进步。主要抓三个方面工作，一是紧抓教师个体自身素质培养，二是抓教师群体的团队精神，三是重点抓青年教师的培养。黄爱华表示："教学艺术形成的过程需要一个支持探索、鼓励创新、你追我赶的学术氛围。""在教学艺术形成中，必须形成教师共同参与的培训制度或模式，以营造良好的研讨氛围。"因此，完善的教师培训制度与体系，极大地提高了教师的教学素养。其中，师徒制的培养方式有利于教师之间共同进步。

任勇在《任勇与数学学习指导》一书中写道："向同行、学生、报刊学习，进行进修、课题、学术、追逐学习，开展阶段重点、网上、传播、参观学习。"任勇与其他老师、专家一起，组成学习共同体，相互交流经验，深入探讨学习，极大地促成了其数学学习指导思想的形成和自身的专业发展。

三、归纳总结，化事例经验为类经验

教师及时将已有的事例经验进行分析与反思、归纳与总结，是形成类经验的关键，也对教师个人的分析归纳能力与教学素养提出了更高的要求。

钱梦龙采用两种完全不同的教法，一种以教师"导入"为主，一种用基

本式教学法，由两个班级轮流担任实验班和对照班，以观察不同的教学效果，进而探求"自读—教读"的教学模式优于教师"讲书"的深层原因。通过像这样几次的对比教学分析，钱梦龙总结出了三点认识：组织教学过程必须以学生为主体，确认学生在教学过程中是认识的主体；在确认"学生主体"的同时，还必须确认"教师为主导"，教师"导之有方"，学生才会"学之得法"，从而成为真正的"主体"；学生和教师在教学中必然构成一个以课文为中介的互动过程，这个过程就是"训练"。钱梦龙通过这几次教学课堂实践和效果的对比，形成了"三主"的教学观，推动其语文教学探索进入了一个更加理性、更加自觉的新阶段。

任勇在书中将解答综合题的过程分为五个步骤：第一步是拆，即把综合题拆成若干个基本题，化复杂问题为若干个单一问题；第二步是分，即分类进行讨论，便于各个击破；第三步是转，即各种等价变换，把繁难问题转化为简单问题来处理；第四步是想，即从一个数学问题想到另一个数学问题，以"熟"解"生"，化难为易；第五步是掘，即挖掘隐蔽条件，化暗为明，增设桥梁，使之沟通。解答综合题的步骤总结，是任勇老师进行教学反思、形成事例经验，再反思、凝练的结果，极大程度上指导了教学并提升了教学效果。

总的来说，教师之间的积极互动与相互评价，既分享教学成果，探讨教学难题，又互相鼓励，共同进步。形成类经验是实现自主生长式教师专业发展的路径之一，使众多事例经验体系化，教师在这个过程中反思已有经验，获得了成长，为生成个人经验体系打下了坚实的基础。

（原载《成才》2020 年第 9 期）

"经验体系"助力教师主动"研发"

——基于《教育家成长丛书》的案例研究

武汉市华师一附中光谷汤逊湖学校　董晶晶

个人经验体系是指教师将大量类经验进行凝练和纵横联系，形成一个具有强大功能的经验库，并对这些不同的类经验进行设计，构造一个全新的系统集合。教师个人经验体系形成的一个外在标志就是能够独立撰写研究论文，透过教育教学现象对其本质形成全面而清晰的认识，并在经验的指导下，针对本质问题选择合适的解决技能、方法和步骤，它会使教师的教育教学工作化繁为简。教师要凝练生成个人的经验体系，首先需要学会写课例研修，以课例为切入点，进行自我批判、自我反思和自我生长，最终实现教师的专业发展。

一、撰写研究论文，构建经验体系

丁有宽在书中写道："经过几年的总结，我的教学实验虽说已经上了两个台阶，但要建立起自己的体系，还必须努力攀登。感觉到自己视野的狭窄与知识的匮乏，尤其是前沿理论，几乎是一片空白。"丁有宽拜师求教，给自己充电，尽可能多读书并积极参与有关读写的研讨会，走过"科研兴教"漫长的道路。在50多年的教学实践中，丁有宽不断探索，在总结读写结合基本经验和概括读写结合基本理论的基础上，建立起了小学语文教材教法"读写同步、一年起步、系列训练、整体结合"的综合训练新体系。

拥有24年教育经验的程红兵，以一个"过来人"的身份回头看师范大学教育，将自身感悟后获得的反思写成了众多文章，即使被退稿也会不断修改。在这个过程中，他感觉到了自身的长进，成为一名"批判现实主义者"。平日里他专心教书育人，有时间就练练笔，日积月累写下许多事例经验。但他敏锐地察觉到不能停留在经验层面，于是逐渐走向"建设现实主义者"。为了追求更高的专业发展，他开始了系统建设，围绕语文教学开展研究并主持了相关课题研究。程红兵建立了一个自我激励、自行规划、自主建设、自律约束的自主发展的体系，让老师结合自身发展特点和经历，进行自主反思，开展多层次交流与研讨。同时还开设教育沙龙，建设档案袋制度，帮助教师完成每阶段的目标评估与调整。

拥有九年教育经验并成为一名教坛新秀后的刘可钦又开始困惑了，教师的职业幸福感偏低，也不知道该如何成长。直到她到北京师范大学进修，她才意识到之前对学生错题的分析只是汇总在一起，然后凭感觉分析学习的方式有失偏颇。于是她开始思考，开始体悟教学研究和课题研究。只有教师把自我经验当课题，通过分析、探究与反思，进行整合、提炼和建构，将一个个零散的"事例经验"，整合为一串串"类经验"，并凝练形成个人经验体系，再应用推广到教学实践中去，才能体会其中的教育智慧。

龚春燕把过去教学中写的教学反思、教育案例、教育笔记、教改实验研究数据、报告全翻出来，并查阅大量研究文献，整理出兴趣教学的原则与方法，并在教学中实施，不断总结归纳，写出了一篇《兴趣学习的思考》论文。他亲历了在实践中感悟，在感悟中成长的专业发展历程。

"教师只要在从事教育工作的同时，对教育进行研究，才不会是一支燃烧之后什么也没有的蜡烛，而会成为一颗恒星。"任勇执此信念，一边学习教育科学理论，一边做教育实验，将理论与实践相结合，使"学习科学"研究之路越来越宽，研究范围越来越广。任勇对他的教学实践进行反思，将数学教学经验进行分类、凝练、整合，形成了数学学习指导思想的经验体系。这对于指导学生数学学习具有极大的意义。

长期的笔耕不辍，让黄爱华尝到了写作的乐趣。多年来，黄爱华挑灯夜战，在国家级和十多家省级刊物上发表论文百余篇，编写少儿读物、教学参考用书和教学研究专著两百多万字。从一名普通的数学老师到一位省一级学校的副校长，到今天从事科研工作，黄爱华从未停过手中的笔。通过对教育教学情境的写作与反思，黄爱华提出"创设现实的问题情境、创设有趣的问题情境、创设探究的问题情境、创设开放的问题情境、创设新奇的问题情境、创设喻理的问题情境"这一系列的具体措施。

二、学写课例研修，构建经验体系

"讲台之外，我总是去反思自己或他人在课堂上的所得所悟，去总结今天和昨天的课堂，去思考未来的努力方向，结合生动的课例，去深刻地解剖，为自己也为喜欢数学教育的朋友留下一点值得咀嚼的东西。"黄爱华通过对教学课例的不断反思、解剖及科学研究，形成了其创设问题情境策略的一系列具体措施，这为指导教育教学实践的成功及实现自身的专业化成长具有重要意义。

　　教师通过撰写研究论文，进行课例研修，构建自身的经验体系，这一过程折射出教师智慧和思想的光芒和对教育教学问题的独到的见解，体现了教师独具个性的教育智慧，并包含了教育教学的基本规律。在此基础上，教师才能实现自身的专业发展。

　　个人经验体系是指教师将大量类经验进行凝练和纵横联系，形成一个具有强大功能的经验库。教师个人经验体系形成的一个外在标志就是能够独立撰写研究论文，透过教育教学现象对其本质形成全面而清晰的认识，并在经验的指导下，针对本质问题选择合适的解决技能、方法和步骤，它会使教师的教育教学工作化繁为简。教师首先要凝练生成个人的经验体系，其次需要学会写课例研修，以课例为切入点，进行自我批判、自我反思和自我生长，最终实现教师的专业化发展。

（原载《成才》2020 年第 9 期）

"实践智慧"引领教师向"专家型"发展

——基于《教育家成长丛书》的案例研究

浙江省义乌市黄杨梅小学　季宴如

自 20 世纪 60 年代以来，关于教师及教师专业发展的问题已逐步发展成为当今社会的热门话题。但近几十年来，关于教师专业发展的研究基本忽视了教师是有经验的人，并在教学过程中不断面对新情境而不断产生新经验这一事实。很多教师所拥有的理念都是外加的或是被灌输的，在课堂实践中大量移植别人的东西。而从教师教育理论研究的发展来看，教师个人的自我经验是不能被忽视的。

除了不断丰富自我经验之外，教育者还需在课堂实践中反复应用，在体验中反思与感悟。在新时代下，教师慢慢由"知识型"走向"智慧型"。智慧型的教师，他们的主张与做法不是从书本上生搬硬套而来，而是自己在实践中反复提炼、概括出来的，包含"实践逻辑"的实践智慧。教师的智慧可以通过学习获得，但获得的知识只有在和教师的自我体验相结合时，才能被内化为实践智慧。因此，教育者需要反复应用自我经验，才能生发实践智慧，绽放出教育家的风采。

一、教师独特的实践智慧

实践智慧指教师面对任何教学事件，能依据个人经验体系洞悉事件本质和规律，并迅速选择最简、最佳的路径而解决实际问题的能力。这种实践智慧蕴含着对教育教学问题独到的见解，是教育家必备素质。

刘可钦特别重视师生的平等地位。她对学生是否直呼教师的名字并不在意，她在意的是我们是否把学生当成与教师平等的人。只有这样，教师才能真正从学生发展的角度思考教与学。刘可钦每接一个新班，都会和孩子们一起在黑板上写下自己的名字，大家互相认识，"钦"字学生不认识，有的读成"欣"，有的读成"欠"，写的时候更是百花齐放：刘可软、刘可斩、刘可铁，能写成刘可欣就算是蛮不错的了，不时引起一阵哈哈大笑。在这种自然轻松的交流中，她和学生融合在了一起。

除了把教师和学生放在平等的地位之外，刘可钦还重视保护学生自尊心。当当是个调皮可爱的小男孩，每次的考试他总是差那么一点点得不了满分。有一次他给刘可钦老师写了一张纸条：刘老师，我多么渴望一百分呀！这张纸条引起了她的注意。她开始反思以往的考试总是出一些设有陷阱的题目，故意难为学生，以为这样学生就会记忆深刻，就不会再犯同样的错误了。她和同事们结合自身的经验，一起想出了"A100"和"B100"的打分方式。如果全部答对就是"A100"，如果一次性把错题订正对了，那就可以打"B100"。这个能让学生得到 100 分的策略，让学生非常愿意将错题拿回去重做，也培养了学生发现错误、改正错误、增强自我纠错的能力。

二、个人经验体系在课堂实践中的反复应用

教师个人经验体系能够反映教师智慧与思想，能够窥探他们对教育教学的独到见解。个人经验体系体现了教师独具个性的教育教学思想，包含着科学的教育教学规律。

丁有宽在培养学生观察能力方面，将读写与教学紧密相连。在培养学生观察力的教学中，他经常通过导练教学，激发学生的观察兴趣。例如：《壁虎》一课对壁虎有一段精彩的描写："壁虎趴在墙壁上，静静地动也不动，像贴着的……然后又极快地缩回去。如果这时候你眨一下眼，会觉得壁虎根本没动，可是它嘴边的那只飞虫却没有了。"教这一段课文时，他就启发学生思考：这里，作者抓住壁虎的什么形态写？为什么写得这样逼真？你看过壁虎这样的形态吗？让学生体会作者细致观察、抓住壁虎一刹那形态变化的创作态度。

教师不断开展教学实践，反复从该体系中抽离个人经验应用于变化的教育实际情境，也会产生实践智慧。孙双金在他的情智教育中，特别重视培养学生的问题意识。首先，强调质疑的价值。其次，引导学生问清楚。由于年龄特点，小学生有时或心有所惑但问不明白，问不清楚，或指向单一，问不深入。比如学习《落花生》时，一个学生质疑："我们都有父母，为什么作者说'那晚上天色不大好，可是父亲也来了，实在很难得？'"无疑，这个学生的质疑是从自己的生活经验出发，但问题提得大而笼统，因而孙双金在肯定后，就出示这句话，启发学生围绕这句话再质疑。学生再读再思，提出的几个问题就明显深入了，既着眼内容的理解，也有对文章遣词造句的咀嚼，可以全方位地引导读书，发展能力。孙双金马上趁热打铁，告诉学生"对关键句要抓住不放，多问几个为什么"。这样的"引疑"艺术，有助于学生形成敏锐的问题意识，让他们抓住自己的疑惑"打破砂锅问到底"，在尝

试质疑的过程中学会质疑，进而产生读书探究的强烈欲望。再次，引领学生大胆质疑。在教学《赠汪伦》时，一个学生产生了问题，站起来发言，声音却很轻，这透露了一个信息，即学生有了问题，但不敢问，有这样那样的担心。孙双金马上给予了"这个问题提得好"的评价，随即又让学生大声重复一遍问题，实际上在培养学生质疑的信心和胆量。在长期的环境熏染与学校的教育下，学生往往把对教师、教材的信任"异化"为轻信甚至迷信，有时尽管心中有疑惑，但也就是一念而已，没有去追根刨底。孙双金在自己不唯书、不唯上、不唯师的前提下，引领学生在看似无疑处生疑，给学生的触动非常大。

刘可钦在自我介绍时，利用自己名字的特点拉近与新生之间的距离；在了解一位学生想得满分的期望后，改进了教学的评分方式。在种种教学事例中我们可以看出刘可钦成熟的个人经验体系和独特的实践智慧。但教师个人的经验体系并非教师自我经验发展的终点。学生具有独特性，课堂也在不断变化。这就要求教师需要时刻用实践来检验、修正自我经验。在反复应用个人经验的同时，也会产生实践智慧。丁有宽和孙双金将他们的个人经验体系应用于课堂实践中，师生处于平等的地位，教学不再是传统地讲授知识，而是引发学生思考并培养学生能力的过程，将理论体系与教师个体的自我体验相结合，不断反思与完善，并被内化为实践智慧。这正是教师专业成长的体现！

（原载《成才》2020 年第 9 期）

同行评议

教师专业发展的本质、路径及其对教师培训的启示

——基于自主生长式教师专业发展理论

湖北师范大学　王　文

有效的教师培训必须建立在对教师专业发展的本质及其路径正确理解的基础之上。正是由于研究者们对这一教师培训基本理论问题的忽视甚至是回避，导致长期以来教师培训"声势浩大，收效欠佳"。我们团队根据对"发生认识论""情境学习理论""学习型组织理论""行动研究与叙事研究""教育生态学""自我导向学习理论"等理论的研究，自 2003 年以来，经过百余所中小学校的多轮实验，总结出自主生长式教师专业发展理论。该理论对教师专业发展的本质和路径做了创造性的回答。针对教师培训理论界"言必称西方"的局面，自主生长式教师专业发展理论被同行誉为具有"中国味道"的教师教育理论。

一、教师专业发展的本质：自我经验的嬗变

自我经验是个体在活动中所积累体验的感悟，是个人通过自身实践获得的自认为行之有效的做法。自我经验一旦形成，便影响着一个人对内外信息的选择和理解，对他人观点的接受或拒绝，成为一个人人应对同类问题的惯用方式。个体的社会适应和发展即自我经验的同化和顺应，所谓心理发展的过程，就是自我经验的持续累积、拓展、更新和升华的过程。

教师的自我经验是自我经验的一种，指教师在教育实践中获到的有关如何做老师、如何成为好老师的感悟。教师的自我经验是教师专业发展的起点和底色，新任教师多是依据学生时代对自己的教师的观察、感受和比较来开展工作的；制约着教师对他人教育理论、观点的理解、接受和践行；是衡量教师专业发展水平的可靠依据，真正能反映一位教师的专业发展水平的，是其内在的自我经验是正确的还是错误的，是丰富的还是贫乏的，是多维的还是单一，是系统的还是零散的，是显性的还是隐性的，外在的职称和荣誉有时并不可靠。

　　自主生长式教师专业发展理论认为，教师专业发展的本质是教师自我经验的嬗变。教师自我经验的嬗变过程呈现由低级到高级的四个阶段，即事例经验—类经验—经验体系—实践智慧。

　　事例经验即教师通过成功解决自己的某个教育实践问题而获得的经验。事例经验具有情境性、真实性、探索性等特点。即教育活动是真实而非虚构的，有其具体的教育情境，教师通过变革以往的教育活动而成功解决教育问题。教师多以案例反思的形式来呈现自己的事例经验。

　　类经验是教师整合自己某一方面丰富的事例经验，而获得的有效解决这一类教育问题的经验。类经验具有概括性、单维性、内生性等特点。类经验是对多个事例经验的概括，只涉及教育的某一类问题，由众多事例经验累积而生发，而非他人的经验的复制粘贴。教师多以论文的形式来呈现自己的类经验。

　　经验体系是教师通过凝练和组合大量类经验，而获得的个性鲜明、内容全面、理论系统的经验。个人经验体系具有个性化、全面性、系统性等特点。它具有鲜明的个人风格，包含教育活动的各个方面，有成体系的理论构建。教师多以著作的形式来呈现自己的经验体系。

　　实践智慧是教师个人经验体系在教育实践中的直观、生动展现。表现为教师高效而自如地驾驭自己的教育生活，是教师专业发展的最高阶段和根本目的。实践智慧具有实践性、高效性、创造性等特点。实践智慧源于教育实践，显于教育实践，有效解决教育问题，顺利实现教育目标，教师如庖丁解牛般游刃有余，中规中矩而又表现出大量不刻意的创造。教师多以卓有成效的教育实践活动来呈现自己的实践智慧。

二、教师自我经验产生和发展的路径：教育活动—教育体验—教育感悟

　　就自我经验形成的心理过程来看，是参与活动而产生体验，积累体验而生成感悟。自我经验借助于感悟而产生，所谓感悟，是人对所经历事物或生活的感想和领悟。因其"瞬间降临""不期而遇"等特点，感悟也常被叫作"顿悟"。其实所有感悟本质上都是"渐悟"，都是累积的大量体验在适宜刺激的触发下而促生的，绝不是凭空产生的。体验是实地体会，亲身经历。体验是感悟之源，但并不是一事一悟，而是同类体验积累到一定数量时，由合适刺激的诱发而生成领悟。体验也不是无源之水，它来自个体亲历的实践活动，只有参与活动才有体验产生。

　　自主生长式教师专业发展理论主张，教师的自我经验是其教育体验累积

萌生的教育感悟，而教育体验源于其教育活动的亲身经历。也就是说，教师在教育活动中产生教育体验，教育体验的累积生发出教育感悟，三者相互影响，螺旋上升，这是教师自我经验产生和发展的路径。

教师的教育体验，决定了他的教育感悟。教育体验的积极与消极，决定了教育感悟的正确与错误；教育体验的数量与结构，决定了教育感悟的丰富与贫乏、多维与单一。一个教师如果时常粗暴、简单地对待学生，并且满足于暂时、表面的管理效果，就很可能产生"三句好话抵不上一耳光"的错误感悟。一个教师如果教育体验肤浅、贫乏，就难以生成教育感悟，难有对教育的深刻理解和独到认识。如果某个方面的体验深刻、充分，就会有对该类教育问题的独特见解，形成类经验；如果对各方面的教育实践活动都有丰富的体验，就会形成个人经验体系。

教师的教育活动，决定了他的教育体验。教育活动的得当或失当，决定了教育体验的积极或消极；参与教育活动的数量和质量，决定了教育体验的丰富或贫乏。在教育活动中，教师的认识和行为并非总是适宜的，难免出现不适当甚至是极端错误的处理方式，有些教师可能经常如此。实际上，教师教育行为的形成也是一个学习过程，按照美国心理学家桑代克的学习理论，是一个"试误"的过程，一个尝试—选择的过程，即对几种尝试效果的比较选优。如果都是一些错误方法的尝试，或者虽有正确的方法在其中，对其结果却判断失误，形成的教育体验必然就是消极的。从教育活动的数量上讲，任教时间不长的年轻教师，教育体验难免相对贫乏；从教时间较长的中老年教师，如果只是置身于学校情境之中，游离于教育活动之外，疏远教育活动，只是做教育活动的旁观者，其教育体验也势必贫乏。从教育活动的质量上讲，有些教师身虽在教育活动之中，心却在教育活动之外，或者心理的投入和专注不足，教育体验一定不足且肤浅；如果教师只是对过去劳动简单重复，以不变应万变，一套旧说词，几本老教案，教育体验必定浅薄而单一。所以，要获得丰富的教育体验，教师必须身心专注地投入教育活动，并且不断变革和优化教育活动。

三、有效教师培训的着力点：帮助教师不断创新而优化教育活动，积累丰富而积极的教育体验，形成正确而系统的教育感悟

基于上述对教师专业发展的本质和路径的理解，自主生长式教师专业发展理论强调，教师培训必须基于教师的自我经验，了解教师的自我经验，立足教师的自我经验，发展教师的自我经验。教师培训的着力点应该是，帮助教师不断创新而优化教育活动，积累丰富而积极的教育体验，形成正确而系

统的教育感悟。任何漠视、排斥乃至清空参训教师自我经验的做法必定低效、无效甚至反效。

1. 要基于参训教师的自我经验选择培训内容和方式

培训是帮助教师朝着培训者所期望的方向改变。而这一目标的实现，如果脱离了教师自我经验，一味地给他们讲授理论是行不通的。尽管有豪华的培训团队，有高大上的系列报告，却对参训教师实际帮助有限。古人告诉我们，好的言说教育一定是"啐啄同时"。鸡子孵化时，小鸡将要出来的时候，会在壳内吮声，称为"啐"；母鸡为帮助小鸡出来会同时在外边啄壳，称为"啄"，啐啄同时，则鲜活的小鸡出壳。母鸡啄晚了，小鸡会闷死壳中，啄早了，小鸡没有成熟。教师培训实践中，凡是受欢迎的报告多是与参训教师的自我经验相契合，道理讲在其感悟呼之欲出的时候，起到了"点悟"的作用。这对于授课教师的要求很高，这样的老师可以说可遇而不可求，加之参训教师自我经验的差异性，讲授不应成为教师培训的主要方式，更不能是唯一的方式。

改变教师的可靠路径是通过变革其教育活动，积累新的教育体验，从而生发我们所期待的教育感悟。教师已有的自我经验来自切身体验，当然对之深信不疑，批评和灌输难以撼动教师已形成的不当教育经验，只有通过变革原来的教育活动，让大量的积极教育体验不断冲抵原有的消极教育体验，一定量的积累之后，就可能生成新的正确的教育感悟。这只能是一个内在的觉悟过程，并且是一个难而慢的过程，但除了它没有别的途径。这也就是这些年参与式、体验式教师培训得以兴起并受到广泛关注的原因。

2. 要重视教师专业学习共同体的建设

教师专业学习共同体是以自愿为前提，以"分享、合作"为核心，以共同愿景为纽带把教师联结在一起，进行互相交流和共同学习的专业组织。它具有动机激发与维持、活动观摩与变革、经验分享与拓展、思维碰撞与启迪等重要作用，它能够在教师的教育活动、教育体验和教育感悟三个关键环节发力，是教师自我经验嬗变中必不可少的外部助力。这就是当前很多学校和教师培训班级重视学习共同体建设的原因。按常理说，一所学校的教师理应是一个专业学习共同体，但现实却不然，很多学校的老师之间是没有专业学习关系的。他们只是同事，也可能是驴友、牌友、逛街购物同伴，不是真正学习上的朋友。教师培训班的同学亦如是，只是名义上的同学，没有实质上的互动学习。

3.要发挥反思在教师自我经验嬗变中的关键作用

教师自我经验的嬗变，离不开反思的参与。有效的反思能带来教育活动的优化、教育体验的丰富、教育感悟的生成。自主生长式教师专业发展理论强调，反思要用教师自己的语言来言说，个人反思与团队合作相结合，有专家或理论的引领，形成反思与积极尝试的互动、反复、上升循环。教师在对亲身体验的反思中提炼出事例经验，在对系列事例经验反思中整合出类经验，在对若干类经验的反思中凝练形成个人经验体系，在对个人经验体系的反复应用与反思中生发教育实践智慧。借助不断的自我反思，教师的自我经验由低级向高级发展，从而实现教师的专业成长。

（原载《鄂州大学学报》2021年第1期）

参考文献

[1] 王文，潘海燕.活动积累体验，体验激发感悟——教师教育思想生长的心理逻辑与机制 [J].成才，2017 (12).

[2] 潘海燕.论教师"自我经验"及其作用——基于中小学教师专业成长的教育科研转向 [J].中国教育学刊，2017 (5).

[3] 王萍，田慧生.智慧型教师情意品质的发现与认同——基于智慧型教师成长的案例研究 [J].中国教育学刊，2013 (3).

[4] 潘海燕.自主生长式教师专业发展研究 [M].武汉：华中师范大学出版社，2018.

[5] 陈琦，刘儒德.当代教育心理学 [M].北京：北京师范大学出版社，2019.

"自我经验"是激发教师专业发展内部动机的核心密钥

韶关学院教育学院　曾小翠

湖北第二师范学院教育科学学院　潘海燕

湖北第二师范学院潘海燕教授团队长期关注中小学教师，经过研究，总结提炼出自主生长式教师专业发展理论（以下简称"自主生长理论"）。该理论是对目前教师"被发展"的深刻反思，是受发生认识论、学习型组织等理论的启发，经过长期实践检验并被证明行之有效的教师继续教育的专业理论。"自我经验"是该理论的核心概念，是理解自主生长式教师专业发展理论的关键所在。目前，学界和一线教师对"自我经验"概念的理解和使用比较混乱，对于"自我经验"的内在生成逻辑不甚明了，对于"自我经验"的作用机制还缺乏认识，因此有必要做进一步说明和阐释。

一、"自我经验"概念合理性

目前，不同研究者从不同学科、不同视角去理解、诠释教师的"经验"或"自我经验"，褒贬不一。著名教育家约翰·杜威高度肯定"经验"的价值，他认为，一盎司经验之所以胜过一吨理论，是因为只有在经验中，理论才充满活力和具有可以证实的意义。有学者从生命哲学的视角切入，认为教师"自我经验"充盈着个体生命力，是教师专业发展的有效模式。当然，也有一些学者对教师的"经验"或"自我经验"进行贬抑，认为教师对自我经验"作茧自缚"式的过度崇奉，是对"经验"本真意涵误解误判所致的"教育悖论"。甚至还有研究者将"自我经验"等同于经验主义，而大加批判。研究者对"自我经验"的分歧，主要是因为"自我经验"内涵和外延界定不清。

潘海燕教授将"自我经验"界定为"反思后获得的感悟"，是个体与外界环境交互作用的产物，是个体积极主动自我建构的产物，并且将"自我经验"划分为事例经验、类经验、经验体系、教育智慧几种经验形态。也就是说，潘海燕教授认为"自我经验"本质上是一种"感悟"。这种感悟是基于主体与外界交互过程中产生，并且往往是经过一些关键事件后的思维积淀。此外，这种"感悟"的生成必须经由教师的反思。换言之，教师的反思是教师自我经验生成的重要路径。

自主生长理论中的"自我经验"经过梳理愈加明晰，但是还有三个问题必须回答。

第一个问题：是不是所有教师都有"自我经验"？

"自我经验"仅仅只是个别教师或者部分教师身上具备还是全部教师都具备？这是一个关键问题，因为涉及自主生长理论的应用广度问题。如果不是每位教师都具备"自我经验"，那么自主生长理论的应用范围将大打折扣。按照自主生长理论的观点，"自我经验"不是主观臆想，而是属于一种客观存在。换言之，每一位教师身上都具备"自我经验"。但大部分教师身上的"自我经验"都属于原发形态、偶发形态，并且大部分处于自主生长理论所称的"事例经验"层面。只有少数教师能够达到"自我经验"的高级形态——教育智慧，并成为教育家型教师。这在一定程度上也解释了为什么许多教师的专业素养与任教时间并没有呈现出较强相关性。

第二个问题：教师"自我经验"对教师专业发展有何作用和意义？

每一位教师身上都具备"自我经验"，并且这些"自我经验"是教师的宝贵财富，是教师专业发展的基础。长期以来，我们已经习惯于"标准化""榜样式""查漏补缺式"教师专业发展路径。所谓"标准化"是指，通过采取常模方法，构建教师专业发展的标准，再用标准衡量教师专业发展水平。所谓"榜样法"是通过聘请学科内或者领域内优秀教师，通过优秀教师的讲解示范等方式，带领教师专业发展。"查漏补缺"式是指通过测量、观察发现教师专业发展的需求或者是薄弱点，通过培训等方式进行弥补。三种教师专业发展路径存在共同的缺点，即剥夺了教师专业发展的自主权，把教师视为开展教育教学的工具，忽视了教师是一个个具有独立人格的生命个体。每一位教师的经历不同，每一位教师对外界的敏感性不同，每一位教师反思程度不同，都决定了教师"自我经验"的个性化。因此，教师必须以"自我经验"为基础，主动承担起专业发展的主体责任，才可能实现有效的专业发展。

第三个问题：教师"自我经验"与他人经验的关系如何？

许多人对"自我"比较敏感，质疑教师自主生长是不是意味着教师闭门造车？是不是以为教师专业发展不需要他人协助？教师的"自我经验"是不是游离于他人经验之外呢？其实不是的。教师自主发展是对教师专业发展自主权长期旁落的回归，是对教师专业发展"他主"的不满与抗争。教师专业发展永远不可能是"闭门造车",一定是需要团队互助的,这一点可以从自主生长理论的理论基础——学习型组织理论那里得到佐证。自主生长理论非常重视教师专业发展支持体系建设和专业氛围营造,倡导建立教师专业发展共同体。那么"自我经验"与"他人经验"的关系究竟是什么样的?其实教师"自我经验"和"他人经验"是共生共长的关系,从"自我经验"体系中的几个经验形态也可以看出,从事例经验到教育智慧的递进中,经验的个体属性在减弱,共性属性在增长。只是自主生长理论强调教师"自我经验"是根本,是主体。

二、"自我经验"生长的一般逻辑

教师"自我经验"的生长路径是事例经验—类经验—经验体系—教育智慧。这种生长的合理性不是不证自明的,也不是自言自说的,是需要实践检验和其他理论检视的。实践层面,潘海燕教授团队历时十余年,经过100多所实验学校的实践探索,结果表明实验学校教师均能够获得较为快速的成长,这足以印证"自我经验"路径的合理性和正确性。理论层面,第一,"自我经验"生长路径符合人类经验从具体到抽象的一般逻辑。美国教育家戴尔(Edgar Dale)的"经验之塔"理论将学习经验划分为三个层级:学习经验从直接的、亲身参与的经验(直接经验)到图形表达的经验(图像经验),再到纯粹抽象的、符号化表达经验(高度抽象经验)。戴尔对经验的分类也是按照抽象程度进行划分的,也就说,越接近塔尖,抽象程度越高。美国学者库伯也认为,任何学习过程都包括四个阶段,即具体体验、反思观察、抽象概念和主动实践,这四个阶段循环反复形成"学习圈"。他也强调经验从具体体验到抽象概念的逐步抽象化过程。第二,"自我经验"符合人类经验学习从混乱到澄清、从感性到理性的一般逻辑。"事例经验"是具体化的、情境化的、感性化的,是"自我经验"的初始阶段,处于杂乱无章的状态。但是,"事例经验"经过系统化梳理后逐步演变为"类经验"和"经验体系",会极大方便个体的提取和运用。库伯"学习圈"理论中的"抽象概念"阶段也是对新旧经验的梳理,发现原有经验与新经验的联系。"抽象概括"阶段将学习者的感悟、经验进行深度的归纳和整合,从而帮助他们进一步厘清经验活动的成果,使学习结果由感性上升到理性。

反思是"自我经验"持续生长的重要途径,贯穿于教师专业发展全过程。换言之,没有反思,就无法实现教师"自我经验"的螺旋式上升。需要特别指出的是,自主生长理论视域下的反思是主张反思与教育教学活动融合,反对目前教师群体"埋头教书"的现象,也反对脱离教师教育教学活动谈反思。这一点与著名教育家保罗·弗莱雷的观点相契合。弗莱雷认为，反思与行动相互作用，如果牺牲一方，另外一方马上就受到损害。牺牲行动＝空话，牺牲反思＝行动主义。库伯的"学习圈"理论也强调反思和主动实践的重要意义，认为反思和主动实践相辅相成，是共同构成"学习圈"的两个重要方面。

三、"自我经验"促进教师专业发展的着力过程

"自我经验"生长符合人类经验学习的一般逻辑，可以论证其存在的合理性和科学性。但是"自我经验"促进专业发展的机制仍处于"黑屋子"，没有得到详细阐释。也就是说，"自我经验"究竟是如何促进教师专业发展的呢？

自主生长理论高度肯定教师在专业发展方面的主体地位，呼吁把教师专业发展的自主权还给教师，相信教师完全能够自主发展。"自我经验"基本属性是"自主"。"自我经验"是教师个体建构而成，是个体能够自由驾驭、自主运用的。自主生长理论视域下的"自我经验"核心密钥是激发了教师专业发展动机。

自我决定理论（Self-determination theory）是美国心理学家德西和瑞安共同提出，并经过长期实证研究验证的理论。该理论认为人类本身具备挑战新鲜事物的天然兴趣，具有自我发展的能力。但是这种兴趣和能力需要外部环境的刺激，良好的环境可以激发个体兴趣，而不适宜的环境也会压抑个体的兴趣。自我决定理论经过研究发现，人类有三种基本心理需要：一是自主需求，是指个体希望在从事外部工作时存在一定的自由度和自主权。二是胜任需求，是指个体认为自己有能力处理相关工作。三是关系需求，是指个体希望在开展工作时能够获得较好的人与人之间的关系体验。只要个体的三种基本心理需要得到满足，个体就可以产生相应的内部动机，并进而有较好的工作表现。

自主生长理论视域下"自我经验"满足了教师三种基本心理需要，因此能够激发教师专业发展内部动机。第一，自主生长理论本身极力呼吁从"他主"走向"自主"，重新审视和肯定了教师自身专业发展的能力。"自我经验"是极具个性化的，由个体自主建构并且能够灵活运用的经验形态，教师完全能够自主掌控、自主运用。也就是说，教师个体拥有运用"自我经验"的高度自由度和自主权。第二，"自我经验"是在教师个体根据自身经历经过反思的感悟，是教师经年累月、不断累积下来的。可以说，"自我经验"的逐步生成凝聚了个体的努力和汗水。教师个体有能力驾驭和运用"自我经

验"去处理新的教育场景中遇到的新问题和新挑战。第三，"自我经验"是在教师个体与外部环境互动中产生，具有"关系"属性，并且将具有感性色彩的"关系"，经过反思，实现理性升华，锻炼和提升了教师处理各种关系的能力。

在自主生长理论视域下，"自我经验"激发了教师专业发展的内部动机，消解"要我发展"的工具理性，帮助教师感悟和提升教育中的"美"，带动教师个体生命质量的整体提升。这也是自主生长理论区别于其他教师专业发展理论的主要标志。

当然，自主生长理论包括"自我经验"只是完成初步理论建构，还处于发展之中，既需要加强自我反思，同时也需要不断从其他理论中汲取养分。只有如此，才能扎根中国大地，创建具有中国气派的教育流派。

（原载《成才》2019 年第 12 期）

参考文献

[1] 杜威. 民主主义与教育 [M]. 王承绪，译，北京：人民教育出版，2001：158.

[2] 姚遥，刘胡权. 论教师专业发展的"自我经验模式" [J]. 国家教育行政学院学报，2018 (7)：83 - 87.

[3] 李栋. 教育场域中经验本真意涵的误读与回归 [J]. 中国教育学刊，2017 (7)：36 - 42.

[4] 陈维维. 审视与反思：戴尔"经验之塔"的发展演变 [J]. 电化教育研究，2015 (4)：9 - 27.

[5] 朱孟艳. 库伯经验学习理论视域下成人学习模式研究 [D]. 曲阜师范大学，2012.

[6] 弗莱雷. 被压迫者教育学：修订本 [M]. 顾建新，等译. 上海：华东师范大学出版社，2014：87.

[7] Edward L. Deci, Anja H. Olafsen, and Richard M. Ryan [J]. The Annual Review of Organizational Psychology and Organizational Behavior，2017 (4)：19 - 43.

深究"自我经验"破解教师
"自主生长"之谜
——自主生长式教师专业发展理论述评

武汉市教育科学研究院　向保秀

教师是一份实践性很强的职业，通过若干年师范教育，师范生虽然对教育从理论上有了一定了解，对实践操作也略知一二，但这只是为他们从事教师职业打下了一定基础。也就是说师范生走出师范院校可以走上教师岗位，而要在这个岗位上建功立业还需要通过实践不断积累。因此世界各国都非常重视教师的职后教育。我国 1999 年出台了《中小学教师继续教育规定》，同时启动了"中小学教师继续教育工程"（1999—2002），开启了全员性、制度化教师培训。时任湖北省中小学继续教育中心副主任、理论研究室主任，同时兼任教育部民族贫困地区实施中小学教师综合素质培训项目"教师科研素质提高"专家组负责人及湖北省项目组负责人的潘海燕教授深感责任重大，决定开展实验研究，耕耘教师发展这块处女地。20 多年过去了，参与实验的学校发生了令人欣喜的变化，普通教师从中找到了走向卓越的现实路径，一大批优秀教师得以脱颖而出。潘海燕教授及其团队在其过程中所创建的自主生长式教师专业发展理论也受到了学术界的关注。

一、发现"自我经验"及其嬗变规律，为普通教师教育实践智慧的生成指明了方向

1988 年，潘海燕硕士毕业后来到湖北教育学院工作。在工作中积累了一些成功的经验后，他敏锐地意识到教师培训绝不是凭简单的"经验复制"能解决问题的，他坚信有"理论"的经验才是真正的"解药"，于是他开始直面问题寻求新的解决之道。1995 年，他获得了由联合国教科文组织资助到澳大利亚新英格兰大学进修一年的机会，便选定主攻教师专业发展课题。回国后，他接连发表了一系列论文，如《发达国家中小学教师继续教育发展趋势》（载《中小学教师培训》1999 年第 2 期），被人大复印资料中心全文转载。通过这些论文，他梳理出发达国家教师教育的基本经验与走向。

　　彼时，国内外研究教师专业发展理论的研究也异彩纷呈。潘海燕教授进行了仔细分析，认为从教师专业发展研究的取向看，大致可分为两类：一是以"理念—更新"为主的"外铄"取向，即主张在外部社会组织的推动和制度的规约下，以技术能力的训练提升和知识的充实完善为目标，通过各类培训和讲座，向教师传播各种现代教育理论，使教师通过更新理念实现专业发展；二是以"实践—反思"为主的"内塑"取向，即主张以教师个体自身需要和价值追求为动力，以个性情感的陶冶和整个生命的体验提升为目的，通过自觉地对自我教学经验进行总结和反思实现专业发展。他发现，从实际来看，"外铄"取向中教师个体容易处于被动消极状态，"内塑"取向中忽视了外部环境对教师个体发展所形成的激励与引导功能，两者都不能全面解决问题。据此，他提出应调和二者，以"外铄＋内塑"取向的教师专业发展作为研究的主要方向，并选择以基层学校的校本研修为研究突破口，通过实验加以验证。

　　2003 年，潘海燕教授以自己领衔的研究课题为载体，把前期的理论构想与学校校本研修实践结合起来进行研究。同时通过对国内外一些优秀教师的研究，特别是对我国新中国成立以来的 20 位教育家成长史的分析（文本材料源于 2005 年教育部师范教育司组织编写《教育家成长丛书》20 本中收录的 20 位中小学教师），发现限于当时历史条件，这些优秀教师学历算不上高、进修机会也很少，但专业发展充分，"专业自我"丰满，原因就在于他们都善于反思，立足个人反思后获得"经验"，走出了一条自主生长式发展之路。据此，他推定，教师反思后获得的"经验"是客观存在的新形态的"经验"，我们应透视它。最后，他将教师在对自己的关键性实践进行反思后获得的一种感悟称之为"自我经验"。他在进一步分析"自我经验"这一原创性概念时，发现"自我经验"又是稍纵即逝的，且存在着多种具体形态，即事例经验、类经验、个人经验体系、教育实践智慧。最好的教师发展，应遵循"自我经验"由低到高的发展规律。这与教育学专家田慧生研究员的观点不谋而合。田慧生曾指出："凡在一线产生大的影响、真正被大家所接受的高水平的优秀教师，基本上都是立足于个体优秀教学经验的提炼、概括和总结，即在实践智慧的提升中，逐步形成一套自己的完整教学主张并为大家所接受的。"（《教育研究》2005 年第 2 期）

　　"自我经验"是形成"自主生长式教师专业发展理论"中的一个核心概念，它强调两点：第一，教师要有亲身体验；第二，必须有真正的反思。如果把教师发展的过程比作一只"黑箱"，而对教师"自我经验"的发现及其嬗变过程的认识，就像一线光，照亮了部分黑暗，使其过程可以透视，可以把握，可以据此更好地促进教师成长。"自我经验"是教师自主成长的逻辑起点和基础，教师培训者的着力点主要是创造条件与程序，激发教师内在的创造潜能，引导教师在真实的"行走"中不断体验、感悟、反思、升华"自我经验"，建构"自我经验"体系，最后形成独一无二的专业自我，生成教书育人的实践智慧。因此，在实验中，潘海燕教授特别强调撰写教育反思案例在中小学教师专业发展中具有不可或缺的作用。在108所"自主生长式教师专业发展"的校本学习实验学校，潘海燕教授团队按照"自我经验"的嬗变规律组织教师开展研修活动，见证了一大批优秀教师立足"自我经验"而成长的事实。这说明潘海燕教授对"自我经验"嬗变规律的把握是经得起实践检验的，教师立足个人"自我经验"按照其嬗变规律不断反思、实践，再反思、再实践，一定可以生长出教师的实践智慧。

教育实践智慧是教师发展目标层面的概念，它是一种洞悉教育本质、迅速做出教育决策的素养。它有两大特点，第一，来自实践，是教师自我经验与实践反复作用的产物；第二，具有明显的个性化。卓越教师、具有教育家风貌的教师就是其代表，他们遇到问题能迅速洞悉其本质并拿出有效的解决方案。拥有实践智慧既是普通教师应该努力的方向，也是在"自主生长式教师专业发展理论"引领下可以达成的目标。教师解决问题的水平反映的是其教育实践智慧的水平，而教育实践智慧的水平的提高，不是单纯提高理论水平、把理论直接搬到实践中应用就可以达成，也不是简单模仿别人的经验就可以解决问题。从根本上而言，教师必须以"自我经验"为基础，不断学习、不断反思、不断实践、不断总结，才能不断生成实践智慧、提升实践智慧水平。教育实践智慧是教师自我经验的理论化、系统化，并能进一步指导教师自我经验发展的智慧；教育智慧虽然基于自我经验而生成，但它已经超脱了"经验"的凡夫俗胎，实现了自我经验到教育智慧的蜕变，因而具有了更高的"普世价值"，能够惠及更多的人。进阶到教育智慧阶段的教师不仅成了自主生长的标杆，而且事实上已经变成一粒散播自主生长的种子，会带动更多教师成长。

二、探索自主生长式教师专业发展的基本路径，为构建具有"中国味道"的教师教育理论流派奠定了坚实的基础

潘海燕教授研究团队认为，"只有尊重了教师的'自我经验'，才可能让每一位教师都获得自主生长式发展"，"立足自我经验的教师专业发展，是一个在反思伴随下内在的自我生长的过程"。教师的成长一定是自主的，不是他主的；教师的成长一定是在"自我经验"的基础上有机生长起来的，而不

是盲目照搬他人经验,像堆积木一样七拼八凑起来的,缺乏有机生成,经不起推敲,一推就倒。全国著名的语文特级教师于漪是一个自主生长的典型。于漪老师并不是汉语言文学的科班出身,而是复旦大学教育系毕业,也就是说,大学时代她并非专攻学科教学的,走上工作岗位后必须面对学科教学,而且刚开始她也不是从事语文教学工作。在走上语文教学岗位后,在长期的语文教学实践中,靠自己摸索形成了自己独特的教学风格,走出了一条自主成才之路。但是像她这样在自发状态下自主成长起来的优秀教师实在是凤毛麟角。这说明,在只有职前师范教育、没有在职教师教育的背景下,中小学也会有优秀教师脱颖而出,但这是教师个人修炼的结果。如何让更多的"于漪"脱颖而出,仅仅找到"自我经验"这个决定优秀教师成长的关键因素是不够的,还必须找到"自我经验"促进优秀教师成长的一般规律,优秀教师的成长才能由自发状态变为自为状态。潘海燕教授团队在发现、分析"自我经验"这一原创性概念基础上,总结出了教师立足"自我经验"自主生长式发展的基本路径,即在对亲身体验的反思中提炼出事例经验—在对系列事例经验反思中整合出类经验—在对若干类经验的反思中凝练形成个人经验体系—在对个人经验体系的反复应用与反思中生发教育实践智慧,有了这条自主生长式发展的基本路径,处于不同发展阶段的教师都能得到成长—年轻的教师能更快走向成熟,成熟的教师能不断向深度和广度进军。教师不分年龄和资历都在不断成长,由此达到学校、教师、学生的成长进入良性循环的生态状态。

　　建立在教师"自我经验"概念基础上的两种实践范式(自修—反思式校本研修模式与自主生长课堂课例研修模式)都具有原创性,步骤明晰,易于操作,增强了一线教师创建个人教育理论的自信,探索出普通教师生存实践智慧,加速成长为教育专家的可行路径。但从一些成功的实验学校反映的情况来看,教师自主生长式发展≠自我封闭。教师的自主生长式发展并不是说不接受他人经验,教师的自主生长离不开专家引领、长者提携、同伴互助,只是强调在归根结底的意义上,不管来自何方的经验都需要教师能够以自我为导向主动选择、主动体验、主动反思、主动重构,才能消化吸收,形成具有个人特色的经验。专家引领、长者提携、同伴互助离不开学校的支持。因此,自主生长式教师专业发展理论同时揭示了"教师专业发展共同体"这一关键概念的内涵与作用。用"学习型组织理论""成人自我导向学习理论""教师情景学习理论"等前沿教育理论对"自我经验"进行分析,提出了教师专业发展要以教师的自我经验为起点,以教师专业发展共同体为组织依托等一系列全新观点,完成了自主生长式教师专业发展过程理论的构建,为构建体现具有"中国味道"的教师教育理论流派奠定了坚实基础。

2018 年 1 月 20 日，中共中央、国务院《关于全面深化新时代教师队伍建设改革的意见》指出，到 2035 年，教师综合素质、专业化水平和创新能力大幅提升，培养造就数以百万计的骨干教师、数以十万计的卓越教师、数以万计的教育家型教师。潘海燕教授发现了"自我经验"这一决定优秀教师成长的关键因素，构建出"自主生长式教师专业发展理论"，为普通教师一步步成长指明了方向，也为国家培养造就数以百万计的骨干教师、数以十万计的卓越教师、数以万计的教育家型教师找到了具有"中国味道"的现实路径。

当然，教师专业发展是一个极为广阔与复杂的过程，没有一个理论流派能够全方位地反映其发展全过程。潘海燕教授的自主生长式教师专业发展理论也只反映他们的研究取向与研究范围的认识结果，还需要在实践和研究中进一步完善与提升。

（原载《成才》2020 年第 10 期）

建构自主生长式的新教师专业发展观

——读《自主生长式教师专业发展研究》与
《自主生长式教师专业发展实践案例》有感

武汉市新洲区教师培训中心　杜新红

这是一个终身学习的时代。作为肩负下一代教育使命的教师，必须始终保持在变化和变革中终身学习的能力，它是教师专业成长的不断更新、演进和丰富的过程与结果。当前我国不少教师专业发展理论和教师培训理论陷入程式化、模式化的弊端。教师专业发展形式大多是自上而下的"讲授—接受"外铄发展取向、呈现"你讲我听""你做我看"的同质化、低效化。缺少自下而上的"实践—反思"内塑发展取向，更缺乏上下融合的"自主—生长"的生态发展取向。身处专业发展迷雾中的教师，对自己的教学实践找不到清晰的发展方向，久而久之，教师职业怠倦自然产生。

书籍是人类进步的阶梯。华中师范大学出版社出版的《自主生长式教师专业发展研究》与南京大学出版社出版的《自主生长式教师专业发展实践案例》两本书，是自主生长式教师专业发展理论的代表作，就像大海边的灯塔，引领教师冲破专业发展的迷雾，让广大教师看到了全新的专业发展的清晰轮廓和基本方向。

自主生长式教师专业发展理论，是湖北第二师范学院潘海燕教授及其团队长达十多年连续时间里，经过一百多所中小学的多轮实践，总结提炼出来的一种教师专业发展过程理论。

阅读《自主生长式教师专业发展研究》有助于我们看清并坚定当前新课程改革中教师专业发展的方向。作为一线教师，面对教师专业发展的不同观点和提法，我们容易左右摇摆，或故步自封，或否定重来。的确，教学改革存在风险，教师精力也是有限的，尤其是面对承载民族复兴重任的下一代，谨慎的态度是有必要的，但这并不是教师拒绝学习和变革的理由，只不过，在变革之前，必须科学论证，认准方向，以便最大限度地减少变革的风险。潘教授在《自主生长式教师专业发展研究》一书中，以其严谨的治学风格和科学的理论研究，论证了自主生长式教师专业发展这一变革方向的必要性和可行性，有助于我们坚定教师专业自我的信心。

本书由上篇、中篇、下篇三部分内容组成。其中，上篇共 12 篇文章，主要从发达国家教师教育变革趋势的思考，形成自主生长式教师专业发展理论前期基础研究。中篇 20 篇文章，真实呈现全国百余所实验校自主生长式教师专业发展理论的校本探索实践足迹。下篇 5 篇文章，多视域角度延伸了自主生长式教师专业发展理论形成后的相关应用。附录 11 篇文章收录了媒体宣传该理论实践过程中的社会评价与影响。

在理论研究层面，要读懂该理论，前提是先必须弄清"自我经验"的概念。该理论发现教师"自我经验"的价值，重新界定教师"自我经验"为"对亲身体验进行反思后获得的感悟"，并揭示了教师"自我经验"由低到高的四种存在形态，即事例经验、类经验、个人经验体系、教育实践智慧。提出教师专业发展就是基于教师自我经验之嬗变过程，主张教师要以"自我经验"为起点，借助"专业共同体"，不断梳理、放大、提升，形成操作体系、真切地、逐步地形成自己的教育观、教学观、学生观、课程观、科研观。

这一系统理论在两个方面给我们启迪：一方面，发现教师"自我经验"的价值，破解了斯金纳"教师成长＝经验＋反思"猜想之谜。另一方面，提出"自主生长式"教师专业发展全新方向，阐明了杜威"经验即改造"的清晰路径。

《自主生长式教师专业发展实践案例》一书从理论进校园、实践在课堂的角度，呈现了各实验学校和教师的研究过程及其成效。本书在实践探索层面，构建了基于教师"自我经验"，借助教师"专业共同体"的中小学教师发展路径，即"在亲身体验中提炼事例经验——在系列事例经验中整合出类经验——在凝练类经验中形成个人经验体系——在反复应用中生发实践智慧"，并在 2003—2019 年间，通过 108 所学校的几轮实验，探索出"自修—反思式校本研修模式""自主生长课堂课例研修模式"等具有很强操作性的实施范式，进一步为中小学教师开展校本学习，帮助教师由普通走向优秀，由平凡走向卓越与智慧提供了具体路径。

阅读这本书，有助于教师更深地理解自主生长式教师专业发展理论在中小学校本学习和课堂教学中的具体样态，对于教师专业发展提供了很多借鉴、启发和参考。其中如何处理教师专业发展理论与实践的关系，如何提升思维能力与形成实践智慧需要注意两点。

第一，注重教学理论与实践之间的结合与转换。教师不仅要有理实结合的勇气，而且还要有理实结合的方法，这直接决定教师专业自我的效果。潘教授的研究在这两方面都提供了示范。他首先对国内外教师教育的理论与实践进行系统反思，提出自主生长式教师专业发展理论。然后以此为基础进行叙事研究和行动研究，一步步开疆拓土，在进校园、进课堂、进科研等实践领域不断对理论进行深入和丰富。

第二，关注教师思维能力和实践智慧的培养。一线教师善于模仿别人，往往忽视或弱化自身的经历、体验与感悟，专业发展缺乏自我个性和智慧。鉴于此，潘教授创新提出并定义"自我经验""自主生长""事例经验""类经验""个人经验体系""实践智慧"等一系列新概念，引导教师如何进行思维能力培训，如何生发教学实践智慧，在教师专业发展过程中，不仅体现"做中学""学中思""思中悟""悟中创"的思维能力体验过程，还体现了"个—类—体—独"的教学实践智慧的生发必然。

"学有源泉方入妙，语无烟火始成家。"对于有志于校本学习、专业发展的教师，阅读这两本书是很有益处的。他们既提供思想启迪，又提供操作策略。但是仅仅阅读是不够的，尤其是一线教师，阅读理论书籍最终目的是提升专业自我和形成实践智慧。而专业自我和实践智慧须通过大量教学实践来发展。面对这两本书，我们最好的办法是"边学边思""边悟边行"，如此定能大有收获。

（原载《湖北第二师范学院学报》2020 年第 7 期）

关于自主生长课堂评价的思考

武汉市新洲区教师培训中心　杜新红

一、自主生长课堂评价的产生

我国的课堂教学评价体系建设，先后经历了从 20 世纪 50 年代对苏联理论的借鉴的缓慢发展，到 20 世纪 80 年代以来对西方现代教育评价思想借鉴后的蓬勃发展。尤其是进入 21 世纪，借助新一轮课程改革的契机，愈来愈多的学者加入对课堂教学评价问题的研究中来。

课堂教学评价的发展与教学模式的发展密切相关。德国教育学家赫尔巴特提出的教学形式阶段理论相对应的课堂教学评价，主要强调对教师的评价，尤其是对教师的教案和教学设计进行评价。美国教育学家杜威提出的"新三中心论"教学呼应的课堂教学评价，侧重于对学生的课堂学习、活动进行评价。布卢姆提出的掌握学习策略的教学模式相对应的课堂教学评价，则侧重于学生知识的掌握。当前，课堂教学评价中对教师的评价更注重促进教师的专业发展，强调教师的发展对工作带来的实际变化及对学生和学校的影响。自主生长课堂评价当属此类评价，尤其以"实践反思"为主，侧重教师经验的改造的评价。

自主生长课堂根据自主生长式教师专业发展理论，提出了"经验—方案—思想—智慧"的理论基础四阶段。即"捕捉教师个体自我经验，优化提升课堂行动方案，概括形成个人教学思想，应用课例产生教学智慧"的新的课堂结构，建构了自主生长课堂"三实践三反思"＋"课例研修"的操作范式四流程，形成了自主生长课堂"个类导促"评价体系四递进。经实践验证，该课堂模式接地气，实现教师真实发展；该评价体系促进课堂模式和功能变革，是帮助教师从"他主"走向"自主"、走向"智慧型教师"的关键，极大地助推了教师专业发展。

二、自主生长课堂评价的内涵、特征与流程

自主生长课堂评价的内涵是以教师自我觉察为专业起点，以专业共同体为组织依托，以专家理论指导为智力支撑，以个人经验改造为生长路径，以实践智慧为价值归属。形成了"个类导促四阶递进"评价流程框架（如下图），有效改进了课堂功能与模式，改进了教师自我经验，提升了教师课堂效能。

自主生长课堂评价与其他评价的区别在于将"实践反思"贯穿课堂全过程，聚焦教师经验改造，促进教师专业发展。它具有"四化"基本特征。

1. 内隐经验显性化

内隐经验体现在不少教师课堂教学中，有很多教学秘籍和土办法，教学效果好，但说不出所以然。当别人想学习他时，他不能系统表述成果，只能罗列一些做法，经验分享交流呈现碎片化、表面化，就连自己也弄不清怎么这样就把课教好了。

内隐经验是教师在长期教学实践中形成的，具有个人风格，难以表达。显隐经验是教师在反思基础上，将内隐经验符号化、系统化，可供别人借鉴和学习。

主要有两种方法：一是教学反思，通过写教育故事、教学案例让经验明朗起来。二是理论学习，理论依据是经验显性化的载体。教师要树立信心，改变思维模式，努力寻找经验后面的价值规律。

2. 零散经验结构化

教师有经验显性化基础后，可以进行有效沟通与交流。但是教师的经验教训大多都是零散的、碎片化的。教师缺乏针对某一事件的经验教训的收集整理再提炼。需要经验的结构化：首先，收集整理本身就是对工作的再回忆，在整理过程中，又多了一次深度反思。其次，整理过程中，不仅会发现

有效价值信息，也会发现无效冗余信息，也需归纳整理，又锻炼了教师教学归纳判断能力。再次，经过总结提炼，形成针对某一教学事件处理的高度凝练的类经验，进一步锻炼了教师的整合平衡能力。这个过程就是经验结构化。教师依托专业发展共同体，以课例为载体，以真实问题为架构，先自下而上寻找、追根寻源，找到理论依据。再自上而下，引用理论，构建自己的应用框架。

主要有两种方法：① 推导结构。通过常见的结构来推导结构，实践发现，很多经验的思维结构大多相似。② 累积结构。通过思维关联来累积结构，将经验知识内化为实践能力。教师在课堂教学中善于将新的教学场景即时放进经验结构中，会减轻工作负担，很容易解决问题，提高课堂效益。

3. 结构经验系统化

教师有了结构化经验，教师的工作能力会得到极大提升。但结构化思维只是在某个局部有很强的指导性，缺乏整体观和全局观，需要将经验进一步系统化。只有系统思维，才能抓住整体，抓住要害，才能不失原则地采取灵活有效的方法处置教学事件。

主要有两种方法：① 整体法。把思考问题的方向对准全局和整体、从全局和整体出发。在分析和处理问题的过程中，始终从整体来考虑，把整体放在第一位，不让任何部分的东西凌驾于整体之上。② 要素法。课堂系统由各种各样的因素构成，其中相对具有重要意义的因素构成要素。要使课堂系统正常运转并发挥最好的作用或处于最佳状态，必须对各要素考察周全和充分，充分发挥各要素的作用，促进课堂各要素共同发展。

教师要通过专业引领和专家指导，主动构建系统经验的知识树，用思维导图的形式将系统经验进行纵横联系，不断开拓系统经验的领域，构建教师个人经验体系，增强教师话语权。

4. 系统经验道德化

所谓系统经验道德化，就是要将道德因素纳入经验体系之中。教师作为教育的根本，不能只将经验局限在"经师"层面，而更应该在"立德树人""教书育人"上成为新时代师德楷模。

主要有两种方法：① 吸收优秀传统文化，立德树人。教师要学会道德修身，仁者爱人，处理好"孝、悌、忠、信、礼、义、廉、耻"处世之道，示范好"仁义礼智信，温良恭俭让"修身之要。② 践行核心价值观，立德树人。带头讲文明，懂礼节，树新风。遵规守纪，节水节电，敬畏自然，尊重规律。爱国、敬业、诚信、友善的道德规范从我做起，自觉做社会主义核心价值观的坚定信仰者、积极传播者、模范践行者。

三、自主生长课堂评价的操作路径

自主生长课堂评价的起点是"教师个评"，归属是"实践促评"。采取"个类导促"递进评价的方法，具体路径为"教师个评—同伴类评—理论导评—实践促评"。

1. 教师个评

"教师个评"是教师专业发展的起点，目的是让教师更好地认识自己，弄清自我与环境的主客关系，真实记录和觉察自己个人体验，将内隐的经验显性化。首先，认识教师所处的教学环境，因为环境与行为是密不可分的，环境对行动具有支配和决定作用。其次，认识教师在环境中所处的位置、具有的能力与作用，发挥教师在环境中的能动作用。教师要学会将自己的思维与个人体验发生关联形成事例经验，明白"我是谁?""我在哪里?""我将到哪里去?"实施途径是通过讲教育故事、写教育叙事、录教学视频，多用描述性评价、定性评价。

2. 同伴类评

"同伴类评"是借助学习共同体相互借鉴，彼此反思，共同提高。目的是帮助教师改造自己，将大量碎片化事例经验整合成类经验，将零散的经验结构化。教师要理解经验的改造初级阶段是由事例经验向类经验上升的过程，要学会将自己思维与他人思维发生关联整合类经验。教师要不断铲除和革新专业发展过程中的障碍物和错误观。实施途径是通过"功过格""档案袋""反思录"等方法，多采用定量评价、形成性评价、实践性评价。

3. 理论导评

"理论导评"是利用问题专业化、思维审辨化、素养核心化、视野国际化等建构教师个人经验体系，目的是帮助教师成就自己。将一系列类经验概括凝练形成个人经验体系，将结构经验系统化。理解经验的改造高级阶段是形成个人经验体系并向实践智慧转变的过程，教师学会将个人思维与专业理论发生关联建构人经验体系，要学会将个人思维与专家引领发生关联形成实践智慧，教师要不断聚焦教学实践中的真问题，潜心研究，转知为智，化智为慧。实施途径是通过"主题研讨、课例研修、课题研究"等方法，多采用理论性评价、终结性评价、诊断性评价。

4. 实践促评

"实践促评"是帮助教师在教学实践活动中不断追求真善美，目的是帮助教师升华自己。要坚定立德树人的育人目标，将系统经验道德化。教师应该具有布施化育的利他之心，朴诚勇毅的圣贤之能。要将个人思维与教学实践发生关联形成实践智慧，提升教师赞化万物的道德境界；要将个人思维与终身学习关联形成教师天地乐同的全纳胸襟。实施途径是通过"日行一善，日积一德"，真正做到"苟日新、日日新、又日新"。让教师在自我中追求无我，在智慧中追求自在，获得职业的幸福感和归属感，多采用定量性评价、实践性评价。

评价的功能不是证明，而是为了改进。自主生长课堂评价目的是促进课堂功能、模式的变革，激活课堂的活力，为教师专业自主生长注入强劲的动力。

（原载《成才》2019 年第 10 期）

以哲学的思维态度进行教育反思
——从现象学方法解读自主生长式教师专业发展过程理论

湖北第二师范学院教育科学学院　周惠玲　叶晓丽　屈　茜

现象学是 20 世纪在西方流行的一种哲学思潮。其中狭义的现象学是指 20 世纪西方哲学中由德国犹太人哲学家胡塞尔创立的哲学流派。现象学方法是一种仅观察个体的当前经验，并试图尽可能不带偏见或不加解释地进行描述的心理学研究方法，包括本质直观、还原直观等方法。现象学方法主要从利用现象学直观、现象学描述、现象学分析抓住某一事物的某一特征来自由联想出事物的可能方面、性质和形态，以及对于事物的个别感性直观到考察事物的一般本质，理解本质之间的联系，关注事物显示的方式，从而利用"悬搁"揭示被蒙蔽的意义，还原事物的本来面目。

在专业发展过程中教师的专业发展策略大多以传授—接受为主。教师沉迷在专家思想理论和他人传授的知识中，从而丧失了自身的批判反思能力。潘海燕教授的自主生长式教师专业发展理论提出教师从亲身体验中提炼"事例经验"，在系列事例经验中整合"类经验"，通过"成果整理"形成自己的经验体系并在自己的课堂上应用自己的教育思想形成教育智慧的教师发展构想。对比现象学方法过程与此理论的发展思路，在其方法特点上有不少相似之处。自主生长式教师专业发展理论还特别强调自我经验的反思。"自我经验"指的是个体通过亲身体验，在反思中获得的感悟。"自我经验"是生长性的。只有通过不断地对实践产物及认识的反思和其本质的研究，教师才能一步步接近更为真理性的现象。因而，以哲学的思维态度进行教育反思是教师不断超越认识应怀有的重要态度。本文就从现象学方法过程特点解读自我生长式教师专业发展理论实践方法的相关性。

一、教师亲身经历的事例是对直观的个别现象的考察

现象学强调，现象学的意识，本质的普遍之物也必须和进行经验操作的科学家的思维一样，从个别情况出发，感性经验最终建立在直觉之上。教师"自我经验"必须经历四个发展阶段，"事例经验"是自我经验的初级阶段。

"事例经验"是教师在亲身经历的教学事件中获取的体验感悟及解决问题的能力。这种经验是真实的、单一的、独特的。"事例经验"是教师在真实环境中亲身经历和感知所得到的。相反，对"事例经验"进行直观考察，便能使教师返回到真实的具体事例中。教师在专业发展过程中经历了大量的具体事例，从事例中获得的感悟和认识常常因为没有受到关注而被遗忘，然而具体的事例却永远作为客观存在不会消失。所以，具体的事例是教师理性认识的根源和基础。

每个知觉都有被知觉之物，每个思维都有被思维之物，每个爱都有被爱之物。每个行为都有一个对立面，即意识在其所有的行为中都是关于某物的意识。教师的自我经验也存在着与之对立的客观存在的事物，即真实的事例。对教师"自我经验"进行合理性考察则要回到对具体"事例"存在有效性的考察中去。现象学的"考察"是指事物在映射中成为被给予性，而我们在反思中使映射变得原本直观和当下，即内在地"知觉"我们的意识。教师的自我经验都是具体事例的映射，教师通过对映射的反思从而还原具体事例使得教师在事例中对自我经验不断进行改进和重建，这样才能在其过程中把握客观事物的本质和规则。

二、关注事例显现方式，揭示一般本质是"类经验"的形成过程

现象学中提出，事物或显现在感觉知觉中，或显示在联想中，或显示在概念意义之中，或显示在概念联系之中，方式不同，清晰程度也不同，其中在感觉知觉中最为清晰。现象学方法把对现象的考察集中于对显示过程的考察，而事物显现过程中则呈现出事实的自由变更。

事实的自由变更是把握事物本质直观的基础。根据事实引导产生的"前图像"和在现实中不断获得新的类似图像"后图像"即事实自由变更，从中总结出贯穿着的一个统一，也就是事实的一般本质。一个事物在自由变更中，必然有一个常项作为必然的一般形式保留下来，没有这个形式，就不能把它作为这一类的例子。而这个一般本质便是埃多斯（第一实体），是一种纯粹的、摆脱所有形而上学解释的理念，是在进行观念直观中直接直观地被给予我们的那样，是源于事物所有事实现象的一般本质，那么把握一般本质的可能性又有多少呢？

由于事实的变更是自由的，而在每个对事物的经验中都存在着一种完全确定的约束。人认识事物获得经验是在已有之物的基地上感受性地经验，是建立在人的统觉的基地上。所有我们所经验的东西都必定能够获得一致的联

系。所有自身包含主动性的经验过程都叫作"立足于经验的基地上"，而每个人都拥有各自的经验基地，因为经验的差异，也就造就了经验基地的独一无二和不可复制性。也就是说在每个人的经验基地上去把握事实的一般本质是可行的，也是必然的。

自主生长式教师专业发展理论第二阶段聚焦于教师自身的"类经验"的形成，是以教师亲身经历的事例经验为事物自由变更的事例，通过不断的反思总结把握事例经验中的一个贯穿的统一，将事例经验归类为一个个有共同埃多斯的"类经验"。由于事物的变更是自由的，而人的经验是有约束的，是立足于各自的经验基地上的，每一位教师都拥有不同的经验，包括职前和职后两阶段的经验，所以每个教师对于类经验中的埃多斯的总结也是不同的，类经验对于每个教师来说就是独一无二的。并且人的内在知觉具有无疑性，而超越知觉是可疑的，这也正是为什么统一的培训与观摩不能对教师职业发展起到持续推动作用。无论是职前的直接观摩，还是职后教师的在职培训传递的都是在各自经验基地上的某一次事实自由变更的特殊事例，而非贯穿类经验的统一，参与培训的教师也无法准确地感知超越自我知觉的经验。由于经验基地的差异性和超越知觉的可疑性，教师往往能在短时间内获得一定的成果，即短时间内可以模仿体会他人的经验基地上的个体经验，却无法促进教师专业化的发展。教师一旦开始反思总结自己亲身经历的事例经验，对其进行归纳时，就能够在自我经验基地上整合出自我的"类经验"，即在自己的经验基地上塑造适合自己职业发展的道路，这样的道路是事实经验的道路，也是科学的道路。在实践中经验，在经验中反思，是教师职业的个性化道路发展过程。

三、探索事例本质的联系即自我经验体系建构

任何本质，无论它是包含实事的，还是空泛的（即纯粹逻辑的）本质，都可以归入总体性和特殊性的一系列层次中。这一系列层次包含两个永远不会重合的界限：我们从上而下地达到最底层的种差，或者，我们也可以说，本质的个别性；从下而上地通过种和属的本质达到最高层的属。本质的个别性是本质，这种本质尽管还必然具有作为自己的属的、高于自身的"更普遍"的本质，但它们不再具有低于自身的那种分类，在与这些分类的联系中它们本身是种（进一层的种，或间接的、更高的属）。同样，那种不再具有高于自身之属的属是最高的属。通过属与种而得以标志的本质关系（不是层次关系，即不是量的关系）还在于，更普遍之物是"直接地或间接地包含在"特殊本质之中的——这是在一种确定的、在本质直观中根据此本质的特

征可把握到的意义上而言。理解事例本质的联系是理解对事例直观性的概念之间的联系，这个直观过程称为范畴直观，范畴直观是个别现象考察及事物一般本质无法说明的。自我经验的系统化可以得到自我反思及总结外的经验。此外，自我经验体系的构建包括两个事物之间的关系，此关系即为现象学方法中探索事物本质的联系，教师对于自我经验的不断深入和扩展都离不开探索这些自我经验的联系才有可能形成一个经验系统，这样系统的总结的反思的经验体系才能使自我经验体系升华为教育实践智慧。

四、"悬搁"自我经验，"还原"事例本来面目，形成教育实践智慧

现象学方法提出对现实性的信念要"悬搁"以揭示被遮蔽了的意义，还事物以本来面目。现象在显现过程中表现自己，但现象在意识中的显现并不是自明的，而是受到各种偏见，尤其是语言的歧义性的干扰和遮蔽。因此，现象学要求对一切表示现象的理论语言都要进行这样的考察。又由于每个人统觉的约束性，人们往往无法在意识中准确把握事实的真正面目，现象学就是要摆脱意识对于事物的先入为主的约束，探究事物科学的个体存在或不存在。现象学处理的是所有直观材料，不管它们是现实的还是非现实的，是具体的还是抽象的，现象学要求对这些直观材料不做本体论上的区别，把其存在或不存在的判断先"悬搁"起来，通过回归事实本身来还原事实，保证科学。

教师自主生长式发展并不是阶段上升的模式，而是反复循环往复、螺旋发展的过程。在形成自我经验体系后，并不能直接产生实践智慧，而是需要重新回到教育实践中，重新面对一次类似经验的现实呈现。在自我经验的基地上发展建立起来的经验体系常常受个人意识加工的影响，与客观事实有或多或少的偏差，而这种偏差是无法避免的，只能让经验无限接近事实，所以"悬搁"教师的经验体系，不判断经验存在的科学与否，让教师进行一个冷思考，重新回到教育实践中，重新经验教育实践，是保证教师经验接近事例本来面目的过程。有的教师在践行自主生长式教师专业发展的过程中往往会遇到瓶颈，为什么自己长期积累事例经验，发展经验体系的过程终究不能成为自己教育的实践智慧？为什么自己的经验体系就是没有用呢？这些问题的出现往往是教师自我钻研的结果，带有强烈主观意志的经验体系是特殊的，是个别的，不能促进经验的发展。教师自主生长式发展阶段断论是"外铄＋内塑"取向，所谓"外铄"便不能仅由内塑来完成，需要教师自身通过现实的实践还原教育经验的本来面目才能揭示自我经验发展的科学性与否。所谓

"实践是检验真理的唯一标准"，由于教育经验的特殊性，无法简单地判断对错，只有在一次次的教育实践中一步步接近教育经验的本真，把握教育经验的本质，形成在教育实践中无形的教育智慧。由于经验的事实变更的自由性，受约束形成的经验体系不能完全适应事实变更，所以经验体系成为实践并不是绝对的，只能提供一种范式，它同"智慧型"教师一样只是理想化的概念，无限让自己的经验体系把握和接近事实的一般本质，教师专业化发展才能越接近"智慧型"教师。

这样看来，自主生长式教师专业发展理论是在哲学的思维态度角度，以教育实践活动本身为依据，从教育中人的体验和情感出发。这样的教师发展是有人的发展，是回归人性、追求教育人文关怀和经验本质的教师发展。

（原载《成才》2019 年第 9 期）

马斯洛需要层次理论对教师提升"自我经验"的启示

赣南师范大学教育科学学院　陈　健　邱小健

教师"自我经验"是自主生长式教师专业发展理论的一个核心内容，它主要指教师通过亲身经历有效解决其在教育教学实践中遇到的问题，从而获得能力。自我经验与日常生活的直接经验和间接经验都有所不同，它更加强调的是人获取的能力而非知识。潘海燕教授及其团队创立的自主生长理论主张从教师自我需要出发，以教师自身为主体，立足教师已有的"自我经验"而自主发展，这有很大的创新性。然而，目前很多教师认为自身具有的自我经验明显缺乏，教师专业发展受到阻碍。

一、马斯洛需要层次理论

马斯洛是西方著名的人本主义心理学家，他在《人类动机论》一文中首次提出需要层次理论。按照马斯洛的观点，人类的需要按照从低到高的顺序可以分为五种层次，包括生理需要、安全需要、归属与爱的需要、尊重需要以及自我实现的需要。而在这五种需要层次中，最基本的是生理需要，因为它关系到人类的生存和繁衍，就像人类需要空气、水、食物等物质。其中前四种需要统称为缺失性需要，是人类生活不可或缺的，自我实现需要也称生长性需要，它是指人实现自己的愿望和理想、个人潜能得到最大限度发挥并有所作为的需要。一般而言，只有低一级需要得到满足之后，人类才有欲望和动力去追求更高层次的需要，因此自我实现需要是在缺失性需要都得到满足后才会产生的。但在不同的社会时期，人们对各层次需要的关注点明显不同。在经济和信息全球化的今天，大多数人的需求水平相对较高，基本的生理需要和安全需要都能实现，因而他们十分关注尊重需要以及自我实现需要的获得。需要层次理论中将尊重的需要分为自尊和他尊两个方面。自尊是个体对自己有信心、有成就、有支配地位的欲望，而他尊是希望得到他人的尊重和赏识。现代和谐社会要求人们既要追求自身尊严又要达到人际间相互的尊重，因为这是实现人格尊严的必经之路。

二、教师"自我经验"发展的主要困境

教师的自我经验是一种注重能力获得、要求教师亲身经历的体验。然而人们受观念的影响，认为经验之类的东西是可以学来的，所以很多教师在教学实践中投机取巧，不愿主动思考，甚至有些老师生搬硬套，结果自然不如人意。当前很多教师"自我经验"发展面临一个主要困境：教师自我经验敏感性较弱。敏感性可以解释为个体对一件事或某种东西很敏锐，能做出很快的反应。教师自我经验的敏感性影响着教师成长的步伐，敏感性强说明教师善于思考，勇于反思，反思才能进步，反之亦然。如何增强教师"自我经验"的敏感性？最首要的是教师要学会自我捕捉。比如，教师在备课阶段得分析教材解读文本，以往很多教师会直接照搬别人的教案及教法，这种方式显然不恰当，只有先对教材、文本进行思考和分析，进而在课堂中实践，课后善于反思和总结，这一系列的想法和做法就是自我经验。其次，同伴互助。例如，有些教师自身没有感受到自己的教学方法有效，但其同伴在参与课堂教学的过程中有着良好课堂体验和感受，因此在课后总结阶段对它进行了整理和归纳。

三、需要层次理论对教师"自我经验"提升的启示

心理学研究证明，人的行为始于需要，并由需要引起动机，而人类的生存就是为了追求物质需要和精神需要的满足。马斯洛需要层次理论以"需要"为视角研究人的行为动机，这在某种程度上为教师专业发展提供依据，并给教师"自我经验"的提升带来一定的借鉴意义。

1. 满足生存需要：提供安定的生活和工作环境

生理需要是人类最基本的需要，它直接关系到人的生命安全，当人们有食可吃、有衣可穿、有地可住后，人们就会想要一个工作安全、生活稳定的社会环境，这便产生安全需要。教师是一种有别于其他职业的特殊群体，这与他们的工作对象有很大的关系，因为他们每天面对的是一群鲜活的生命个体。在这样一个极具挑战性和复杂性的岗位上，教师若要保持自己对工作的积极性，最基本的要求则是对物质条件的满足。物质条件包括教师的住宿条件、家庭生活环境、工作环境以及工资待遇等等，只有这些基本的需要得到满足后，教师才有精力和时间去提高教学能力，也才会在遇到教学实际问题时花时间去解决，而非逃避。教师"自我经验"是教师专业发展的内容，而教师专业发展又是一个循序渐进的过程，当物质条件满足后，教师才会生发出精神上的追求。

2. 满足交往需要：组织教师交流、共享经验

在生存需要满足后，此时的教师希望和同事们保持良好的友谊，希望得到朋友、爱人的信任和支持。交往活动是人们形成一定人际关系的重要途径，教师之间的交往不仅满足他们的共同需要及情感需要，而且有利于培养教师们的合作精神。对于新手型教师来说，交往需要尤其重要。新手型教师由于受教学经验和知识能力的限制，他们一开始很难适应教学岗位，在备课、上课、课后反思等方面往往存在不足，因而从专家型教师中获取教育教学上的经验是他们提升能力的有效方法之一。这里所说的经验并不是完全照搬，而是学习专家型教师或者优秀教师如何研究教材、研究教法以及如何进行课后反思等工作。学校可以一周开展一次教师交流大会，请校内或校外特级教师、优秀教师做报告，分享教学经验，这样有利于教师专业教学能力的提升。

3. 满足成就感：创造教师"自价值我实现"的机会

不管是中小学教师，还是大学教师，对成功都有着强烈的动机，都渴望在科研或者工作上有所成就。对中小学教师而言，他们的基本目标是完成自己的教学任务，达到一定的教学效果。当然看似简单的工作，实际上具有很大的复杂性和不可操作性。在课堂实践中，总是会伴随着一些意想不到的事情出现，教师不能只是为了完成任务，因为除了教书，教师还有更重要的使命——育人。很多中学教师培养了一批又一批进重点高中、重本的学生，当他们看着一群可爱的学生能够有比较好的学习和发展机会，这便是他们自我价值的实现。教师"自我经验"的提升一方面是给予学生良好的教学实践，促进学生学习效果；另一方面是促进教师自身专业发展，实现自我价值。对学校来说，应该为教师创造更多实现自我的机会，有计划地在科研或工作优秀的教师中选拔有培养前途、对学校长远发展有利的教师进修或继续深造。

（此文曾收入《第五届自主生长式教师专业发展理论学术研讨会资料汇编》2021 年 3 月）

参考文献

[1] 潘海燕，杜新红. 教师"自我经验"的特征与发展过程 [J]. 成才，2017（3）：15-17.

[2] 孙普，何慧星. 马斯洛需要层次理论对大学生思想政治教育的启示 [J]. 江苏教育学院学报：社会科学，2011，27（2）：31-33＋141.

[3] 王文娟. 马斯洛需要层次理论在新生入学教育中的应用探析 [J]. 云南民族大学学报：哲学社会科学版，2012，29 (4)：116 - 119.

[4] 丁兰芬. 马斯洛需要层次理论在高校教师管理中的运用 [J]. 继续教育研究，2003 (2)：107 - 109.

【作者简介】

陈健 (1992—)，男，湖南岳阳人，赣南师范大学教育科学学院硕士研究生在读，主要研究方向：教育学原理。

邱小健 (1967—)，男，江西赣州人，博士学历，赣南师范大学教育科学学院副院长、硕士生导师，主要研究方向：教育经济学。

自主生长天地宽

——读《成才杂志"自主生长式教师专业发展"专栏文章汇编》（第一、二、三辑）有感

武汉东湖新技术开发区教育发展研究院　夏循藻

　　我与湖北省第二师范学院潘海燕教授交往多年，深为他的人格魅力所折服。他为人纯粹、矢志科研、成就卓越。他醉心于教师发展过程理论研究，坚持 15 年，实验学校达到 108 所，足迹已遍及湖北、辽宁、内蒙古、天津、河南、重庆、湖南、广东、广西、云南、福建、新疆、宁夏等地。"自我经验"是教师个体通过对亲身体验进行反思所获得的感悟，但长期没被人明确觉察到，或重视不够或透视不够。潘海燕教授敏锐发现并界定了"自我经验"的含义，揭示了"自我经验"嬗变的四个阶段，即"事例经验"—"类经验"—"个人经验体系"—"教育实践智慧"；他坚定主张将教师专业发展建立在"自我经验"基础上（同时还强调了教师发展共同体），在反复实践的基础上，他将立足"自我经验"的教师专业发展概括为：从教学实践经验的内省反思，优化放大为"事例经验"——在系列事例经验中整合成能深入全面认识问题的"类经验"——将各种"类经验"凝练升华为指导专业教学实践的"经验体系"——将"经验体系"与专业实践相结合形成具有鲜明教师个性特点和艺术特征的"实践智慧"，并在课堂里应用自己的教育思想。在课堂教学领域探索出"自主生长课堂课"模式，在校本研修领域探索出"自修—反思式校本研修"模式，在师范教育领域探索出"自主生长取向的师范生培养"模式。

　　不久前，收到潘教授寄来发表于 2015 年、2016 年、2017 年《成才》杂志的三辑《"自主生长式教师专业发展"专栏文章汇编》。细细品读，感受颇深，收获良多，这些文章真实地体现了自主生长式教师专业发展研究的脉络与进程，全面反映了自主生长式教师专业发展理论的精神。归纳起来，共有四个特点：

一、旗帜鲜明，有号召力

第三辑《汇编》目录之前，有一则"编者寄语"，写的是：努力把自主生长式教师专业发展理论打造成具有中国味道的教师教育理论流派。这一句口号，是对前期研究的总结与提炼，也是对现有研究的定位与表述，还是对未来方向的描述与引领，言简意赅，极具感召力，它能把正在探索教师教育规律的理论工作者和有志实践自主生长式教师专业发展模式的一线教育工作者团结在一起，共同参与"具有中国味道的教师教育理论流派"的建设与研究活动之中。

二、议题集中，有吸引力

第一辑《汇编》的封面上写着三个核心议题，即中小学自修—反思式校本研修模式，中小学自主生长课堂，自我导向学习取向的师范教育；第二辑《汇编》的封面上也写着三个核心议题，即中小学自修—反思式校本研修模式，中小学自主生长课堂模式，自主生长取向的师范生培养模式；第三辑《汇编》的第一页赫然写着四个核心议题，即中小学教师的自我经验与发展共同体，中小学自修—反思式校本研修模式，中小学自主生长课堂模式，自主生长取向的师范生培养模式。三辑的议题，尽管侧重点各不相同，或注重发展共同体，或强调校本研修，或指向课堂模式，或重视师范生培养，但都直指"自我""自修"与"自主"，引导模式建构。它们能吸引各方人员广泛参与，既有个人，也有群体，既有中小学，还有师范院校，这些都是引导教师专业发展不可或缺的力量，它符合职前职后教师教育一体化的趋势。同时，既关注课堂，也探索教研，涵盖了学校两大重点领域，使研究具有了活力与张力。

三、成果丰硕，有影响力

从数量来看，用稿量大，《成才》2015 年发表 17 篇，2016 年发表 23 篇，2017 年发表 22 篇；从地域来看，覆盖面广，有省外的江西、湖南、广东，也有省内的长阳、秭归、武穴、老河口、孝感、宜昌，还有武汉的新洲区、洪山区、青山区、武昌区、东西湖区、硚口区、汉阳区、江汉区、东湖高新区；从内容来看，辐射力大，涉及教研部门、科研部门、培训机构和教学单位；从类别来看，互补性强，有大学教授的理论文章，有教育培训机构领导的指导文章，有小学教师的实践体验，有一线校长的管理经验，有教研人员的研究案例，有教师培训学校专家与普通教师合作的课例反思，有涂玉霞和李明菊等特级教师的近作，也有李佳旖这样的教坛新秀的文章。其中，2017年第10期《自我经验：教师专业发展的动力源——回答一线教师的一些困惑》一文，值得认真阅读，它采用答问的形式，对一线教师关心的一些问题做了针对性的回答。特别是收入《汇编》第一辑的潘教授写的《引导教师在行走中改变行走方式》、收入《汇编》第二辑潘教授写的《自主生长式教师专业发展理论探索的回顾与展望》、第三辑《附录》里收入他写的2017年第五期发表于《中国教育学刊》的《教师的自我经验及其作用——基于中小学教师专业成长的科研转向》和收入《西北地区教师教育变革与发展论文集》中的《立足"自我经验"的教师培训转向》等几篇文章，为我们全面、深入而系统地了解"自我经验"提供了有力的理论支撑，也为我们进行教育科研创新与教师培训创新提供了崭新的实践范本。

四、注重研究，有生命力

第二辑《汇编》在"导读"部分列出2017年自主生长式教师专业发展理论25个研究专题。这些研究专题，涵盖面广，提示性强，涉及校长、教师、教育硕士等群体与文化、课程、制度等类别。它们都很有价值，很有意义，都为来年的研究提供了方向。不管是感知与积累"事例经验"，还是整合"类经验"，抑或凝练"经验体系"，无论是转"知"成"智"，还是化"智"为"慧"，无论是"自我经验"的哲学辨析，还是自主生长式教师专业发展，不管是高职教师专业发展研究，还是师范生培养研究，或者专业教育硕士的培养研究，甚至是案例库的实证研究，都是很好的研究领域，需要我们好好琢磨与体会。

我相信：有了理论与实践的结合，有了专家与教师的联手，自主生长式教师专业发展研究天地宽阔，相信研究会取得更多的成果。

（原载《成才》2017年第11期）

论教师专业发展的"自我经验模式"

——基于生命哲学的视角

北京教育学院基础教育人才研究院　刘胡权

一、生命哲学视角下的"自我经验"

（一）"自我经验"是生命哲学的重要关切

长期以来，受制于理性主义的发展，我们对"经验"持有恐惧，尤其是当"经验"与"自我"相结合时，认为它们会制约理性或科学的发展。实则不然，我们要将"纯粹的经验""经验的我"与"自我经验"区别开来。"纯粹的经验"不能用于"自我经验"是因为它作为逻辑的同一性原则是空洞无物的，而"经验的我"是因为它把人变成了物。而"自我经验"使我们看到的不是像海浪中的巨石岿然不动"核心般"的主体，而是帮助我们成为我们自己。

"自我经验"是生命哲学的重要关切。生命哲学基于对自然主义、理智主义、人本主义的剖析和批判，将关注重点置于实际的人类经验上，从人所经验的生活开始。"生活第一，而不是思想第一，思想仅是生活的工具。"生命哲学不是为了回答"生命的意义"这个问题，而是回答经验真实性的问题，是同生活连在一起的问题。只有当人类生活探究它自己的力量时，才可能找到答案。启示不可能来自外部，而只能来自生活本身的教导与经验。在此意义上，"目光向内"的观点的基础是主体性的一种错误的物化。如果脱离了行为方式，人就完全不能了解自己。我们要借助于决定我们生活特点的风格了解自己。

生命哲学把生命理解解释为经验形式以及经历，生命哲学将抽象和形象、思考和感觉交融在一起。在这种经验中，内部和外部、自己和陌生以一种不可比拟的方式产生关联。生命哲学是把经验的一种理论同自我的一种理论联系在一起。这样，自我就不能光从逻辑上加以解构，而是产生于对某一事情的解释，那就是发现自己作为生活中的人，作为正在行动和感觉的人。在这样的先决条件下，把生命哲学系统发展为对自我经验理论的贡献是会成功的。生命哲学是一种信念，相信人只能通过生命这个媒体了解和得到自己。对自我经验的实践来说，不是过早中断对生命的工作，不是一种突然对"真正自我"的突破，而是把经历变成方法才会使人更接近自己。正如狄尔泰所言："我无法在生命和生命力前停止不前，生命和生命力拥有关联，所有的经验和思考都在这些关联中得到解释。"

（二）"自我经验"从新的视角理解自我意识

自我经验将自我同生命联系在一起，关注那个充满对主观体验直观看法的运动。人生活在他的自我盲点中，他离自己太近了，所以意识和生命就不会毫不保留地得到保护。只有生命哲学的那些能看到这个距离的形式才有可能为提出自我经验的理论做出贡献。生命哲学认为，在人的体验中存在着一种自己的节奏，自我经验能从存在意义上把握全部的人。

这种主体性或自我经验对生命哲学做出了重要贡献，尤其在当前越来越趋于物化和媒体化的时代，我们更需要回到我们自身的"自我经验"。因为哲学的思考只有服务于生活才有价值，而非理性的工具化或利用理性策划某种战略。生命哲学并非一种非理性力量的生命思考，而是一种信念——一种认为了解自己很值得的信念，这也许是一个艰难的过程，这一过程会给人带来令人不愉快的意想不到的事情和痛苦。然而，这一过程是必要的，因为它意味着"自我更新"。

生命哲学的价值在于它包含的思维形式要比形式逻辑的思维形式更丰富、更灵活。生命哲学指出了如何才能了解熟悉的、过渡的以及平衡的现象，因为生命是具象的复杂系统，这些现象用形式逻辑的手段难以驾驭。而生命哲学最原始地把生命和意识融合在一起去"直觉"，逐渐建立主体的"自我经验模式"，从而对自我意识从更开阔、能包罗生活实践的经验范围获得了新的解释。

自我经验的实践是发现和承认自己的想象和愿望会导致"真正的我"的突破和"实现自我"。在一个崇尚消费和积极接受各种信息的世界里，存在着自我异化和失去自我主宰的危险。人们感觉到非个性化和外来的主宰是对现代生活的现实威胁。这些威胁可以通过自我经验的实践得到克服或至少可以减弱。所以可以把自我经验理解为是在当代实现德尔斐神谕"认识自己"。

要看一个人是否了解了自己，就得看他是否和在何等程度上能说出自己的经历。"真正的自我"体现在表达自己的感受和思想，而不是无言的内省中。生命成长的故事把我们的经历带入一种可以理解的关系中，就在这种关系中我们找到我们的同一性。故事提供了自我经验的真正标准，这些标准同时也具有个人生活范畴的地位。

二、理解教师的"自我经验"

（一）教师"自我经验"是不断生成的

何谓"自我"？这是一个丰富而复杂的概念。恩斯特·布洛赫有一句名言："我在。但我没有我。所以我们生成着。"卡尔·雅斯贝斯在《世界观的心理学》描绘自我：自我是一个生活概念；自我只能在悖论中打转，但无法辨别，它既是普遍的，又是个别的；正因为它无法成为这样的东西，所以自我只是不断在形成的东西。自我更多的是一种难以描述的强烈的自我实现感，一种不可能被取消的状态性，这种状态性要先于所有对特殊状况的自我描绘。

主体哲学中有关自我的观点，一种是康德先验哲学的"纯粹之我"，一种是分析学家的人的概念。康德的先验哲学把自我意识看作他们思考的基础并把"经验的我"和"纯粹的我"加以区别，"纯粹的我"有明确的定义，表明意识的统一，作为认识的逻辑的先决条件，它不能成为经验的对象，是"先验主体"，作为"良心"应该直接出现。"经验的我"被先验哲学的主体理论视为没有意义并被排斥，因为主体理论只对客观认识的可能性感兴趣，而这个问题是不能通过经验中发生的内容而得到回答的。因此，用"纯粹的我"和"经验的我"来解释自我意识的做法都没有说明自我经验的自我。

因此，自我经验作为不断生成的过程是有其自己的辩证法的，由于人自己接受自己，就克服了他的自我异化并能找到自己，他就会变成他自己。通过自我的道路永远是间接地通过自我图像，但我们总是把这些自我图像像已经登过的梯子那样扔在我们身后。自我是形成的过程，我们总是超越每一个自我图像。自我图像也不是人可以看到的图像，而是一种感情模式，这种模式决定了这个人内在的理性标准。

对于教师而言，作为一种职业的"教师"本身是在历史中不断生成的，经历了从兼职到专职，到变成一个行业，逐渐形成它的职业化特征，并且作为一个专业来追求、建设的过程。作为教师个体的"自我经验"是教师在专业发展的过程中不断生成的，早期的生活体验及师范教育的职前培养，只是为我们"成为"一个教师奠定了坚实的基础。真正"成为"一个教师，最根本的还是在于职场的锤炼。教师正是历经一定的发展阶段，不断"过关斩将"，逐渐积累、内化、沉淀、生成其专业发展的内在结构，提升自己的专业水平。教师专业发展的阶段理论很好地说明了这一点。任何一位教师都处于不断发展和完善的过程之中，教师专业发展贯穿教师整个生命历程。

（二）教师"自我经验"的生成要基于生活实践

要真正理解"自我"，还需从更开阔、能包罗生活实践的经验范围去获得，于是"自我"与"经验"的结合再次成为必然。许多人认为"自我"与"经验"连在一起使用必然会导致把主体客观化，从而就抓不住自我意识的本质。这种担心同强调把内心的感觉、自我审视放在首位的怀疑是一样的。他们认为内心感觉要比外部感觉差，甚至提出否认内部感觉的可能性，并把自我审视只当作比喻来用。

然而，自我经验的实践是丰富的。德国哲学家狄尔泰对"经验"的解释——生命所展现和承受的正是依靠生命本身，从本体论上强调了个人经验的独有和特享，无需向外寻求理论或先验的支持，生命只在生命内部实现自我更新。我们强调担负起生命的责任，实现生命的潜在意义，是强调生命的真正意义要在世界当中而不是内心去发现，因为它不是一个封闭的系统。人生于复杂的社会网中，"自我"并不是一个抽象概念，而是一个经验的现实。个体需要意识到周围人的存在，并将周围人视为其自身存在的一部分。自我的情景不仅需要被动的接受，更需要主动的认可。一旦人与人相互关联这个事实被认可，个体才会开始承担社会责任。

对于教师而言，更是如此。教师的"自我"也是在与学生、同侪的关系中交融生成的。因此，"自我经验"也是一个生活概念，而生活是获得具体经验的媒介。这种媒介把客观的内容同主观的内容联系在一起，这后面是一种信念，那就是生命是自我经验的可靠的、自动起作用的准则。生命组成了自己的逻辑空间，生活经验从属于生命这个事实的内部，因此要比外部世界的思维形式灵活得多。生活经验可以作为自我经验的模式。生活在继续，这就是生活，是本体学的两个既适用于体验也适用于世界的无区别的范畴。生活经验是意义形成的独立形式，这种形式能建立起外部和内部、主观性和客观性之间的联系。借用黑格尔逻辑学的话：在生命中，所有的内容都向自我呈现。生命哲学以生命作为自我经验的媒介。持这种立场的教师，以体验形式获得的生活经验成为人理解人生的基础。这一理解不同于认知教育过程中的解释，它建立在这样的信念上：即人不是生活在因果关系的锁链中。相反，意义、意图和理解等自始至终渗透在人的行为和生活中，不能用因果关系去解释，理解永远是个人的理解，只有在个人的心境中才出现。在体会、了解、想象别人的精神世界的过程中，他们遗忘了自己——投身于某种事业或献身于所爱的人——他们就越有人性，越能实现自己的价值。因此，教师的"自我经验"正是在他们把自身认同融入工作，在生活中将自己、教学科目和学生联合起来，不分你我的过程中生成，也正是在这张复杂的联系网中，教师实现了自己存在的意义与价值。

（三）教师的"自我经验"具有精神性

一切真正的精神性都涉及一种成就，整个生活投入其中的一种成就。倘若生活要有意义，自由便是必不可少的。必须能给我们的活动一种个人的特征，并推进到一种自主的生活。否则，我们的生活便不完全属于我们自己，而是由自然或命运指派给我们，它在我们内部发生，却不是由我们决定。这样一种半异己的经验，从外部强加给我们的角色，势必使我们对它的要求漠不关心，倘若我们冷漠置之的东西竟然吸引了我们的全部精力，竟然变成了我们的个人责任问题，我们的生活便将在令人气馁的矛盾中挣扎。事实上，要探求生活过程的真正意义，不应该凭借对外部世界的任何间接关联。关键的要素其实是它所展现的现象以及它在自己的发展过程中所提出的要求。其实，我们本性深处便有寻找这样一种意义的向往，一种无法抵抗的内在冲动迫使我们从内部来尝试和说明生活，使它完全成为我们自己的生活。

德国思想家鲁道夫·奥伊肯作为生命哲学思潮的主要代表，他认为正是由于对精神生活的"承认、占用和决定"，个体获得其精神个性和人格，而人类历史亦成为人类精神生活的历史。毫无疑问，对精神生活的追求是人之成为人的关键。"精神世界内在于人的生活运动而给人生以真正的价值，给个体生活和人类生活以真正的历史意义，给人以目标及实现目标的热情。精神生活使人们从单纯的人类生活中解放出来，让人们享受全部整体的生活。"教师作为"传道、授业、解惑"的专业人员，从事的是丰富人的精神世界的工作，其工作性质本身就具有内在性和崇高性，这种内在性和崇高性凸显了教师职业的精神性。

教师的"自我经验"是在他与其他身体、物体、自我、境况、观念的相遇中和他们对自己先前自我的反思中建构起来的。对于教师而言，他们正是在"成为"的过程中不断积累、沉淀形成自己的经验模式。之所以说教师的"自我经验"具有精神性，因为"自我经验"的生成是基于整全生命、基于关系性的认识，而整全生命、关系性本身就具有精神性。

生命本是一个相互联系的整体，是身、心、灵相互联结、依存并相互转化的统一体，它自身是一个不断内部循环的小宇宙。同时，人的整个生命体又与外部世界、他人发生联结，在种种或远或近的关系（时空）中度过生命，获得属于自己生命的独特感觉与经验。无论哪一个方面都意味着：人在"关系"中才可能维持生命作为一个完整体顺畅地"运转"、协调地发展。所以，笼统一般地谈生命还不够，须涉及生命的内外部关系，涉及作为主体的人对生命内外关系的意识，包括觉知、感受、体验、反思等不同表现。

人是关系性的存在，关系是人存在的本体性基础。诺丁斯认为，将关系作为本体性的基础意味着我们意识到人类存在的基本事实是人类的相遇以及随之而来的情感回应。教育关系就是教师与学生的相遇及随之而来的情感回应。教师也正是在相遇及回应的过程中不断生成自己的经验模式。狄尔泰认为，教育关系以接触为前提，是家庭关系的提升，是建立在基本的、本能的、充满爱的、责任的属性上。正是这样的属性，使得师徒和师生就像是源远流长共舞的舞伴。

三、基于"自我经验"的教师专业发展

长期以来，有关教师专业发展的认识与理解，往往侧重于"专业发展"本身，而漠视"专业发展"的主体——教师。我们并未将教师作为具有主体性的学习者、成长中的人，而只关注教师外在的知识、能力的习得，忽视教师主体生命的感受与成长，以至于教师内心隐藏着的许多生命冲动、生命经验，往往被忽视。而往往正是这些"冲动""经验"是教师专业发展的内动力，是成就教师的关键。基于上述对教师"自我经验"的理解，我们来重新认识教师的专业发展。

（一）在"自我经验"的不断生成中实现专业发展的自我更新

我们每个人都是在"过去—现在—未来"的时间之流中成长发展，过去的种种经历塑造了现在的我们，我们是各种条件的产物，这些条件包括社会的、环境的、气候的、政治的和经济的，它们构成了我们每个个体的背景。理解了这个背景，有助于我们更好地理解我们自己。每个个体正是依据这种独特性，不断积累和生成着自我的经验并进而成为独特的自己。尽管我们是个体的、具体的有机体，但我们的自我也是在它与其他身体、物体、自我、境况、观念的相遇中和我们对自己先前自我的反思中建构起来的。对于教师而言，它正是在"成为"的过程中不断促进自己的专业发展。了解自己本身，意味着需要"回溯"、梳理、理解自我的经验。

教师要在"过去—现在—未来"的时间流淌中，发现作为整体的人的存在意义，即生命的某一阶段是生命整体的部分，只有放置生命整体之中并依

靠生命整体才能呈现其意义。人作为关系性的存在，是在时间、空间、关系、身体等存在性要素之中展开自己的生命的，人的发展只有在存在的意义上理解才能更好地存在。通过"自我经验"的"回溯"，在时间之流的绵延中发现过往与未来的关联，有助于未来意义的确认，也使得生命本身是一个完整而不分裂的整体。相反，对过往视而不见或不持反思的态度，难以让"现在"更有意义地存在，也找不到未来发展的方向。教师的专业发展是一个持续的社会性建构的过程，早期的生活体验、过往的发展经验与专业发展之间是否具有内在的勾连？教师能否透过自己的生活史去"回溯"自己的生命过往，在"过去—现在—未来"的时间链条中，能动地反思、建构自己的专业发展，实现专业发展的自我更新？这取决于教师对"自我经验"的理解与认识。

（二）立足教师的"生活经验"实现专业的持续发展

作为一种经验形式，生活经验同客观经验有根本的不同，最能接近自我经验的特点。科学经验是可能提出结论的，生活经验很难有明确的结论；对生活经验而言，不存在"经验主义的感官判断"，生活经验是不能重复的，一次性的；生活经验不会导致对事物作出一般的定理，而是会导致人的态度的变化。对生活经验来说最重要的是，人通过它在自己的生存中受到了冲击。生活经验并非纯粹主观的印象，有其自己的客观性，这种客观性不体现在普遍有效的定理之中，而是体现在人的具体的态度中。自我经验亦是如此，虽然主观却不消失在感情生活中。自我经验要比体验一定的感受要多得多（不仅仅是确定自己的感受，也还要解释这些感受），是一种面对自己的内心态度，这种态度超越了感受，是一种立场，这种立场也始终包含着要澄清感情。因此，生活作为获得具体经验的媒介，把客观的内容同主观的内容联系在一起，生命是自我经验的可靠的、自动起作用的准则。

生命组成了自己的逻辑空间，在这个空间起作用的规律同客观认识中起作用的规律不同。就是生活经验也有其自己的普遍性和必要性，但都是从属于生命这个事实的内部，因此要比外部世界的思维形式灵活得多。因此生活经验可以作为自我经验的模式。如果说生活经验不应是封闭的内心活动，那就需要自己的范畴，以提出自己同世界的联系。"生活在继续"和"这就是生活"是本体学的两个既适用于体验也适用于世界的无区别的范畴。这些范畴是海德格尔提出的"生存论上的东西"。相反那些纯粹的理解概念，如本体或因果性就太外部了，并不太清楚地显示了只是同客观事物有关，而不是表示生命和体验的特点。这里显示了生活经验是意义形成的独立形式，这种形式能建立起外部和内部、主观性和客观性之间的联系。

对教师而言,"生活世界"或"生活经验"是教师获得自我意识的重要源泉,正是"生活经验"建立了教师外部和内部、主观性和客观性之间的联系,没有作为媒介的生活,生命难以自动起作用。在自我经验中,人面对他自己的行为方式,这种行为方式是有意义的,这种意义就是他自己。施本格勒和尼采把生命内在的价值表达为:生命承诺我们的东西,我们应该为生命而保存。教师的专业发展并不仅仅是获得外在的知识或能力的发展,而是最终获得生命的完满,在成就学生的同时成就自己的生命。教师的生命内容来自生活风格,生命内容也不是以随意的决定作为基础的目标,而是事件,是生命经验的结果:信念、态度、价值。生命内容不是制造出来的,而是产生于生命的进程中,并作为这样的进程代表全部的人。因此,教师持续的专业发展需要基于生命经验的结果,教师要关注那些重要的生命事件,这些生命事件饱含着信念、态度、价值等生命的经验,是沉淀为教师生命内容的关键质料。教师如果拥有这些质料,就拥有了存在的意义和价值,就能够抵御制度化和物化对生命的摧残,就能够坚定不移地推进自己的专业发展,为着那生命的丰满及彼此的成全。

(三)通过生命实践实现教师生命存在的价值

从生活实践的角度看,人不是由某种先验的抽象本质所规定的存在,人其实就是他的现实生活。生活不是独立自成的,也绝不可能是固定不变的。生活中的人必定要跟其他人以及万事万物发生联系,从而产生互动的人、关系中的人。实践是人本源性的存在方式,创造性、超越性、关系性是实践固有本性。人的存在就是共在、共生,这种共在性的关系实际上是一种各具特点的、独特的、创造性的个体存在之间的相互依存和融合。所有的人作为真实的自我,都必然是关系中的自我。对于教师而言,更是如此,正如马丁·布伯所言"教育的核心在于关系"。

教育本身就是关系之中的一种生命实践,从教师的工作性质而言,正如"投出去终将要返回的飞镖"那样,教师工作是能够获得丰厚的心理回报和满足感的。当然,这取决于教师的情感投入及关系的建立。"教师的工作是将自己的力量倾注在学生身上,为每一位学生投入希望。"教师的情感投入是基于对生命的理解、对生命成长的期待,是基于自己作为教师身份的职责要求,情感投入并不期待什么现实的回报,它只是生命进入的一种状态。

弗兰克尔认为,生命的存在有三种含义:存在本身,比如人特定模式的生存;存在的意义;对个体存在之意义的追求,即对意义的追求。走向"自我经验"的教师是能够体会到自我存在感的，也能够领悟生命的意义和价值，因为他们注重从生命内部发展自己而非外部的追逐，因而他们是幸福的。教师把自己丰富的个性融入教育过程而拥有的教育幸福感才是真实自然的，是任何力量也无法剥夺的存在的家。走向"自我经验"的教师无疑是"生活在蕴含着明天的今天"这样一种生命存在状态，他们在时间的链条中找寻到了生命存在的意义，进而将整个生活投入其中，只为着彼此生命的成全。奥伊肯认为，我们本性深处便有寻找这样一种意义的向往，一种无法抵抗的内在冲动迫使我们从内部来尝试和说明生活，使它完全成为我们自己的生活。生活的意义在于把生活当作一件艺术品那样来构造。教育，就是化育人心的神圣职业，教师与学生之间"进行着一种生命的交换"，教师的生命从学生的生命那里获得了"升华"，自己的工作是一种对人生至高幸福的追求，是一种生命意义上的享受。

（原载《国家教育行政学院学报》2018 年第 7 期）

参考文献

[1][德] 费迪南·费尔曼著，李建鸣译. 生命哲学 [M]. 北京：华夏出版社，2000.

[2] 朱小蔓. 关注心灵成长的教育——道德与情感教育的哲思 [M]. 北京：北京师范大学出版社，2012.

[3][德] 鲁道夫·奥依肯著，万以译. 生活的意义与价值 [M]. 上海：上海译文出版社，2005.

[4][美] 内尔·诺丁斯著，武云斐译. 关心：伦理和道德教育的女性路径（第二版）[M]. 北京：北京大学出版社，2014.

[5][印] 克里希那穆提著，李瑞芳译. 论关系 [M]. 北京：中信出版社，2013.

[6][美] 内尔·诺丁斯著，龙宝新译. 幸福与教育 [M]. 北京：教育科学出版社，2009.

[7][日] 秋田喜代美，佐藤学编著，陈静静译. 新时代的教师 [M]. 北京：教育科学出版社，2013.

[8][美] 维克多·弗兰克尔著，吕娜译. 活出生命的意义 [M]. 北京：华夏出版社，2010.

[9] 刘梅. 精神生活：奥伊肯对人生哲学的批判与建构 [J]. 哲学研究，2006（7）：104-105.

凝练自我经验　促进教师专业发展

——"第四届自主生长式教师专业发展
理论学术研讨会"综述

湖北第二师范学院教育科学学院　万爱莲
武汉市光谷第九小学　商长华

教师专业发展是当今世界教师教育的重要议题之一，如何构建新时代具有中国特色的教师专业发展理论任重而道远。2018 年 12 月 1 日至 2 日，由湖北省人文社科重点研究基地———湖北教师教育研究中心主办，湖北第二师范学院教育科学学院承办的第四届自主生长式教师专业发展理论学术研讨会在湖北第二师范学院举行。来自上海师范大学、湖北师范大学、华中科技大学等高校的研究人员，湖北、湖南、新疆等省实验学校的代表、《成才》杂志社编辑等 100 余人齐聚湖北第二师范学院，围绕本次研讨会的核心议题"如何提升教师的自我经验，以促进教师的专业发展"进行深入探讨，共同探讨、破解教师专业成长的密码。

一、自主生长经验理论的凝练

我国教师教育领域"接受性"思维积习严重，忽视教师的"自我经验"的作用。自主生长式教师专业发展理论，是湖北第二师范学院潘海燕教授，根据自己长期对"发生认识论""学习型组织理论""行动研究与叙事研究方法""成人与教师学习理论"等教育理论成果的研究，在长达 10 多年的学校实践中，总结提炼出来的理论。其理论构想就是"让教师立足自我经验自主生长与应用自己的教育思想"，即：在亲身体验中提炼事例经验——在系列事例经验中整合出类经验——将系列类经验凝练成个人经验体系——在反复应用个人经验体系中生发实践智慧。该理论强调教师的专业发展过程，一定是立足教师的"自我经验"（反思后获得的感悟）而自主生长的，必须经历教育活动、教育体验、教育感悟，借助教师专业发展共同体，牛长出新的经验或思想，如此循环使生长从一个台阶上升到一个更高的台阶、螺旋式的上升发展过程。[1]

研讨会上，潘海燕教授对"自主生长式教师专业发展理论"的历史进行了梳理，对 2018 年相关的研究成果进行了展示，对下一阶段的努力方向和具体措施进行了规划。湖北师范大学王文教授非常赞同潘教授的观点，他指出：自主生长式教师专业发展理论主张"教育活动—教育经验—教育感悟"是教师教育思想生长的心理逻辑和机制。教师在教育活动中形成教育体验，累积的教育体验发出教育感悟，三者相互影响，螺旋上升。汉江师范学院的周勤慧探讨了自主生长式教师专业发展理论的适应性与生命力。她根据武汉洪山区的档案材料（《课题推广简报》1—3 期），回顾了对洪山区 13 所中小学在 2006—2008 年间推广实验"自修—反思校本研修模式"的过程，分析了自主生长式教师专业发展理论的适应性与生命力。但认为各校不应盲目照搬他人经验，而应精心设计与组织，一校一策才是成功的关键。北京教育学院基础教育人才研究院的刘胡权认为，"自我经验"是生命哲学的重要关切，他从新的视角理解了"自我经验"。教师的"自我经验"具有精神性，是不断生成的，而这种生成要基于生活实践。

总之，自主生长式教师专业发展理论强调教师专业发展要以教师的"自我经验"为起点，以真实问题为主轴来架构研修内容，以"校本研修"为主要研修形式，以"教育反思"为主要研修方法，以教师专业发展共同体为组织依托，以促进教师的专业发展。

二、教师的专业自主权究竟有多大

重视教师专业发展过程中自我经验的提升，就不得不思考教师作为专业人员，他们在多大程度和范围上享有专业自主权这一问题。部分基层教育中小学校长认为这个在实际工作中不太好把握"度"。他们于"情"在心中可能认可教师的某些做法，但上级教育部门的考核评价都有条条框框，于"理"在行动上他们可能又对教师放权较少。上海师范大学的夏正江教授则从李镇西的时论《教育，请还教师一片"撒野"的空间》引入话题，指出教师是"精神之独立、思想之自由"的知识分子；教育是面对心灵的最复杂最精妙的创造性工作，只有教师拥有心灵的自由，才能培养出自由的心灵，进而探讨教师作为"准专业人员"，应在多大范围和程度上享有专业自主权。他认为教师行使专业自主权有确定性水平（标准化的技术性实践）和不确定性水平（富有创意的探索性实践）这两种水平，前一种常规水平的教育实践代表的是日常教育实践的主流、常态或惯例，后一种创意水平的教育实践代表的是日常教育实践的特例、反例或偏常态。现实中，绝大多数普通教师所从事的教育实践，可能都在常规水平上进行，只有那些不满足于现状、敢于突破常规或惯习的优秀教师，才会在创意水平上从事卓越的教育实践。他认为，在任何一个专业领域，一定程度的标准化是必要的，但过度的标准化却是不必要或是有害的。因此，教师应努力做到在创意水平上恰当行使专业自主权。

湖北第二师范学院教育科学学院张红梅副教授以"不以规矩不能成方圆""从心所欲而不逾矩"等精辟语句导出自己的观点："教师应在探索自主生长、追求卓越的过程中，改变我们能改变的，从而找到属于自己个性风格的经验。"

三、基于教师自主生长理论的校本研修制度

教师的成长离不开学校的支持，不少中小学校长分享了自己学校促进教师专业自主发展的具体做法。武汉市东湖高新技术开发区升华小学的李玉琴谈到升华小学通过"叙事撰写促教师反思提升"，以实现教师自主专业发展，激活内驱力。学校教师通过"教学叙事研究""教育叙事研究""研究叙事研究""培训叙事研究"等方式描述他们在教育教学活动中遇到的问题或质疑习惯化的教学行为。因为故事本身就蕴含着教师对教学实践的反思、领悟，以及重述故事时的再反思，所以这种"双重反思"使得教师在撰写故事的过程中重新认识教育，意识到自己缄默的教育观念，并促进自己观念的更新和教育经验的积累。

武汉市新洲区邾城街中心小学的汤江萍校长提到自己学校"借智自主生长理论，打造名师集群"，开办了一系列教师社团，如"自主生长教师社团""翻转课堂教师社团""教师阅读社团""教师习作教学社团""课堂研究社团""名师工作室社团""教师健身社团""教师篮球社团"等，为教师提供学习机会、自主生长的平台。"建构自主生长课堂，创新实践阵地"，让教师填写《课堂提问与评价》《课堂教学行为》等观察量表，记录自己的心得体会。经过多年探索，学校现在"初接自主生长硕果，实践成效显现"。湖南岳阳市东方红小学李坚坚提到，他们本着务本求实的原则，对自修—反思式校本研修模式进行了探索和实践，建构了自修—反思—实践—交流—评价—提升的操作模式。实践证明，该模式被教师乐于接受，是一种有效的研修模式，为其学校教师研修工作开辟了新局面。

武汉城市职业学院的黎静芳认为，师范生处于教师专业发展的起始阶段，必须破除一次性教育管终身的观念，必须让师范生掌握发展自我的知识与方法，学会自我导向学习，为终身发展做好准备。该校开展了师范生自主生长取向课堂模式探究，重在对师范生教学实践能力的培养，形成了自己的

特色，取得了一定成效。武汉市光谷第九小学副校长张茜进行了"自主生长式校本研修制度建设"的探索。她指出自己所在学校在潘海燕教授"自主生长式教师专业发展理论"的指导下，形成了以制度为保障，课题为引领，活动为载体，发展为目标的教师自主生长式发展格局。正是在这种自主生长式校本研修制度的实施下，教师们的教育理念得到了及时更新，观念在转变，认识在深入，成长在继续。

　　总之，立足"自我经验"的自主生长式教师专业发展活动，让一线教师（包括师范生）都能以"资源携有者""参与者"的身份参与进来，有话可说。同时，也为中小学教师专业发展提供了新方向，增强了教师专业发展的针对性、操作性与实效性。参与实验的教师自主学习、合作学习能力增强，反思习惯得以养成；学校校本研修机制得以建立，学校学习型组织的水准提升；等等，自主生长式教师专业发展理论受到了实验学校的普遍好评。

四、教师如何做到自修反思，提升自我经验

　　教师专业发展的成功，有"他主发展"的因素，但更重要的是教师的"自主发展"。武汉市新洲区教师培训中心的杜新红从杜威"教育即生长，教育即经验改造"，狄尔泰"人是在活动—体验—感悟中成长"，波斯纳"教师成长＝经验＋反思"等思想出发，提出"教师的成长一定是自主的，不是他主的；教师的成长一定是生长的，不是模化的"。教师应充分利用身边资源，立足自我经验—应用自我经验—提升自我经验—放大自我经验—优化自我经验—初步形成个人思想。武汉东湖高新技术开发区教育发展研究院的吴刚提出，教师还可加入名师工作室，将个人工作和工作室研究充分融合，在融合中促进教师自主发展，希望广大教师"努力学名师，做明白之师；不稀里糊涂，做明辨之师；不人云亦云，做明天之师"。持类似观点的还有湖北秭归县毛坪小学的邓向东校长，他提出"以研修共同体为依托促进教师自主生长"。学校应在自主生长式教师专业发展理论的指导下，建立自主生长研修共同体，进一步规范研究流程和方法；将实践中的困惑转变成研究中的"真问题"。因为，只有"真研究"，才能激发教师的专业自觉。赣南师范大学教育科学学院的刘璐、曾素琳根据潘海燕教授的自主生长式教师专业发展理论观点，认为在教师的事例经验、类经验、个人经验体系以及实践智慧中，类经验是形成教师自我经验的重要过渡阶段，也是提高教师教育教学水平的重要力量。因此应关注如何集中对许多事例经验进行分类整理，有效地对同一类事例经验进行再反思、再提炼，才能整

合出"类经验"。首先，强化教师互动交流意识，营造教师深度互动氛围；其次，创造教师互动的良好外部条件，建立教师互动的激励机制；最后，最重要的是联合采用多种教师互动形式，坚定不移地走"互动—自主生长"类经验整合道路。武汉市光谷第四小学的詹智梅提到如何在课堂教学变革中立足自我经验自主生长这一问题。她结合自己执教《科利亚的木匣》一课的经历谈了自己的观点。第一，解决冲突，做回自我，积累"事例经验"；第二，发现问题，大胆突破，整合"类经验"；第三，重构课堂，创新设计，建构"个人经验体系"；第四，反思总结，提炼感悟，形成"实践智慧"。湖北黄冈职业技术学院的何水英则探讨了基于"自我经验"，高职院校教师专业发展的策略。首先，做好个人阶段定位，用好和争取利于专业发展的外部资源。其次，重视个人"自我经验"，通过"感受—反思—感悟"促进专业发展。最后，融入以校本研修为主的教师专业发展共同体，实现专业发展。

总之，自主生长式教师专业发展理论立足教师已有的"自我经验"，让教师对自己的教育教学行为进行研究，促进教师研究自己身边的问题、工作中的问题，一方面有利于教师觉察和发现自己教育教学中需要改革的东西，另一方面也有利于教师反思创新，去挑战新的教育教学方法，从而推动教育教学质量的提升。

五、多学科视角下的教师自主生长理论

教师专业发展是一项复杂的系统工程，部分与会者还从心理学的视角探讨了教师自主生长理论。如华中科技大学的博士生张艺馨探讨了"自主生长理论与教师的心理安全感、职业风险选择"这一问题。她认为自主生长理论起着方向盘、调节器等作用，教师通过提高自己在专业领域的能力，提升教师职业生涯发展的延展度，可以确定和稳定地发展教师生涯，从而做到自主生长理论所强调的"自主"和"控制"，最终达成教师心理安全感的提升。还有部分教师探讨了自主生长式"说课"促进了青年教师专业成长，提供了基于自主生长式教师专业发展的新教师成长案例。

总之，教师只有"自主生长"，才能"天地宽"。自主生长式教师专业发展理论重在强调：第一，教师是有着丰富的"自我经验"的人；第二，教师发展的最终目标是专业自我的形成；第三，教师培训者的着力点主要是创造条件与程序，诱导教师内在的创造潜能，引导教师学会"行走"；第四，教育案例是教师教育思想生长的载体，是教师最好的互动平台，教师从写案例到写论文是中小学教师完成科研的过程。[2]教师专业发展只有立足于教师的

"自我经验"，才有可能获得持续的专业发展源泉。

（原载《湖北第二师范学院学报》2019 年第 3 期）

参考文献

　[1] 潘海燕. 心底存有梦不言千斤重 [A]. 第四届自主生长式教师专业发展理论学术研讨会资料 [C]. 2018.

　[2] 潘海燕. 自主生长式教师专业发展研究 [M]. 武汉：华中师范大学出版社，2018：6-7.

教师自我经验的嬗变：
在实践中迈向理论突破
——"第五届自主生长式教师专业发展理论学术研讨会"综述

湖北师范大学与湖北第二师范学院联合培养硕士研究生　钱贞熹

2021 年 4 月 11 日，由湖北省人文社科重点研究基地"湖北教师教育研究中心"、湖北第二师范学院教育科学学院联合承办的第五届自主生长式教师专业发展理论学术研讨会在湖北第二师范学院举行。来自北京教育学院、湖北师范大学、湖北工程学院等高校的研究人员，中国教育科学研究院、武汉东新区教育发展研究院等机构的专家学者，湖北、湖南、广东、广西、江西、新疆等省（区）实验学校的代表，《成才》杂志社编辑等相关研究人员参加了此次的线下或线上会议。与会人员深入交流、积极互动，围绕 2019 年以来的实践经验与研究成果，研讨了自主生长式教师专业发展理论应用于中小学科研课题实践所形成的新范式——自我经验嬗变研究法，形成了推动教师专业发展的理论成果。

一、对于自我经验与反思的再思考

自主生长式教师专业发展理论是一种教师发展过程理论，该理论认为教师的成长需经历自我经验的嬗变，"自我经验"主要有四种存在形态：事例经验、类经验、个人经验体系、教育实践智慧。教师发展的实质是"自我经验"借助"专业共同体"，在反思伴随下的嬗变过程。因此，对于经验与反思的认识尤为关键，什么是自我经验与反思，教师如何反思，专家学者从不同角度出发，凝练出不同的见解。

武汉市新洲区教师培训中心科研室主任杜新红认为，"自我经验"是在经历中通过反思获得个人感悟，经历与感悟是外显的，体验和反思是隐性的。自我经验先天存在，但需要一定的方式发展。反思是实践与感悟的进阶，一面两体，不能分割，既要从事物中形成自己的思考，又能把自己的思考返回放入现实世界之中，不断地调整与修改。从反思的四个层级，他提出了自我经验反思体用的四种境界：自然境界、功利境界、道德境界与天地境界。

韶关学院省级中小学教师发展中心的助理研究员陈庆礼根据科萨根的相关理论阐述了教师反思模型。科萨根沿着前人"对经验的理性反思"的思路，提出了 ALACT（action，looking back，awareness，creating，trial）系统反思模型。并基于积极心理学的理论，审视了纯理性反思的不足，提出核心反思（corere flection）的概念。

北京教育学院刘胡权教授在"教师专业发展的自我经验模式：基于生命哲学的视角"的学术报告中提到，自我是不断在形成的东西，自我加经验等于把经历变成方法。自我经验并非一种非理性力量的生命思考，而是一种信念———一种认为了解自己很值得的信念，它意味着"自我更新"。而教师的"自我经验"具有精神性，因为"自我经验"的生成是基于整全生命、基于关系性的认识，教师是"生活在蕴含着明天的今天"这样一种生命存在状态，他们需要在时间的链条中挖掘、发现、找寻生活经验中的意义与价值，进而将整个生活投入其中，只为着彼此生命的成全。

湖北工程学院的黄富琨主要针对教师教学反思交流了他的思考。教师教学反思是教师立足于自身教学实践，系统探究教学事理，以促进学生发展与教师自身发展的学术性活动。反思的基点是教学经验，情境性是教师教学反思创新的"助燃剂"，学理性体现了教师教学反思的"影响力"。教师需避免走进教学反思误区：迷失于个人经验，困于弱情境敏感性，疏离于学术理性。因此，教师需要在做中学，补上知识短板；参与异质、高阶学术团队；走出舒适区，提升系统探究的能力。

二、实践自主生长式发展的新成果

经过十八年的探索，自主生长式教师专业发展理论的基本主张明确、实施范式基本成型，同时也证明了其具有广泛的适应性与顽强的生命力。对于近几年的校本研修及实践探究，一线校长及教师分享了他们的成果与经验。

副校长汤江萍表示，武汉市新洲区邾城街中心小学在多年的自主摸索与专家指导下，教师专业化发展提升更快，整体素质提高明显，学校已经全面进入自主生长模式下的校本研究。例如，学校组建社团助推教师发展，教师依靠共同体，在积累与比较中整合出适合自己的类经验。此外，做实校本研修打造名师集群，开展一师一优课、一课一名师活动，组建并打磨优秀团队。

武汉东湖新技术开发区升华小学周陈成老师结合时代背景与学校情况，

代表小型学校对教师自主生长式发展实践探究进行了汇报。该校在自主生长式教师发展理论的支撑下，进行了教师专业发展的实践探索。通过制定目标、阅读好书、常态约课与民主管理等创新与改革，学校教师由"他主"走向了"自主"，学校从"标准化地保苗"走向了"个性化、整体和谐地生长"。

广东省韶关市第八中学的语文组长刘艳萍着重分析了同行讨论中"类经验"的生发。"专业共同体"的作用巨大，推动自我经验在反思中变为实践智慧。"同行讨论"是一种学习型的组织活动，是一种能激发集体智慧的教研模式，教师通过相互讨论，在讨论活动中分享经验，收集来自同行之间的可靠的、富有建设性的信息，并对事例经验进行分类整理，整合成教学"类经验"。她还结合语文科组"诵读教学"主题讨论的事例，总结了同行讨论的原则、特点与实施环节。

来自武汉市光谷第六小学教师发展中心的主任胡萍分享了学校如何通过提高教师觉察水平，促进教师自主生长。首先，组建团队，唤醒教师觉察意识。比如，名师引领方向，开设特色作坊，锻炼青年教师与新教师。其次，多样研修，激发教师觉察动力。通过培训达到生长，自定发展目标，反思案例积累成果。最后，学习分享，提高教师觉察水平。

此外，武汉市马房山中学副校长游昕与湖北师范大学王文教授还分别从自身经历与当下小教专业人才培养交流了自我生长课题研究的意义与应用。

三、自我经验嬗变研究法的初形成

自主生长式教师专业发展理论的三大范式为自修—反思式校本研修模式、自主生长课堂课例研修模式以及自我经验嬗变研究法。所谓自我经验嬗变研究法，就是自主生长式教师专业发展理论应用于科研课题而形成的研究路径。

武汉东湖新技术开发区教育发展研究院科研办主任刘稳定探讨了自我经验嬗变研究法的初步尝试。他认为，自我经验嬗变研究法以事例经验为基础，以案例反思为载体和孵化手段，以自我为主体、共同体为协同，以形成改善实践的行为智慧为目标，所以它是比行动研究法更具体的研究方法。东湖高新区光谷三小、光谷九小、升华学校等，近几年基于学校前期基础，精准选题立体布局，包括制度建设、课堂建构与教师发展，进行多维反思接力，实现嬗变生成智慧。由此，他梳理研究过程，尝试构建了自我经验嬗变研究法。

自主生长式教师专业发展理论的创立者，湖北第二师范学院教授潘海燕围绕"自我经验嬗变研究法"的缘起、"自我经验嬗变研究法"的特点、"自我经验嬗变研究法"实施的基本步骤等方面交流了关于"自我经验嬗变研究法"的研究，系统公布了自我经验嬗变研究法的成果。

潘海燕教授认为，"自我经验嬗变研究法"的独特性在于，将教师的自我经验列为课题研究内容；依据自我经验的嬗变过程来组织课题研究活动；切实发挥课题组的研究共同体作用；研究成果指向教师发展。

潘教授对武汉楚才小学、石牌岭小学、光谷三小、光谷九小、升华小学、岳阳九中等学校的一些实践探索进行了梳理。他认为具体做法可以是，研制指引课题研究的载体为《课题研究报告册》，将教师的课题研究行为划分为如下四个步骤：第一，每位参与者觉察与体验，发现与积累事例经验；第二，各子课题多角度提炼、整合成类经验；第三，课题负责人反复凝练，生成课题所指向的"研究目标"；第四，反复应用推广课题研究成果，生发教育实践智慧。

最后，潘海燕教授介绍了自己对自主生长式教师专业发展理论应用推广进行了思考，并做了工作小结。他认为，在教学、科研及教师发展领域应用自主生长式专业发展理论，其实质就是改造、规范、提升教师教学、科研过程与发展思路；改造、规范、提升教师专业生活；实现工作即学习、教学即研究、研修即生长、教师成长即成果等新理念。在教师发展过程中，要建立立足"自我经验"的教师发展理念；要依据"自我经验"的嬗变规律来设计教师发展过程；要发挥"专业共同体"的促进与协同作用；要依据教师"自我经验"发育程度来诊断与调整教师发展活动；要鼓励教师更多地表现自己的真性情，提升自己的"土办法"。相信在自主生长式教师专业发展理论的指导下，更多的教师能得到真实的成长，学校教育质量也会不断提升。

（此文曾收入《第五届自主生长式教师专业发展理论学术研讨会资料汇编》2021 年 3 月）

自主生长式
教师专业发展理论之应用

基于教师自我经验嬗变规律的中小学课题研究

——关于"自我经验嬗变研究法"的初步探索

湖北第二师范学院教育科学学院　潘海燕

一、问题的提出

从科学史的角度看，研究方法一直处于一个相互影响、相互结合、相互转化的发展过程中。教育科学也不例外，最初，夸美纽斯用"归纳法"写出《大教学论》，赫尔巴特用"演绎法"写出《普通教育学》[1]。19世纪以来，社会科学研究的调查法、文献法、历史研究法，自然科学的归纳法、实验法、统计法等，都先后进入教育科学研究领域，基本实现了教育学由思辨向科学的转变，形成定性分析与定量分析两种范式并存的格局。20世纪末，叙事研究法、行动研究法成为一线中小学教师教育科研的常用方法。

然而，据笔者在基层学校了解的情况来看，广大一线教师们仍然觉得，这两种教育科研方法缺少对教师学习与发展过程的关怀。这些研究方法较多的是移植高校与科研机构的科研思路，较少考虑中小学教育科研的特点与一线教师发展的需求，要么是依赖方法提供的路径，把自己的经验与智慧排斥在外；要么是研究过程不清、路径不明，结论与自己的发展关联不大。尤其是置身于大数据时代，基于数据模型、统计算法的教育研究虽然直观、便捷，却更是让教师"离身"其外，缺少在场感、具身感[2]。近十多年来，笔者在中小学教学、科研及教师发展领域进行"自主生长式教师专业发展理论"的探索过程中，将"自主生长式教师专业发展理论"作为武汉市常码头小学、吴家山一小、石牌岭小学、楚才小学、光谷三小、光谷九小、升华小学以及岳阳市九中、韶关市八中等学校所承担的一些课题研究的主要理论依据，在实践中形成了一些较稳定的研究路径，指向并促进教师发展，取得了一定的效果。笔者根据自主生长式教师专业发展理论之要义对其进行整理，达到了步骤清、程序明，步步引领教师发展，将其概括为"自我经验嬗变研究法"。现将此研究方法的缘起、特点、实施的基本步骤介绍如下。

二、"自我经验嬗变研究法"的缘起

"自我经验嬗变研究法"就是自主生长式教师专业发展理论应用于科研课题而形成的研究范式。

"自主生长式教师专业发展理论",是笔者及团队根据"发生认识论""学习型组织理论""教育生态学""行动研究与叙事研究方法""情境学习理论""自我导向学习理论"等前沿教育理论成果,在长达十多年时间里,经过一百多所中小学的多轮实验,总结提炼出来的一种教师专业发展过程理论[3]。

研究团队发现,教师在对自己的关键体验进行反思后会获得一种新的感悟,即一种长时记忆,笔者将这一现象概括为"自我经验",且界定为"对亲身体验进行反思后获得的感悟"[4]。"自我经验"有 4 种存在形态,即事例经验、类经验、个人经验体系、教育实践智慧,这 4 种存在形态一般是由低级形态(事例经验)向高级形态(类经验、个人经验体系与教育实践智慧)不断递进。因此,教师专业发展的实质就是教师的"自我经验"借助专业共同体,在反思伴随下的不断嬗变过程。[5]教师专业发展的基本路径是:在对亲身体验的反思中提炼出事例经验——在对系列事例经验反思中整合出类经验——在对若干类经验的反思中凝练形成个人经验体系——在对个人经验体系的反复应用与反思中生发教育实践智慧。[6]在 2003—2015 年间,课题组通过 108 所中小学的几轮实验,探索出了"自修—反思式校本研修模式""自主生长课堂课例研修模式"等具有很强操作性的实施范式[7]。

在科研领域应用自主生长式专业发展理论,就是用自主生长式教师专业发展理论指导科研课题的实施过程,引领教师发展的过程。即依据自主生长式教师专业发展理论"教师专业发展必须基于教师自我经验之嬗变过程"的观点,指导课题组教师深入持久地对自己的课题实践进行反思,以"自我经验"为起点,借助课题组这个"专业共同体",梳理反思后获得的自我经验,放大自我经验,形成操作体系,真切地、逐步地实现课题研究目标。

三、"自我经验嬗变研究法"的特点

"自我经验嬗变研究法"可归为广义的"质的研究"的范畴。因为教师的"自我经验"的生成是基于整全生命、基于关系性的认识,而整全生命、关系性本身就具有精神性。它主张"实证",但它否定了科学主义范式"主客二分"的见物(方法)不见人(教师),强调教育问题的解决方案由教师主体来建构，一切课题活动都指向教师发展。目前就是要依据自我经验的嬗变规律来改造、规范、提升教师科研过程与发展思路；改造、规范、提升教师专业生活；实现工作即学习、教学即研究、研修即生长、教师成长即成果等新理念。

1. 把教师的"自我经验"作为引领课题研究的抓手

自主生长式教师专业发展理论认为教师的"自我经验"是一种有价值的客观存在[8]。教师发展的起点是"自我经验"，过程是"自我经验"在反思伴随下的不断嬗变。教师的任何课题都要靠教师自己去完成，教师的所思所想、感受与体验、走向与命运，都应首先被课题深切关怀。站在教师发展的角度看，课题研究就是在科学主义、技术主义、人本主义背景下，全面促进教师走向的自觉反省，以此构建塑造教师完整人格。因此，要关注教师与课题有关的"自我经验"，并以此为抓手，全面关照与引领课题发展过程，而不是脱离教师的实际，一味灌输外来的某种课题理论与思想。

2. 依据"自我经验"的嬗变过程组织课题研究活动

从目前已有的实践成果看，自主生长式教师专业发展理论揭示的教师"自我经验"的嬗变过程，比较接近教师发展实际，是教师开展业务活动"主线"，是客观存在的，是我们可以加以利用的"自然规律"[9]。从课题研究逻辑出发，设计反思的系列化主题，这些主题需要有横向的基本覆盖，同时又需要有纵向的生长层次，这样就可以使研究活动事半功倍。根据前期实验学校的经验，一个比较简便易行的办法是，各课题组都设计一个课题研究手册，按"自我经验"嬗变过程设计研究流程，让各课题参与者不断从事例经验走向类经验，再从类经验走向个人经验体系乃至实践智慧。在这个过程中，个人反思、小组互动、成果整理等环节的信息资料不能缺少，这是把"自我经验"嬗变过程作为课题引领"抓手"的实用做法。

3. 切实发挥课题组的研究共同体作用

课题组不仅是课题研究所依靠的载体，也是教师发展的天然共同体，它不仅是"作业面"，也是"孵化器"。自主生长式教师专业发展理论认为，教师"自我经验的嬗变"是根本，是主体；同时，在其递进过程中，专业共同体不可或缺，其作为支持体系与坏境氛围能有效促成内部动机的生成，协助发展方向的把控，让经验的个体属性减弱，共性属性增强。因此，课题研究要关注课题效果与教师主体平等共生，要强调"群动"与"合作"，而非个人单打独斗。

4. 研究成果指向教师发展

新课程改革强调"教师即教材""教师即课程"。同理，在中小学，中小学各类课题研究都应通盘考虑处于不同发展时期、不同地域的教师发展问题。因此，在设计自我经验嬗变研究法的程序时，要考虑课题研究过程是使教育知识的生产从关注客体（课题研究结果）转向关注主体（教师发展）；从追求研究结论的科学性（宏大叙事）转向追求研究结论的情境性，特别是教师的切身体验。要鼓励参与教师发挥自己的"真性情"与"土办法"，进行自身话语的建构，课题研究论文的写作要重视个人体验与理解，针对实际问题有感而发。

四、"自我经验嬗变研究法"实施的基本步骤

1. 发掘经典案例

每位课题参与者积极觉察与体验，发现与积累经典案例，即事例经验。自主生长式教师专业发展理论认为，成功的优秀教师往往是不断反思，从一个个具体的反思案例中提取"事例经验"，他们成长的最初台阶就是"事例经验"。中小学教师做课题时，首要的是探索实践，在其探索过程中觉察与体验，把一些关键情景与环节的"灵感""故事""案例"感悟到位，研究透彻，发现与积累其事例经验。事例经验越丰富，课题研究基础就越厚实。

2. 整合成员共识

即各子课题组多角度提炼、整合成类经验。自主生长式教师专业发展理论认为，在积累了一组事例经验之后，如果教师站在一个更高的平台上审视，在对这些事例经验的进一步反思中，必然会对其进行分类整合，提出解决一类问题的主要思路和具体步骤，这就是类经验。在教师教育思想的形成和发展过程中，从系列事例经验中整合出类经验的这个过程是不可缺少的。课题组尤其是子课题组是形成类经验的天然载体，大家都在思考同一个话题，都有独到的心得体会，正有利于"类经验"的生成。

3. 凝练研究结论

即课题负责人反复凝练，生成课题所指向的"研究目标"。自主生长式教师专业发展理论认为，个人经验体系不是类经验纯数量的简单叠加，更不是无中生有的虚构，而是在不同类经验的基础上，通过不断整合、凝练类经验，设计和构造出一个全新的系统集合。

课题研究的最后结论应体现课题组的研究目标。在课题研究结束时，课

题负责人应根据课题总体思路，将各成员的个人经验体系，逐渐凝练形成课题思想。要重视结题报告的撰写，结题报告为课题组提供一个自我批判、自我反思、自我生长的平台，是各子课题成果最完美的凝练，实现分享共赢。

4. 反复应用推广

课题成果拥有者反复应用推广课题研究成果，生发教育实践智慧。一般而言，随着课题研究结论运用进入教育实际情境的各个方面，以及对课题研究结论的持续改进和不断完善，一定会大大改变参与教师的精神面貌。如果教师不断地根据课题研究结论开展教育改革实践，反复将课题结论应用于变化的教育实际情境，一定会产生独特的教育实践智慧，也会使课题研究结论具有明显的实践特征和个性化特征。这一过程必将促进课题思想（结论）的可持续发展，对教师的发展、教育教学效果会产生持续而深远的影响。因此，课题研究结论的形成并不是课题研究的终点，只有进一步推广应用，才能全面显露出课题的价值。因此，一线中小学教师做课题不必求"多"，而应求"用"。

（原载《长春教育学院学报》2021 年第 6 期）

参考文献

［1］王坤庆. 教育哲学新编［M］. 武汉：华中师范大学出版社，2010：115.

［2］黄富珉. 具身发展：自主生长式教师专业发展的特征［J］. 成才，2019（5）：35－37.

［3］潘海燕. 引导教师在"行走"中改变行走方式——在行动中构建自主生长式教师专业发展理论［J］. 成才，2015（5）：16－18.

［4］潘海燕. 要重视教师自我经验在教师专业发展中的作用［J］. 成才，2016（3）：30－32.

［5］潘海燕. 教师"自我经验"的嬗变规律及其遵循［J］. 广东第二师范学院学报，2021（2）：34－40.

［6］潘海燕. 自主生长式教师专业发展理论的主要创新［J］. 成才，2016（12）：28－30.

［7］潘海燕，陈庆礼. 自主生长式教师专业发展实践案例［M］. 南京：南京大学出版社，2018：55－225.

［8］潘海燕. 论教师的自我经验及其作用——基于中小学教师专业成长的科研转向［J］. 中国教育学刊，2017（5），16－20.

［9］潘海燕. 教师"自我经验"的嬗变规律及其遵循［J］. 广东第二师范学院学报，2021（2）：34－40.

建立基于自主生长式教师专业发展的校本研修制度

湖北第二师范学院教育科学学院　潘海燕

一、问题的提出

从研究取向看，国内外教师专业发展研究可分为两种取向：一是以"理念—更新"为主的"外铄"型研究取向，即主张在外部社会组织的推动和制度的规约下，以技术能力的训练提升和知识的充实完善为目标，通过各类培训和讲座，向教师传播各种现代教育理论，使教师通过更新理念实现专业发展；二是以"实践—反思"为主的"内塑"型研究取向，即主张以教师个体自身需要和价值追求为动力，以个性情感的陶冶和整个生命的体验提升为目的，通过自觉地对自我教学经验进行总结和反思实现专业发展。从实际来看，"外铄"取向中教师个体容易处于被动消极状态，"内塑"取向中忽视了外部环境对教师个体发展所形成的激励与引导，因此"外铄＋内塑"取向的教师专业发展研究成为当前教师专业发展研究的重要方向。

自主生长式教师专业发展理论，将教师专业发展建立在"自我经验"基础上，同时还强调了校本培训与教师发展共同体，概括了教师专业发展的基本路径，即：从教学实践经验的内省反思，优化放大为"事例经验"——在系列事例经验中整合成能深入全面认识问题的"类经验"——将各种"类经验"凝练升华为指导专业教学实践的"经验体系"——将"经验体系"与专业实践相结合形成具有鲜明教师个性特点和艺术特征的"实践智慧"，并在课堂里应用自己的教育思想。可见，该理论从自主生长的视角探讨教师专业发展问题，既强调了教师在专业发展中的主体能动性，又突出了校本研修中团队合作在理念更新中的"外铄"作用。基层学校如何实现这一理念呢？我们认为，建立基于自主生长式教师专业发展的校本研修制度就显得特别重要了。

二、基于自主生长式教师专业发展的视角，创建与之相适应的校本研修制度

基于自主生长式教师专业发展的视角，创建与之相适应的系列校本研修制度，以此来保障校本研修持续高效开展，这不仅是学校内涵品质发展的必然要求，也是教师专业发展的重要条件之一。建设基于自主生长式教师专业发展的校本研修制度，一方面要对以前的制度进行梳理、修改、完善与传承，另一方面要适应新的发展探索与创新研修制度，为校本研修的顺利进行提供制度保障和支持。

建立基于自主生长式教师专业发展的校本研修制度，将能够在学校组织内营造"工作即学习""教学即研究""研修即生长"的学习氛围，自然而然增强了教师研修的主动性和积极性，进而能激发教师的创造力，促进教师主动审视自己、觉察自己、发现自己，主动获取学习的机会与平台，主动解决教育教学中的实际问题，主动改变与提高自己。

基于自主生长式教师专业发展的校本研修制度，就是要求学校依据现阶段教师专业发展进程，面向全体教师，以教师认可的方式，以解决学校实际问题入手，从对学校的发展的重要方面着力，出台一些能够促进教师自主生长的校本研修管理制度，使其成为全体教师共同的意愿和精神追求，以一种无形的力量，对学校校本研修中的每一个成员产生正能量作用，以潜在的规范影响着每一个教师的行为，悄悄地改变着每一个教师的行走方式，感召着每一个教师的心灵，使全体教师努力成为更好的自己，全身心投入研修，从而促进全体教师的专业发展。

1. 制定校长是校本研修第一责任人的制度

校长作为校本研修的第一责任人制度，就会使学校设计校本研修活动更具有合法性，就会使校本研修活动取得教师的最大限度的同意和认可，就会促进相关系列活动与制度落地。该制度主要包括：校长要做欣赏型领导，积极倡导欣赏、肯定、对话和合作，以每一位教师现有的经验与状态作为发展起点，充分发现与尊重每一位教师的优势和潜力，精心进行校本研修设计，努力为每一位教师提供发展机会，致力于实现学校共同的愿景。校长更加关注全员参与，并坚持以人为本，致力于发现学校团体和教师个人潜能优势。校长着力营造一种学习氛围，创造一种适宜的环境，把教师内在的创造潜能诱导出来。

2. 制定校本研修内在激励制度

制定校本研修内在激励制度，首先要求学校制定详细的规章制度，明确校本研修中各个学科教研组的职责和任务，为每一位教师自主成长，为形成教研组学习共同体，提供常态的制度保障。要求明确教研组组长及每一个组员研修的职责和任务，每周定时开展组内或者组外的研修活动，强调人人参入、人人交流的主动发展模式，促进教师间交流共享，共同生发问题，共同解决问题。其次，学校将小专题研究、校际交流、同课异构、教研协同、自主生长式课堂和团队竞赛等活动，授权教研组承担，指导教研组组长精心周密地安排活动，发挥每一位组员的作用，激励大家共同参入，将教师的工作场所变成教师的学习场所、合作场所、研究场所，使教师自身的思想、观念、行为始终处于一种追求创新的境界。学校通过对这些常态的相关活动的过程管理，了解教研组及每一位教师的努力程度。以此为前提，在学期末鼓励教研组和教师个人申报优秀教师和优秀教研组等，激发教师内在潜力，促使其主动成长。

3. 制定校本研修目标成长制度

制定校本研修目标成长制度，是指学校基于自主生长式教师专业发展，引导每一位教师清晰自己的发展目标和成长方向。学校可以建立以下制度：其一，建立自主生长式教师五级阶梯式成长台阶。由教师依据自己教学实际能力水平，进行自我分析与评估，正确分析自己是属于"模仿型教师、成长型教师、成熟型教师、能手型教师、研究型教师"中哪一种。并依据每一种类型教师的标准制定自己的个人自主生长式三年发展规划，特别强调规划中自己的发展目标要清晰、准确，以及期望学校给予怎样的支持与帮助。其二，建立教师个人自主成长档案。教师个人自主成长档案包括五大系统：一是教师基本情况；二是发展目标；三是达成目标记录；四是文集汇总；五是成果记录。通过这五大系统制度管理，帮助教师整理和记录教师自主发展过程，并且逐步内化到教师个人意识里，成为一种习惯，是一种实实在在的有利于教师发展的制度建设。其三，建立自主生长式教师工作手册。《自主生长式教师工作手册》包括计划、总结、教学实践与研究、教学观课评课、课题研究等，记载教师日常常态化的教育教学工作，促使教师更多地表达自己的思考、自己的发现，并记录自己的成长，见证自己的改变与进步。

4. 制定校本研修自修反思制度

教师的自主发展离不开自我反思，制定校本研修自修反思制度就是让教师的自我反思成为一种习惯，并长期坚持，书写教师自己的精彩。教师如果缺乏反思意识和自主更新的能力，还是用昨天的知识教授今天的学生，还期望他们去面对明天的未来，这种局面将是多么可怕。教师要把听到的做出来，把做好的写出来，真正让教师自主生长自己的教育思想，形成个人教育理论，从而促进教师的成长，推动教育的进步。

5. 制定校本研修有效评价制度

建立校本研修有效评价制度，就是要在校本研修中，对教师自主研修的过程、态度和结果，进行有效的评价。要制定校本研修评价制度，首先，要明确评价的内容。可以包括教师自我管理情况、教师主动发展情况、教师的知识能力进步水平、教师的工作手册填写情况等方面。其次，根据评价的内容再来制定具体的评价制度。通过一定的量化考核，确定教师个体的成长进程。同时，依据各个教研组定期制定考核内容和标准，对教师日常发展进行评价。通过制定以上评价体系制度，有利于学校对基于自主生长式教师专业发展的校本研修制度做出适当的调控与完善，逐步创建科学民主的现代校本研修制度，创设有利于教师专业自主发展的环境，使学校能够更好地组织校本研修，更好地引导教师自主成长。

（原载《教育家》2018 年第 2 期）

基于自主生长式教师专业发展理论的数学教师专业发展研究

湖北第二师范学院数学与经济学院　冯光庭

湖北第二师范学院教育科学学院　朱志华

湖北第二师范学院教育科学学院　潘海燕

湖北第二师范学院潘海燕教授及其团队提出的自主生长式教师专业发展理论，将教师专业发展建立在"自我经验"的基础上，概括了教师专业发展的基本路径：首先通过对实践经验的内省反思，优化放大为"事例经验"；其次将相关的"事例经验"整合成能全面认识的"类经验"；再次将各种"类经验"凝练升华为专业教学实践的"经验体系"；最后将"经验体系"与专业实践相结合形成具有教师个性特点和艺术特征的"实践智慧"[1]。这种基于实践、反思的教师专业发展路径不仅为一线教师的专业发展指明了方向，而且为各级教育行政部门和学校的教师培训工作提供了决策参考，但由于学科专业的不同，对其内涵的理解也不完全相同。那么，数学教师的"事例经验""类经验""经验体系""实践智慧"是什么？它们源于何处？又如何获得呢？本文结合数学教学、数学教师发展的特点及教学实践对数学教师"自我经验"的意义和立足于"自我经验"的专业发展进行了探讨。

一、数学教师"自我经验"的意义

数学教师的"自我经验"是指其在对自身教学实践的不断反思中获得的体验和感悟，并逐步升华、发展为数学教育教学的能力和智慧。它是从单个具体"事例经验"发展为"类经验"，再到"经验体系""实践智慧"的一个演变过程。

数学教师的"事例经验"就是其在反思亲身经历的数学教学事件后获得的体验感悟及解决策略。一个数学教学情境的设计，一个数学概念的教学过程，一个公式、命题的发现过程、证明过程，一种方法的寻找过程或运用，一个数学问题的求解（求证）、教学过程……在这些经历中获得的成功或失败的体验并通过反思而获得的感悟，就是数学教师的"事例经验"。在数学教学实践中，概念教学不仅是数学教学的重要内容之一，也是最难把握和最头痛的事，但教师在不断的实践和反思中，不仅认识到数学概念的分类：按概念所反映的事物的属性可分为反映基本元素的概念、反映对象关系的概念和反映对象特性的概念，按概念的定义方式可分为约定型概念、实质型概念、外延型概念和发生型概念；而且能够敏感地分析影响数学概念学习的因素：学生的原有认知结构，智力活动水平，语言表达能力，动机、态度等非智力因素，学习材料的有效性；直到明确学生掌握数学概念的基本要求：理解概念的实际背景和来龙去脉，掌握概念的内涵和外延，明确概念的逻辑意义（把握新概念与认知结构中的相应概念的非人为的实质性联系），能用不同方式或语言表述概念，能应用概念解决具体问题[2]。这其中的每一个事例的实践经历、每一次成败的经验教训、每一点体验和感悟都能形成数学教师独特的"事例经验"。

　　这些"事例经验"源于教师对学生数学学习的关注——怎样让学生学得更轻松、理解得更透彻、掌握得更牢固？源于教师对数学课堂的关注——如何调动学生学习数学的积极性和创造性，如何真正地让学生能自主学习、智力参入、获得体验？源于教师对自身教学实践的关注、对教学规律的探索——教什么（教学生学什么、教学生怎样学）？为什么教？如何教？[3]它不仅是教师的教学经历和经验，而且必须融入教师特立独行的个人思考并产生相应的体验和感悟。

　　事例经验是教师平时零碎的、不成体系的教学感性经验的累积，教师将大量的对数学教学活动的深度思考和创新发现的事例经验进行整合、反思、深化，从而形成"类经验"。从对一个数学概念、一个数学命题、一个数学问题的教学实践，上升为对一类数学概念、一类数学命题、一类数学问题的经验和认识，进而凝练固化为一种模式、一种程序、一种策略，即形成了数学教师的"类经验"。在数学概念教学中，能知悉数学概念教学的特点、基本方式，分条析理出数学概念教学的一般步骤：引入概念、形成概念、剖析概念、巩固概念、应用概念，并能据此对教材进行加工、搜集相应材料，进而设计相应的教学方案、实施教学，这就是数学教师的"类经验"的体现。如从一般的数学解题教学，逐步升华到"四有解题教学"：有想法，有选择，有优化，有反思。即是从"事例经验"上升到"类经验"，它不仅整合了大量的"事例经验"，而且深化创新了"事例经验"。

　　这些"类经验"源于教师对"事例经验"的整合和深化，源于教师对数学问题、数学教学通性通法的探索——由例及类、从特殊到一般，也体现了教师多路径解决问题的创造能力。

　　数学教师的"个人经验体系"是指其将自身的和众多数学教师的大量"类经验"进行凝练、纵横联系，形成一个具有强大功能的经验库。在数学教学过程中，不仅对一类课型（如数学概念教学）、一类数学问题、一种方法有自己的认识，而且对各种课型、各类问题、各种方法都有自己的思考和认识并建构起相应的网络体系、形成模式（程序）或模型。如数学教学中，数学概念教学的一般过程（同前）。数学命题教学的一般过程：展示由来、分析解剖、推导证明、巩固应用、总结深化。数学解题教学的一般程序：审题、探索解题方法（回想、联想、猜想）、阐述解答、反思深化。数学思想方法的教学途径：在知识的发生过程中，适时渗透数学思想方法；通过小结、复习和专题讲座，提炼、概况数学思想方法；通过"问题解决"，掌握和深化数学数学方法。还有，像符永平老师提出的"'创造式教学'的课型体系"：九类"知识类课型"、九类"工具类课型"、"知识类课型"与"工具类课型"的组合——"组合课型"[4][5]。

　　这种"个人经验体系"源于教师对"类经验"进一步反思、深化和拓展延伸，源于教师群体的智慧和实践积累（是教师"视域的扩展与别的视域融合的过程"[6]），源于教师对数学课堂教学艺术、对更高数学教学境界的追求。没有教师个人长时间的学习和积累、没有教师团队的共同努力和探索、没有教师个人对高境界数学教学的追求，一切都不可能发生。

　　数学教师的"实践智慧"就是其面对数学教学事件时，能根据个人的经验体系洞察事件本质和规律，并迅速选择最简、最佳的路径解决教育教学问题的能力和机智。表现为教师在数学教学中面对具体的教学情境能灵活地驾驭纷繁复杂的教学"变数"，并融入个人对教育、对数学、对人生的全部体验、情感、理解、思考、志趣且具有鲜明独特性。体现在教师挖掘教材、处理教材的能力，体现在教师教学设计、教学实施的能力和教育机智，体现在对教学方法、教学手段和教学策略的综合、灵活和创造性地运用，更体现在教师对学生"唤醒、激励、鼓舞，引导、启导、诱导，组织、示范、矫正"的能力。

　　这种"实践智慧"源于教师对"经验体系"的有机整合，源于教师对数学教育教学规律的认识和把握，是教师对教学方法、教学模式、教学手段的娴熟自如的运用和超越，更是教师对自我的超越。在数学教学实践中，从对数学教学的一般性认识，上升到对有效数学教学策略的探讨：努力改进数学教学方法——努力构建数学教育的育人氛围、灵活地运用不同的数学教学方法，切实减轻学生课业负担，充分发挥数学的文化价值[7]；从对各种教学方法、教学模式等网络体系的构建，上升到对数学教学本质的认识：揭示本质，展示过程；问题驱动，体现自然性[8]。进而娴熟地、综合地运用数学教学原则、教学技能技巧，并按照美的规律进行创造性的教学。即数学教师个人"实践智慧"的真实体现。

二、数学教师立足"自我经验"的专业发展

数学教师的专业发展过程，就是其专业素养（数学专业素养、教育教学理论素养、文化素养、职业道德素养）的发展过程，也是教师"自我经验"不断丰富和提升的过程，更是教师追求卓越、超越自我的过程。

1. 不断积累"自我经验"，不断提升"自我经验"

第一，关注自己的课堂、关注自己的学生、关注自己的教育教学行为。

这是数学教师"自我经验"生长的土壤和基础。课堂是数学教学活动的主要场所，是教师的"教学自留地"，是生发"事例经验"的源泉。只有真正地关注自己的课堂、关注自己的学生、关注自己的教育教学行为，及时发现教育教学中的问题、及时反思总结自己的成功或失败并加以放大——记录在案、写成案例、形成课题，才能不断地发现"事例经验"、提炼"事例经验"，并在不断实践、大胆探索、大胆创新的过程中，凝练"类经验""经验体系"，以致发展成"实践智慧"。正如张奠宙先生说的：假如我是一个数学教师，就应该保留一块"教学自留地"，观察自己的课堂，发现规律性的东西。从自己的实践出发，敢于向传统和流行的理论提出不同的看法，或加以发展；积少成多，形成自己的特色。从实例出发，小题小做，或小题大做。

第二，增强问题意识、增强反思意识、增强改革和创新意识。

这是数学教师"自我经验"生长的路径和关键。范良火教授通过大量的实证研究，得到结论：教师"自身的教学经验和反思"及"和同事的日常交流"对他们发展自身的教学知识是两个最为重要的来源[9]。美国学者波斯纳也曾指出："没有反思的经验是狭隘的经验，至多只能成为肤浅的知识。如果教师仅仅满足于获得经验而不对经验进行深入的思考，那么其教学水平的发展将大受限制，甚至会有所滑坡"，为此，他提出了教师成长公式："经验＋反思＝成长"。

问题意识和反思意识不仅对教师发展教学知识起重要作用，而且是教师生发"事例经验"的重要途径。作为一个数学教师，应该经常提出并思考着自己教育教学中的问题：

从数学教学的角度，当你滔滔不绝、口若悬河地进行讲授，而学生呆如木鸡、一脸茫然时，你是否要考虑数学材料的选择和问题的设计是否得当；

当你虽然付出很多，但教学工作仍没有成效时，你是否应该思考如何改进自己的教学方法，提高业务水平，提高教学能力。

从数学问题的角度，当你对一个数学问题还没有形成自己的认识时，你是否应该留意它、琢磨它，并思考着如何解决它？进而有所突破——如学生不易弄懂的问题；学生作业、训练中错得较多的问题；优生提出的一些问题；自己感觉不是那么顺手的问题。

从数学教学改革的角度，当你对数学教育教学改革的本质、改革的发展趋势认识模糊时，你是否应该去关注它、学习它、研究它，特别是对数学教育教学改革中的一些热点问题，要有自己的思考、有自己的认识。

当然，这里有一个责任归咎的问题，如果总是将责任"归他"，那我们只能永远在原地踏步，也不可能有任何发现和创新。只有不断反思、认真反思、深刻反思，才能有所收获，才能不断提高，才能不断地发现"事例经验"、创造"类经验"、形成"经验体系"、生发"实践智慧"。因为只有通过反思才能不断地认识自我、修正自我、改进自我、完善自我，也只有通过反思才能激发出理性的力量，才能把潜意识的活动纳入有意识活动的轨道。

第三，不断学习、不断积累、不断思考和探索。

这不仅是数学教师"自我经验"生长的源泉和重要途径，而且是数学教师"自我经验"生长的养分，犹如植物生长需要的水分和肥料。只有不断学习——学习新知识、学习新理论、学习新技术，向自然学习、向社会学习、向书本学习、向网络学习、向同行学习、向学生学习、向实践学习，才能提升、扩展自己的"视域"，高屋建瓴地对教材知识进行再加工、准确地把握数学知识的本质，才能不断地改进教学方法、创新教学模式，才能敏锐地发现问题、提出问题、解决问题，才能不断地生发"事例经验"并创造性地将"事例经验""类经验"深化为"经验体系"、发展成"实践智慧"。

也只有不断积累才能不断地丰富自身的经验、丰富自己的积淀。当积累达到一定程度时，量变引起质变，从而实现厚积薄发。"事例经验""类经验"源于对数学教学实践的关注，特别是细节和成败的关注、反思、总结和提炼，而"经验体系"更多的是源于教师的积累和教师群体的交流、对话和理解的"视域融合"，从"类经验"到"经验体系"正是教师不断积累、不断思考和不断探索的结果。

还有，教师要关注和研究数学教育教学中的一些热点问题。如数学有效教学、高效教学问题（探究性学习、合作学习等）、学生数学核心素养的培养问题、数学思想方法的教学问题、数学文化的传播问题。这不仅是生发"实践智慧"的有效途径，也是形成教育思想的重要途径。

2. 不断优化发展环境，不断唤醒发展潜能

第一，从管理部门和学校层面讲，要优化环境、优化机制、优化教师的政治和经济待遇。

这不仅是教师专业发展的外部动力，而且是教师专业发展的环境和条件，犹如植物生长所需要的阳光和空气。各级教育行政部门和学校，要切实落实党和国家关于教育和教师的有关方针政策和法律法规，真正营造全社会尊师重教的氛围；完善教师的评价机制、晋级和晋升机制、表彰和奖惩机制、发展和促进机制，提高教师的政治和经济待遇，改善教师的工作和生活条件，让教师职业成为社会尊重的职业、人们向往的职业；唤醒教师的发展潜能、激励教师的发展动机、优化教师的发展环境、强化教师的发展使命，使教师有发展的愿望和动力、有发展的目标和使命、有发展的助力和平台。

第二，从教师个人层面讲，要提升追求、提升境界、提升自我发展意识和自主发展能力。

这是数学教师专业发展的种子和前提，也是数学教师专业发展从"他主"走向"自主"的原动力（内在动力）。从一名新教师发展成为一名优秀教师乃至教育专家，不仅取决于教师的数学专业知识和教育教学理论知识，而且取决于教师自我发展的内在动力，这种内在动力源于教师对人生的价值追求和职业追求，源于教师的自我意识（专业意识、职业意识、自我发展意识、自我发展能力）。如果一个教师仅满足于完成教学任务，把教育教学仅仅当作一种谋生的手段，甚至是副业，就会无视自己的经历和经验，充其量只会模仿、照搬别人的经验。只有当教师真正把教育教学当作毕生事业去做、当作科学去探究、当作艺术去追求，以卓越教师、杰出教师、伟大教师为目标，不断追求更高的教学境界、不断提升自我发展意识和自主发展能力，才能自觉地、不断地发现事例经验、积累事例经验并从"事例经验"发展、深化、升华到"实践智慧"，进而形成"自我经验"，并在自我经验的不断丰富、不断提升中走向成熟、走向卓越。

总之，教师的专业发展之路是一条漫长、艰涩的道路，也是其"自我经验"不断生长、丰富和提升的过程。而数学教师"自我经验"的生长和发展正是教师不断实践、不断学习、不断积累、不断探索、不断反思、不断总结的结果，数学教学实践是基础，反思、总结是路径，学习、积累和探索是关键。

（原载《现代中小学教育》2020 年第 7 期）

参考文献

[1] 潘海燕. 自主生长式教师专业发展研究 [M]. 武汉：华中师范大学出版社，2018.

[2] 冯光庭. 高中数学新课程高效创新教学法 [M]. 武汉：武汉大学出版社，2008.

[3] 涂荣豹，王光明，宁连华. 新编数学教学论 [M]. 上海：华东师范大学出版社，2006.

[4] 符永平. 深度课改的课型之路（中）[N]. 中国教师报，2016-9-28.

[5] 符永平. 深度课改的课型之路（下）[N]. 中国教师报，2016-10-5.

[6] 李晓阳. 教师经验及其生成 [D]. 武汉：华中科技大学，2009.

[7] 冯光庭，杨学耀. 基于有效性的高中数学教学策略探究 [J]. 高等函数学报（湖北），2008，21（5）：42-44.

[8] 冯光庭. 大学数学教学：问题、本质和策略——基于湖北省第五届高校青年教师教学竞赛的分析 [J]. 教师教育论坛，2017，30（3）：84-87.

[9] 范良火. 教师的教学知识发展研究 [M]. 上海：华东师范大学出版社，2008.

中小学卓越教师自我经验的
特质与发展路径

长沙教育学院　唐良平

潘海燕教授的"自主生长式教师专业发展理论"认为，"自我经验"是教师个体所特有的，它是教师通过对关键性实践体验反思后获得的"感悟"，是教师个体与外界环境交互作用过程中积极主动自我建构的产物，是教师经过一些教育教学关键事件后的思维积淀。教师"自我经验"可以从较低层次的"事例经验"（即"情境性经验"）发展为"类经验""经验体系"乃至"教育智慧"。基于自我经验的教师的自主式发展，是教师专业成长的科学路径，优秀教师往往都经历一个形成、积累、总结、反思和提炼自我经验的过程。这种对于教师成长路径的理解和教师自我经验依次发展理论，对于促进教师专业发展有着十分重要的意义。

如果将中小学教师成长划分为职初教师、胜任教师、骨干教师、优秀教师和卓越教师几个阶段，我们不得不思考，不同阶段的中小学教师的自我经验有哪些差异，处在更高阶段的中小学卓越教师，其自我经验的发展与较低阶段的教师自我经验发展路径又有何区别。

一、中小学卓越教师自我经验的特质

《关于实施卓越教师培养计划 2.0 的意见》对中小学卓越教师进行了特征描述：卓越教师就是"教育情怀深厚、专业基础扎实、勇于创新教学、善于综合育人和具有终身学习发展能力的高素质专业化创新型中小学教师"。该文件对卓越教师的描述聚焦中小学教师的全面素养，突出教书育人的技能与策略，对接卓越教师的"自我经验"，区别于卓越教师前阶段的专业能力，为卓越教师所独有。

1. 卓越教师自我经验四种类型的顺序错落

如前所述，中小学教师自我经验的发展，一般包括从"事例经验"到"类经验"，再到"经验体系"，最后到"教育智慧"四种依次发展的形态。

在这四种形态的经验中，每一类较低形态的自我经验是后面较高形态自我经验产生和发展的前提，而每一类较高形态的自我经验又是较低形态自我经验发展的必然结果。"事例经验""类经验""经验体系""教育智慧"构成教师自我经验发展的链条，环环相扣、缺一不可。这特别适用于职初教师、胜任教师等阶段的教师的自我经验发展。

但对于卓越教师来说，情况有了很大不同。由于卓越教师自我经验发展已经处于较高水平，他们能够充分驾驭自我经验的发展，能够从各种经验形态中获取更高的"教育智慧"，因此，卓越教师的自我经验发展能够冲破从低到高自我经验发展的束缚，呈现出跳跃式、空脚式发展特征。比如，卓越教师可以直接从"事例经验"获取"经验体系"甚至"教育智慧"，可以直接构建"经验体系"而不需要经历"事例经验""类经验"形态，等等。如此四种形态自我经验的顺序错落呈现，是卓越教师自我经验发展的显著特征。

2. 卓越教师自我经验四种形态的结构变形

一般而言，中小学教师的"事例经验""类经验""经验体系"和"教育智慧"的结构呈金字塔型（如下图）。从具体与抽象程度上看，"事例经验"更具体，位于金字塔底部，而"教育智慧"相对而言更抽象，位于金字塔顶端。从数量与频次上看，"事例经验""类经验""经验体系"和"教育智慧"依次递减。可以这样理解：教师获得的"事例经验"很多，但只有很少的"事例经验"能够上升为"类经验"；从"类经验"到"经验体系"再到"教育智慧"，同样适用于递减原则。甚至还有这样的情况，教师具备了较低形态的自我经验，却无法上升到更高形态的自我经验。这四种形态自我经验的金字塔型结构，揭示了教师自我经验发展的一般规律。

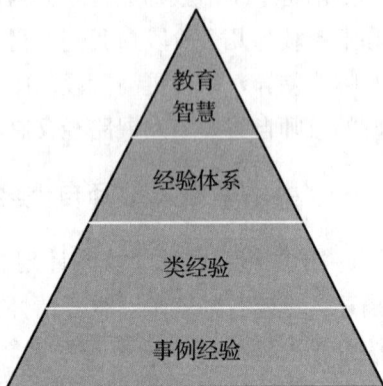

卓越教师的"事例经验""类经验""经验体系"和"教育智慧"的具体与抽象程度依然遵循上述金字塔结构。但从数量与频次上看，它往往与上述一般规律不一致。基于卓越教师丰富的阅历、较高的理论修养与思维能力，他们的自我经验形态不具有金字塔型。就是说，卓越教师可以从很少的"事例经验"出发，联系自己以往或他人的"事例经验"进行反思和提炼而产生相对较多的"类经验";同样地,卓越教师在拥有较少的"类经验"的基础上,可以凝练较多的"经验体系",卓越教师的"教育智慧"生成同样符合这一特征。相对于一般教师自我经验发展的规律而言,卓越教师四种形态自我经验的发展有着复杂的结构形态,不再是金字塔型或倒金字塔型。

3. 卓越教师自我经验的实践来源更多样

中小学教师的自我经验,有一个显著特点,即"自主"。教师在自己的教育实践中,基于自己的教育经历,从一个个具体教育教学案例的反思中提取"事例经验",进而发展成自己的"类经验""经验体系"和"教育智慧",构建完整的自我经验体系。自我经验来源于对教师自身的教育实践的反思,这是毋庸置疑的。

卓越教师自我经验的发展似乎已经改变这种局面。卓越教师有着更深刻的思维能力、更敏锐的洞察力,善于总结概括与归纳,能够将他人的经验与自我经验连接起来,将他人与自己的"事例经验"进行分类整理,在反思、归纳、总结、提炼过程中产生"类经验"。同样地,卓越教师的"经验体系"和"教育智慧"也不完全是对自己教育经验的总结与提炼,其来源也可能是他人的自我经验,甚至来源于文献。卓越教师在与外部环境互动中,汲取其他教师的教育实践经验以提升自我经验,更加丰富了卓越教师自我经验发展的实践源泉,更有利于卓越教师的进一步成长。当然,从他人教育实践中凝练自己的自我经验,对卓越教师来说也是一种成长的考验。

二、中小学卓越教师自我经验发展的特点

卓越教师专业成长的特殊性,决定了其具有与职初教师、胜任教师等不同的自我经验特质,进而决定了他们由此出发的自我经验发展路径的特殊性。中小学卓越教师自我经验发展,是在具有了较高的"自我经验"基础上的教育经验发展。

1. 丰富的教育经历是卓越教师自我经验发展的起点

没有教育实践,就没有自我经验。教育实践是教师投身于教育教学的过程中,同时也是教师参与其他教师的教育教学实践过程中的经历。而教育经历是经验实践的一种表征,教育经历越丰富,获取的教育实践材料就越多,从而更能实现自我经验的发展。一个缺乏教育经历的人谈自己的深厚的教育经验,这是不可能的。丰富自己的教育经历,丰盈自己的教育实践,从而成就自己的教育思想(自我经验的最高境界),这在许多教育大家中得以印证:陶行知先生在教育一线深耕实践,叶澜教授几十年扎根中小学校从事新基础

教育研究，等等。深入教育实践是应该的，研究教育实践也是必要的，因为只有丰富的教育实践才能诞生更丰富的教育经验。

中小学卓越教师作为中小学教师中能力水平较高的群体，不管其从优秀教师发展为卓越教师，还是其将发展成为教育专家甚至教育家，都需要进一步增长教育阅历，丰富自己的教育实践生活，从实践中汲取养分，实现自我经验的嬗变。因为，丰富的教育阅历和教育实践，是卓越教师自我经验进一步发展的逻辑起点。即使从其他教师教育实践中汲取营养，也需要卓越教师有丰富的教育实践做基础，才能实现自身教育实践与他人教育实践有效对接，为提取自我经验服务。

2. 深刻的逻辑思辨是卓越教师自我经验发展的核心

有了丰富的教育实践后要生成自我经验，需要经历形成、积累、总结、反思和提炼等过程。"事例经验"是在对具体的教育实践反思中发现的；"事例经验"需要反思和整理才能产生"类经验"；"类经验"需要反思、凝练、结构化，才能形成"经验体系"；"经验体系"需要进行理论抽象和逻辑建构，并运用于教育实践得以验证，才能生成"教育智慧"。"发现""反思""归纳""凝练""抽象"等等，构成自我经验发展的思维序列。这个思维序列表现出思维由浅入深、由表及里的特征，思维不断地从低阶向高阶发展。

一般而言，低阶思维能为更多的人拥有并能做到，而高阶思维就不一样了。卓越教师之所以卓越，也表现为其思维能力的敏锐性、深刻性、逻辑性，他拥有更强的反思、归纳、凝练和抽象能力，这正是其自我经验得以更好更快更高发展的思维基础。反过来，卓越教师应该不断锻炼和发展自己的思维能力，努力形成以思辨为核心的观察能力、概括归纳能力、凝练抽象能力、逻辑推理能力和表达呈现能力，由此推动自我经验的提升，在实现卓越的基础上向教育专家甚至教育家发展。

3. 丰富的教育理论是卓越教师自我经验发展的关键

教师的成长是一个理论与实践矛盾发展的过程。职初教师有着丰富的教育理论，但缺少教育实践，其理论运用于教育实践的场域和频次很有限，甚至在一些职初教师看来理论是无用的。但随着教育实践的深入和丰富，教育经验和教育实践需要有学理支撑，这时候许多教师会自觉运用到教育理论知识。这种理论运用于教育实践的过程还会随着教师实践的丰富、教师专业更高的发展而增多，作用也更大，效果也更好，直至教育理论与教育实践走向融合。可以说，教育理论与教育实践是否融合以及融合程度，也是判定教师专业发展所处阶段的标准之一。

中小学教师的"事例经验""类经验""经验体系""教育智慧"依次发展的过程，也是他们的教育理论与教育实践融合发展的过程，缺少教育理论而产生各种形态教育经验，这是不能想象的。特别是自我经验发展到更高阶段的卓越教师，更需要教育理论的支撑。

如此说来，卓越教师的理论修养对于其自我经验发展具有关键作用。卓越教师应该有着更先进的教育理念与思想，有着丰富的教育知识与策略，能够深入把握学生的成长特点与规律，把握学科的特征和逻辑，进而理解教育的本质与规律。在此基础上，将理论连接于教育实践，在教育实践中促进"事例经验""类经验""经验体系""教育智慧"依次发展，即实现自我经验的丰盈和嬗变。卓越教师需要不断学习，汲取先进的教育理论，逐步形成自己的教育思想，这既是卓越教师自我经验发展的必然结果，同时又为其更丰富的自我经验发展奠定坚实基础。

可以这样理解：教师的专业发展就是教师"自我经验"的发展和嬗变的过程。卓越教师在思考自己"从何而来、向何处去"时，他们的自我经验发展和嬗变的特质及路径就慢慢明晰了。立足于卓越教师自我经验发展阶段、理论水平和思维能力，在丰富的教育实践中必将使自己的教育经验得以发展与嬗变，这个时候，卓越教师离教育专家甚至教育家就不远了。

（原载《成才》2020 年 2—3 期）

［本文为湖南省教育科学"十三五"规划 2019 年度重点资助课题"区域性推进名师农村工作站建设实践研究"（课题编号：XJK19AJC001）阶段性成果。］

中小学青年教师的自主生长式专业发展路径探索

新疆生产建设兵团第五师高级中学　马继海

青年教师入职后的前 5 年是青年教师自身成长进步最快的阶段。在这一阶段，青年教师个人在专业发展过程中遇到的困难和阻碍主要集中在这些方面：一是青年教师忙于应对学校的各种教学工作以外的事情较多，很少有时间能静下来学习；二是青年教师刚刚入职，教育教学工作经验缺乏，很难把理论与实践相结合，不能很好地做到因材施教；三是青年教师刚刚走出大学校园，来到工作岗位后，缺乏对时间的科学规划和合理分配；四是个人理想信念不够坚定，追求执着不够强烈，抗压能力不强；五是职业目标不明确，缺乏对教师职业身份的认同等。

潘海燕教授主编的《自主生长式教师专业发展理论》认为，教师是有丰富"自我经验"的个体，对教师个体而言，是一个由不成熟到成熟的成长过程。一般来说，教师专业发展是从个体亲身经验中提炼"事例经验"，教师形成"事例经验"的过程实际上也是教师独特的再生产活动。教师通过反思后获得"感悟"而后形成"事例经验"。从不断形成的"事例经验"中整合"类经验"，通过凝练一系列的"类经验"从而形成自己的"个人经验体系"，在实践中逐步形成自己的教育智慧。青年教师的成长要经历一个形成、积累、总结、反思和提炼经验的过程。这种对于教师成长路径的理解和教师自我经验依次发展理论，对于促进教师专业发展有着十分重要的意义。根据我们近三年的实践，我们认为，基于自我经验的自主生长式教师专业发展是每一位青年教师成长的必经之路，为此，要从以下两个方面入手抓实有关工作。

一、从青年教师个体看，做好做足内功

1. 转变角色、提升自我身份认同

随着我国政治、经济、文化和教育事业的不断发展，人们对教育的重视

程度越来越高，教育关系着祖国的未来和对下一代的培养，作为教育工作者，肩上承担的责任和使命也更大。青年教师作为一所学校发展的生力军，首先要认识自己独特的功能和价值是教书育人、培养社会主义事业的建设者和接班人。要努力改进提高自己，完成教育的培养目标。其次，在平时的教学互动中转变角色，构建自己的身份，以实际行动表现和较强的业务能力与业绩获得同事、学生、家长和社会的认同。著名学者帕尔默认为："好教师有一个共同的特质是肯定的，那就是一种把他们个人的自身认同融入工作中的强烈意识。"教师合理正确的身份认同可以更好地鞭策教师自身遵守行为规范准则，把教师专业成长作为自己身份的重要标志。教师对自我身份的认同可以影响和调控自身的需要、兴趣、动机和价值观等个性特征，也可以帮助教师在逆境中，激发自我内在的发展动力。青年教师要树立积极的心态，把教育当成一生不懈追求的事业，把教师这个职业视为实现自己人生价值的重要途径，提升自己的职业认同感。

2. 主动学习、不断反思

在苏霍姆林斯基的教育研究中，他强调教师的自我学习，鼓励教师多读书。以教师备课为例，一天只有24小时，教师的时间从哪里来，怎样进行这种准备呢？这就是读书，读书的意义在于获得智慧，教师通过每天不间断地阅读，最终回归教学生活，跟书结下终身的友谊。读书可以帮助青年教师打破专业成长的局限，通过读书，获得更加豁达与平和的心态，青年教师通过经常阅读好的专业书籍，可以获得更好的教育智慧。读书可以使人保持大脑的活跃，还可以锻炼一个人谈吐的质量和深度。青年教师在个人专业成长过程中，要明确一点，自己的专业成长不是为了应付明天的课，而是发自个人内心需要和对知识的渴望。经常阅读，也可以帮助减少个人工作的压力，通过阅读来自不同文化和背景的人，可以了解他人的思想和观点，开阔自己的视野，提升自己审视问题的能力。

读书贵在坚持，青年教师要想在未来成为优秀教师、卓越教师和专家型教师，必须持之以恒地阅读、不断地补充知识。人们常说，教师要给学生一杯水，自己就要有一桶水，在信息技术快速发展的今天，这句话的内涵也有了进一步发展，教师不仅要有一桶水，还要有长流水，这桶水不能成为死水，因此，必须要有"源头活水来"，教师要有高昂的学习热情，不断持续地学习。阅读会让教师善于思考，只有将思考与阅读相结合，才能使思考更加深邃有力。教师阅读经典是与教育大家对话，用他们的教育思想引领我们，让教师站在大师的肩膀上前行。因此，青年教师应坚持多读书，读好书，择其善者而从之，择其不善而改之，明确自己的人生追求，树立自己的人生目标。

叶澜老师认为教师专业发展是不断更新、演进和丰富的过程，教师的专业不断成长，教师的内在专业结构不断更新完善。教师的专业发展有两个核心因素，分别是专业发展的自主意识和专业发展的自主能力。强化教师的专业发展自主意识，激发他们发展的内在动力，变"要我发展"为"我要发展"。青年教师的专业成长离不开自身的内在驱动，青年教师入职以后，不仅要主动学习，还要具备反思精神。教师要在教育教学实践中寻找捕捉个体经验，将反思贯穿在平时的教育教学活动中去，在一定教育理论的指导下，教师对自己过去的教学经验进行思考、评价和反思。在不断反思中形成"事例经验"，将不断形成的"事例经验"整合成"类经验"，在一系列的"类经验"中形成"个人经验体系"，在实践中逐步形成个人教育智慧。教育智慧可以使教师的工作达到科学和艺术结合的境界。青年教师要养成经常反思的意识和习惯，只有不断地反思和总结，才能实现个人持续的进步。

3. 养成写作的习惯，增加对教育的理解和热爱

叶澜老师曾说：一个教师写一辈子教案不一定成为名师，如果一个教师写三年教学反思就有可能成为名师。教师在教学实践中，反思教学过程，提炼教学经验，从而形成文本。教育写作是教师对教学实践的反思和总结，在写作过程中整理自己的思维，总结提炼自己的教学经验，锻炼自己的文字表达能力。青年教师在进行教育写作时可以分为三个阶段，从教育叙事开始，逐步过渡到教育随笔，再发展为教育论文。教育叙事侧重教师对亲身经历的有价值的教育情景的描述，教育随笔侧重记录教师的思考、感悟，教育论文要求较高，要求教师在写作时具有理论功底，能够把感性经验上升到理论高度，要求文章具有科学性。教师可以在教育实践中循序渐进，逐步提升教育写作能力，养成教育写作的习惯。教师在进行教育写作的过程也是阅读学习的过程，在这个过程中可以使个人的专业知识得到更新，教师的反省思维、研究能力得到提升，让教师从知识的搬运者上升为知识的生产者。与此同时，通过教育写作可以加深教师对教育现象的认识，增加对教育的理解和热爱。

二、从学校层面看，创设必要条件

1. 为青年教师搭建成长平台

德国心理学家勒温（K. Lewin）的群体动力理论强调群体各因素之间相

互作用，产生合力，一个人的心理活动是由个体内部心理力场和外界环境因素相互影响相互作用的结果。青年教师入职后，从适应期到胜任阶段、从成熟到优秀，成长为卓越教师，再成长为教学名师和专家，是一个不断自我超越的过程。青年教师能够实现"自我超越"，由量变达到质变，离不开自己成长的环境——学校。学校管理者要结合学校中长期的发展规划，完善学校的制度和机制，制定出合理有效的青年教师培养规划，实施青蓝工程，帮助青年教师建立专业进步的愿景，激发青年教师实现"自我超越"的动力。

学校可以具体通过这些方面帮助青年教师成长：一是通过师徒结对、集体备课、上研究课、听专家课等形式，让青年教师能在 1 至 2 年内站稳讲台，上好课。鼓励青年教师向身边的优秀教师学习，树立青年教师对教师职业的崇敬之情。二是帮助任职时间为 3 至 5 年的青年教师站好讲台。通过进一步强化教师专业培训、师德师风培训、班主任工作培训、班级管理培训以及相关法律知识的培训等，培养青年教师成为一名师德高尚、业务精湛、充满活力的优秀教师。三是搭建教学比武平台，如优质课展示、微课大赛、说课比赛、原创性教学设计比赛、原创性教学课件制作比赛、试卷命题、教学案例反思等各种活动，让青年教师全方位地去不断历练自己，在实践中学习他人之长出，反思和总结自己之不足，帮助青年教师力争 3 至 5 年内能够出师，并且成长为校级教坛新秀或骨干教师。

2. 丰富基于"自我经验"的多元培训模式

好教师是成就教育事业的基石，而好教师来源于好的培养机构和制度。在《国家中长期教育改革和发展规划纲要（2010—2020 年）》中，国家明确要求建设高素质教师队伍。王建华、卢真金在教育部师范司师范教育科研课题"继续教育和名师成长：中学骨干教师培训的理论与实践"中提出，许多优秀教师多年的教学经验和国外大量的研究告诉我们，要成为一名合格的教师，关于系统教学技能技巧的培训和理论学习是十分关键的。青年教师在入职后，为了能够尽快适应工作需求，要经过岗前培训、班主任工作培训、师德师风培训以及相关法律知识培训等多种培训。

随着现代教育技术的不断发展，当前教师专业培训的形式也发生着很大的变化，远程培训、线上教育现在也逐渐走进教师培训中，尤其是在当前疫情期间，教师公需课学习、继续教育、师域培训、特岗教师岗前培训等多种培训都采用了线上培训学习的形式。线上培训不仅丰富了培训形式，也为特殊时期的教师培训工作带来了方便。学员可以通过线上平台相互交流，分享学习心得，获得有效的方法和策略，促进教师教育智慧的进一步提升。无论是线上培训还是线下培训，教师要认真做好个人培训计划，充分利用好每一阶段的培训和学习，自觉努力地学习教育理论和新的教育理念，及时了解和掌握教育发展的趋势，结合所学内容，积极思考，撰写学习心得体会，理论结合实际，拓宽视野、增长知识，不断给自己充电，在实践中形成自己的经验体系。

　　青年教师的成长是一个长期的、由量变到质变的过程。青年教师的专业发展必须建立在教师主体性、主动性、积极性和能动性发展的基础上，基于自我经验的自主生长式教师专业发展是每一位青年教师成长的必经之路。脱离以自身为主体的专业发展犹如无源之水、无本之木。青年教师的专业成长也需要有一定的外部环境的支持，如学校搭建的各种促进教师专业成长的平台、青蓝工程、各类线上线下的培训等。只有在内外因的相互影响、共同作用下，青年教师才能够在不断的反思和实践中逐渐成长，青年教师入职后要养成在实践中反思、在反思中实践的个人专业发展习惯，从"事例经验"的积累至整合"类经验"，最终形成个人经验体系，在不断反思和实践中形成"教育智慧"。青年教师在成长过程中形成的"教育智慧"也为在未来成为卓越教师和专家型教师打下坚实的基础。

（原载《成才》2020 年第 10 期）

在阅读中形成教学智慧

——语文教师自主生长式专业发展的实现路径

广东省韶关市教育科学研究院　夏治新

湖北第二师范学院潘海燕教授及其团队构建了自主生长式教师专业发展理论，该理论提出了基于"自我经验"嬗变过程的新的教师专业发展路径，形成具有教师鲜明的个性特点和艺术特征的"教育实践智慧"。作为语文教研员，笔者根据当地中学的实际，认为可通过以下的路径实现语文教师自主生长式发展。

一、自我导向阅读，为专业发展奠基

要成为一名优秀的语文教师，就必须主动地进行专业化阅读。根据自主生长式教师专业发展理论的精髓，教师要对"自我经验"格外重视、格外敏感、格外珍惜，那教师阅读的目的也应是指向个人经验的生长，促使阅读的能力不断提升。教师的阅读应是基于自我经验的自我导向阅读，即带着问题读，加入反思、感悟、合作等元素。

一般可从这三个方面进行专业阅读。首先，阅读教育教学类的书籍。尤其是关于语文教学理念、文本解读、课堂教学方面的。就课堂教学的内容而言，也有诗词教学、文言文教学、作文教学、名著导读等等。要有选择地进行主题阅读，建议多读名家的专著，如叶圣陶、于漪、孙绍振等，同一个主题的多读几本，每读一遍之后都问自己一个问题——读了这本书我得到什么启发？对解决某个教学上的问题有什么帮助？其次，读人文方面的书籍。如：古今中外经典小说、诗歌、散文、戏剧等，尤其要读与教材内容相关的作家作品，将教材读厚。再次，广泛阅读一些通识性著作和科普类著作。比如："人文社会科学是什么"丛书、"大家小书"丛书、"名家通识讲座书系"等。

二、全过程反思，寻找努力方向

自主生长式教师专业发展理论要求把反思贯穿教学全过程，包括教学

前、教学中和教学后反思。

（1）教学前反思。在上课前，研读教学大纲、解读课文文本、确定重难点后着手备课，根据教材内容和学生特点进行教学设计，预设目标达成等。备好课后，重新反思审视自己的教学设计、教学目标是否符合学情，学生能否在教学实施过程中达成目标。在这一过程中，既有自己的反思，也可以有同事间的交流，并根据反思改进自己的教学设计。

（2）教学中反思。在课堂教学中，如果遇到新的问题，教师要及时调整教学方法、思路，适度调整教学目标，参考学生的反馈信息，看学生的课堂参与度、接受度、达成度，灵活运用教学策略，以期达到良好的课堂效果。

（3）教学后反思。有意识地一周或一段时间对自己某些教学行为进行反思改进，不断更新教学观念，改善教学行为，同时形成自己对教学现象、教学问题的独立思考和创造性见解。长期坚持写不同形式的教学反思，使自己的教学水平不断提升。

坚持教学反思，能促使教师学会"教"和学会"学"，能让教师走向"实践—认识—再实践—再认识"的专业成长。形成有效的教学反思，是让教师"螺旋上升"的成长过程，而不是无效反思的"原地转圈"。

三、撰写反思案例，提炼事例经验

教师选择有价值，具有典型性、启发性、情境性的教学事件或教学行为片段，通过还原课堂教学情境，分析课堂教学成败和得失，思考解决问题的方法和策略，这就是撰写教学反思案例。

语文教师撰写教学反思案例具有非常重要的意义。一方面，教学反思案例写作提升了语文教师的写作能力。撰写教学反思案例时，教师既要考虑内容的选择、结构的安排、表达方式的综合运用，又要揣摩语言表达的准确得体。另一方面，教学反思案例的撰写为教师之间分享经验、加强沟通提供了一个有效的平台，有助于教师之间实现优质资源共享，取长补短，共同进步。更重要的是，教学反思案例的写作能促进教师对自身行为进行反思，提炼事例经验，提升教学能力，促进教师专业化成长。

在撰写教学案例的过程中，教师常以自己的教学过程为思考对象，对自己的教学理念、教学决策与教学结果进行比对、审视和分析，从中了解到自己在教育教学中的特点，努力改进不足，做到扬长避短、去劣存优。教师发现自己存在的问题，就会寻求解决问题的方法。比如在"指导学生写出真情实感"的作文教学中，教师尝试让学生去写"我的亲人"。教师先向学生提出要求："在白纸上写下你最爱的五个人。"接着，提出一个残酷的要求：请同学们拿起笔，在这五个你最爱的人之中，划去一个，想象他永远地离开了这个世界。教师观察学生的反应，发现部分学生并没有按要求划去五个人中任何一个，而是将自己深爱的人从名单上换了下来，换成了对自己不那么重要的甚至讨厌的人，并把他（她）划去。这让老师有些意外。老师询问这些学生这样替换的原因，并坚持让孩子按要求继续划掉一位自己深爱的人。这时，教师追问学生，划去一个亲人后的感受。启发学生：生活中有的人对你来说也许不那么重要，但对他的父母或子女来说就很重要了。学生在这个过程中认识到了亲情友情的可贵，最后教师要求学生把自己换人的过程以及从这个过程中受到的启发写下来。因为有了前面的铺垫，学生的作文真实地记录了此时此刻的心情。教师也更深刻地意识到，学生不是不想写出真情实感，而是我们教师没有引导学生抓住特定情境及时抒写自己的感想。课后，教师把自己与学生一起经历从"划去"到"重新写上"的过程及感悟写出来，就是一个很好的教学案例。多撰写几个这类作文教学案例，不但能培养教师的问题意识，而且能更多地积累事例经验。

四、同行讨论，整合出类经验

同行间的相互讨论体现的是教师间的双向的、互动式的讨论，而不是单向的评价。教师在科组内分享系列事例经验，通过相互评价，收集来自同行之间的可靠的、富有建设性的信息，并对事例经验进行分类整理，对同一类的经验进行再反思，再提炼，整合成"类经验"，为提高教师的教学能力提供帮助，为全面、客观、公正地分析与评价教学水平提供依据。

（1）同行课例讨论。首先，听课后的同行讨论具有情境的真实性，是真实情境中的教师互评，能发掘教师的"实践智慧"，发现教师在教学中真实存在的问题、困惑，为教师的教学提供诊断和帮助，使教师在同行讨论中获得教学反馈信息，对自己的教学行为进行分析和反思，能有针对性地提出改进建议。其次，同行讨论不仅对教师的教学水平做出判断，而且也是教学研究和促进教师反思的重要手段。开展课堂观察后的同行讨论可以对教师的整体教学做出评判，也可就教学的某一方面开展研究，可以评判教学方法，也可以评判学生的学习状况等等。再次，课堂观察后的同行讨论具有价值多元性。教师间开展听课互评时，不同的教师可以根据对教学的不同理解，对同行的教学做出评判，通过相互交流磋商，达成价值的共同认可，有利于深化对教学本质的理解。教师在亲身体验中提炼事例经验。在同行的讨论中收集意见，从不同的角度对原有课例进行反思式的修整，就是提炼。

（2）同行主题讨论。在积累了一组事例经验之后，教师要在一个更高的平台上审视此系列事例经验，以同行主题讨论形式开展的教师教学研讨，是教学讨论与教学研究的结合。教研组、教师把平常教学中难以解决的疑难问题，经过整理、归纳、提炼，筛选出具有典型意义和普遍意义的问题，组织大家共同研究。合作探究，在这样的研究过程中产生相互影响、相互促进的作用，实现群体共同向前发展的目的。采用教研的形式，借用科研的方法，运用教学的过程，促进教师的发展。

五、论文撰写，凝练经验体系

教师撰写的教学论文，要运用行动研究法进行，即从教学反思案例入手，从事例经验到类经验，最后形成论文。

教师以学期或学年为一个周期，在众多系列教学案例的基础上，以课例为载体，通过自我批判、自我反思来撰写课例研修，有机整合众多"事例经验"并归类成"类经验"，促使个人的语文教学思想沉淀固化。在对系列课例研修进行整合之后，把研修所解决的问题作为研究对象，通过分析、探究与反思，进行整合、提炼和建构，然后以论文撰写的科研方式总结语文学科的教学思路和方法，形成个人经验体系，最终以论文撰写的形式呈现个人的、独特的语文教学思想。通过论文写作促进教师对于自身的语文教学体系有着进一步清晰的认知，使教学研究清晰化、系统化，培养教师的自主研究精神，从而成为一个自觉的研究者，实现自主专业发展的突破。

六、研课磨课，生发实践智慧

这一环节的关键是，依据自主生长式的理论制定研课磨课的标准。教师自身及其所在科组在一定时间（比如一个学年或学期）内统筹计划，针对某一课型，对课堂教学进行观察、分析、诊断，教师根据教学汇总的互动状态及时调整教学思路和教学行为，在动态过程中师生共同学习，共同建构，从而开发课例、实施课例、验证教学效果、反思和改进教学行为。例如"读写结合"这一课型，主要从以下五个步骤进行。

（1）"说"定目标——研磨教学目标。这里的"说"主要是由执教者阐释自己的教学目标和构思，备课组成员针对授课者的构思，讨论分析授课者的教学目标和课程标准、教材的重难点、学情等是否相应，如果不相应，讨论修正意见，也可以对可能出现的问题进行剖析，确定教学目标。

（2）"写"定方法——研磨教学环节和方法。这里的"写"主要是写教案、写教学设计，授课者通过写教案，制定教学环节，选定教学的方法，备课组成员针对授课者的教学设计，讨论分析授课者的教学环节和方法是否恰当，是否能够促使教学目的的达成，如果不能，讨论修正意见，完善教学设计。

（3）上课检验设计——观察课堂。上课可分两步走，第一步，授课者先在一个班上一堂课，自查不足，改进课堂。第二步，授课者第二次上课，备课组成员观察课堂教师和学生的表现，对教学效果进行评判，看教学目标是否达成。

（4）课后再研磨——反馈与剖析。教师自查和备课组成员反馈相结合，把教学设计和课堂存在的矛盾冲突提出来，研究共同体根据观察到的进行剖析，探讨解决问题。

（5）优化教学设计。备课组成员重新设计教案，最终形成了一份比较完善的教学设计，这份教学设计与最初的设计相比，目标更准确，方法更恰当，环节更合理，提高了教学效率。至此，研课磨课第一轮完成。如果有必要，可以进行第二轮研课磨课，重复流程第三、四、五步。但基于学校教学安排，要进行第二轮甚至第三轮第四轮的研磨活动，在常规教研活动中，是比较难以实现的。

教师共同研课磨课，挖掘了教师个性与优势，满足不同层次、不同年龄段、不同教学水平的教师各取所需的成长要求。通过一轮或几轮的持续性观课研讨、教学反思、教学问题改进来优化课堂教学，课题组和科组成员不断整理教学思路，不断总结教学方法，不断概括教学体验，形成优质评课稿和教学设计，在这个过程中，增强教师的教学设计能力和教学实施能力，逐步形成自己的教学思想，最后提升专业水平，走向智慧与卓越，实际上，这一研课磨课的过程，就是一个完整的教师自主生长专业发展的过程。

（原载《成才》2020 年第 8 期）

"四问"帮助教师觉察与识别
自己的"类经验"

上海市师资培训中心 杨 兰 陈 霞

教师在长期教育教学实践与反思中累积了大量专业经验。教师需要觉察与识别出解决一类问题的"类经验",从而促使零碎的"个经验"或事例经验转化为"体系化"经验。这是教师个人教育思想形成的重要路径,也是教师专业内涵提升的必由之路。然而,在如何引导教师觉察与识别"类经验"这一具体问题上,还鲜有明确的路径与方法。笔者在帮助基层教师反思自身经验的辐射价值时,总结提炼出一个简单实用的引导教师觉察与识别"类经验"的省思支架,简称"四问",在实践中取得了一定的效果。

一、"自我经验"的意义与价值

教师的教育教学工作具有显著的社会交互性、创造性、情境性、实践性与个人性特点。社会交互性体现在教育教学工作主要是一种人与人之间有目的、有计划的交互活动。教育教学工作的对象是活生生的、有血有肉的学生。每个学生的遗传素质、知识状况、智力水平、兴趣爱好、气质性格等各不相同,教师需要因材施教才能促进每个学生的最大化发展。对某个学生有效的经验未必对其他学生有效,过去有效的经验未必在新的情境下适用。因此,教师的教育教学工作具有突出的创造性、情境性特点。教师以个体为主的工作方式又决定了教师在学习、观察与模仿他人经验的前提下,必须亲身处理一个个教育事件、卷入一堂堂教学实践,在亲身体验、反思感悟中累积经验,形成个人的教育教学实践智慧。这体现了教育教学的实践性、个人性。虽然经验并不总是有用,有时甚至还可能带有误导性,但它却是教师适应、胜任和创造性地应对教育教学工作的基础,在这些经验中蕴含着理性与规律性的认识。

教师个体通过亲身体验,在反思中获得的感悟称为"自我经验",它是教师的一种"个人经验""情境性经验"和"个人理论",常常表现为自己的真性情与"土办法"。[1]教师的"自我经验"中，既包括对客观现象和事实的感性认识，又包括对事实现象进行属性判断、分类梳理、特征分析和价值评判的理性思考。"自我经验"有深浅、高低、大小、宽窄、正误之分，也存在不断发展变化的多次机会，它是待验证的专业体验。当这些经验经过教师以科学的数据、亲历的实据和经典的论据证明正确之后，就是真正的教学知识和有意义的教育思想，是促进他们专业发展，尤其是核心素养发展的基础和条件。[2]重视教师在教育过程中的感受和体验，强调教师在丰富的教育体验基础上进行反思，生发出自己的教育思想，整理出自身的教育体验成果，对教师的专业发展具有重要意义。

二、"类经验"的内涵与特征

教师通过旁观式的参与或直接参与走过了教育教学实践的千山万水之后，累积了大量零碎的、多样化的事例经验，这些经验之间有些是相同或相似的，有些是相互关联的，有些则是相对独立的。教师需要跳出具体的事例经验，在一个更高的层次、以更加超脱的视角审视这些事例经验，对其进行进一步的反思与分类整合，提出解决一类问题的主要思路和具体步骤，这就是"类经验"。[3]"类经验"可指导教师在面对同一类教学情境时开展合适的教学工作，并在这样的教育教学实践过程中让事例经验更加完善。我们通常说"见多识广"，这可以用来理解教师"类经验"的形成过程。"见多"要求教师能够多观摩、观察、赏析优秀教师的专业经验，多关注、留心、辨别其他教师的专业经验，多记录、梳理、分享自身的专业经验，从而实现专业经验"量的累积"；"识广"则要求教师能够将纷繁复杂、众说纷纭的专业经验予以类别化处理，进而辨别出值得揣摩、省思的"重要经验"。[4]反省思维在教师"类经验"的觉察与识别中十分重要。基于专业经验的"反省思维"强调的是在观察与模仿的前提下，对已有的个人经验或他人经验进行洞察、识别、归纳、概括，进而指向实际专业问题的有效解决。教师对专业经历及经验的反省思维，是作为一名专业人员在具体复杂的教育情境下，通过自身的反思和探究，在理论与实践的结合点上形成丰富的实践性知识，成为一名"反思性实践者"的关键。[5]教师通过反省思维，将一个个零散的事例经验穿成一串串类经验，再连成一片片个人经验体系，逐渐凝练成为教师个人的独特思想，最后应用推广到教学实践之中。随着教师个人经验渗透到教育实际情境的各个方面，加之对个人经验体系的不断完善，教师的教学经验就会从感性经验上升为理性经验，为教师的教育教学实践提供比较深入和准确的理解。[6]科学哲学家亨普尔（Hempel）认为，理论追求解释规律性，理论将现象看作其背后或之下的实体和过程的显现；这些实体和过程受特定的理论定律或理论原理所支配，从而可以为研究对象提供比较深入和准确的理解。[7]因此，教师的理性经验中蕴含着形成某种理论定律或理论原理的可能。

三、"类经验"的觉察与识别

"类经验"是促使教师零碎的"个经验"或事例经验走向"体系化"经验的重要一环。对于经验丰富的教师来说，如何引导他们觉察与识别自己的"类经验"？笔者总结提炼出一个简单、实用、有效的自我省思支架，简称"四问"（见图1）：

（一）一问：有什么经验

这个自我反思问题旨在引导教师认真回顾、比较与筛选自己有哪些独到的教学经验或实践智慧。所谓教学经验或实践智慧是教师从个人的观察或他人的反馈中确认的具有积极、显著效果的做法，表现为某些方面的妙招、诀窍或技巧等。这些经

图1　教师"类经验"觉察的"四问"省思支架图

验的回顾会带给教师积极愉悦的体验，会让他们对自己的教育教学工作充满喜悦与内在的满足，激励教育教学的热情与信心。教师在反思与筛选经验时，要考虑这些经验是否真的有效，要有充分的证据来支持经验所产生的效果；要考虑经验是否说得清楚，也就是自己能否清晰地表达这些经验。如有教师说，"我在班会活动设计方面很有经验"，这就比较清晰；相反，有些教师的回答就比较模糊，如"我在教学设计方面有经验""我在教学管理方面有经验"等，这等于说不清自己的经验，有必要通过继续反思进一步界定自己的经验。

（二）二问：解决什么问题

这一反思问题要求教师思考自己已有经验实际上解决的是什么问题，这个问题是否具有普遍性，即问题在其他教师群体中存在的广度与发生的频率如何。所以，这个问题蕴含着两个关键问题：一是解决的是什么问题；二是这些问题存在的普遍性如何。前者帮助教师明确自己经验指向的问题，后者

帮助教师明晰这一（或这些）问题的广度与频度。只有解决一类广泛存在的、突出的问题的经验才是最值得反思、总结与提炼的"类经验"。假如一位教师通过第一个反思性问题发现自己在班会设计方面富有经验，接下来他就需要思考，自己的这些经验解决的是什么问题，或可以用来解决什么问题，这些问题通常是哪些教师易出现的比较普遍、突出的问题。如自己在班会活动设计方面的经验，解决的是如何让学生有效卷入、培养自治管理的问题，还是解决了主题班会中如何确立适切的主题的问题，或是班会活动的形式多样、有趣的问题。这些问题通常是哪些班主任最为突出、迫切需要解决的问题？是新任班主任，还是特定学段所有的班主任，或是不分学段的所有班主任？问题越普遍，"类经验"的价值就越大。

（三）三问：问题是真的吗

这一反思性问题需要教师以慎重、严谨的态度去证实或确认这一或这些普遍的问题是真的存在而不是自己臆想的。教师可以通过调研或观察数据等方式获取证据去支持或修正自己的判断，以便对存在的问题进行准确的把握。如有教师依据自身经验认为，当前的幼儿园教师在创设适切的自主游戏环境方面有问题，迫切需要解决。后来，她通过对区域幼儿园的抽样调研，发现广大幼儿教师在解决幼儿自主游戏环境创设方面的确存在着困惑与误区。她确认了这些问题，也就确认了自己的经验是可以辐射的。

（四）四问：有何价值

这一反思性问题引导教师再次用超然的态度来思考与确认自己经验的价值，包括对实践改进、对学生发展的重要意义。如解决了幼儿教师在幼儿自主游戏环境创设方面的问题，就能提高幼儿自主游戏活动的质量，幼儿生动活泼的发展就能得到实现。自主游戏在幼儿发展中既普遍又关键，这一经验对促进广大幼儿的发展具有重大意义。通过这样的反思与分析，教师会更加明确自己的经验、经验解决的一类问题、经验的价值等，坚定对自身经验的信心，形成自我认同，激起教师个体更大的教育热情与信心。

四、"四问"省思支架的实践运用

教师"类经验"觉察的"四问"省思支架在实践中一经提出，因其简单、实用、有效，受到了广大教师的欢迎，为广大教师觉察自身经验与"类经验"提供了一个清晰的路径与方法，提升了教师对专业经验的反省能力。

如一位教师运用"四问"省思支架表（见表1），对自己的已有经验进行了反思，"我自问自答：第一，我在美篇制作方面有诀窍可以教给其他教师；第二，我的经验可以帮助美篇制作的新手教师，解决他们收集素材、谋篇布局、剪辑制作、选用模板、发布分享等方面的问题；第三，学校要闻、班级风采、少先队特色活动、教研活动、培训日志等都需要教师用美篇去呈现；第四，我分享经验的意义在于帮助教师更快熟悉美篇制作流程，掌握制作的小技巧，让美篇的宣传效果更出彩。"还有教师利用"四问"，觉察到了如下专业经验："第一，我在英语戏剧教学方面有经验，而且是可以通过具体的活动来说清楚的；第二，我的经验可以解决如'教学和教育'的问题，目前越来越多的学校开设学校英语戏剧拓展课或戏剧俱乐部，他们都需要解决这一问题的策略与方法；第三，'如何运用戏剧元素开展戏剧教学和教育'的问题是非常普遍的，是真实存在的；第四，我的经验分享的意义在于，通过这样的分享，让开展戏剧教学的教师们有更具体的抓手和实施方法，提高戏剧教学的质量和开展戏剧教学的自信心。"

表1 教师"类经验"觉察的"四问"省思支架表

问题	要点	注意事项
一问：有什么经验	回顾、比较与筛选自己那些独到的教育教学经验	经验要真的有效，真的说得清
二问：解决什么问题	明晰已有经验实际上解决的是什么问题，以及这个（或这些）问题的普遍性如何	清晰、准确地界定问题，实事求是地分析问题的普遍性
三问：问题是真的吗	以慎重、严谨的态度证实或确认问题的是真还是假	用调研或观察数据等证据去支持或修正自己的判断
四问：有何价值	确认自己经验的价值	分析问题的重要性，对自己已有经验的价值大小进行理性判断

虽然教师们在证明经验效果的证据、解决问题的界定以及经验价值的反思深度上还有待提高，但他们现在有了一个清晰的可依赖的反思支架，在原有反思的基础上前进了一大步。多数教师认为："大道至简，这四个问题提到了点子上，能够帮助教师反思、觉察、辨别与归纳自己的一类专业经验。"当然，这四个问题不仅可以用于教师觉察自己经验的阶段，也可以贯穿于教师概括、归纳与萃取专业经验的过程中。

总之，"四问"清晰明了，逐层递进，既考虑教师已有经验，又考虑这些经验所解决问题的性质、普遍性与重要性，对于教师觉察与归纳"类经验"具有重要意义。

（原载《上海教育科研》2020 年第 6 期）

参考文献

［1-3］［6］潘海燕. 论教师的自我经验及其作用［J］. 中国教育学刊，2017（5）.

［4-5］王怡，孙二军. 教师经验学习的多项度分析及有效策略［J］. 当代教育论坛，2020（1）.

［7］Carl G. Hempel. Philosophy of Natural Science［M］. New Jersey：Prentice Hall Publishing，1966：23.

附：参与自主生长式教师专业发展理论实验研究的学校名单

（排名不分先后）

1. 武汉市洪山区武珞路小学
2. 武汉市洪山区广埠屯小学
3. 武汉市洪山区弘光学校
4. 武汉市洪山区旭光学校
5. 武汉市马房山中学
6. 武汉市洪山区卓刀泉中学
7. 武汉市洪山区洪山中学
8. 武汉市洪山区英格中学
9. 武汉市洪山区鲁巷中学
10. 武汉市洪山区花山中学
11. 武汉市洪山区新桥中学
12. 武汉市洪山区石嘴中学
13. 武汉市洪山区武珞路小学金地分校
14. 武汉市洪山区楚雄学校
15. 武汉市洪山区花山小学
16. 武汉市洪山区楚才小学
17. 武汉市洪山区建设中心小学
18. 武汉市洪山区南望山小学
19. 武汉市洪山区卓刀泉小学
20. 武汉市洪山区石牌岭小学
21. 武汉市武昌区中南路小学
22. 武汉市武昌区首义路小学
23. 武汉市武昌区八铺街小学
24. 武汉市武昌区保安街小学
25. 武汉初级中学
26. 武汉市硚口区常码头小学
27. 武汉市硚口区古田路小学
28. 武汉市硚口区水厂路小学
29. 武汉市硚口区井冈山小学
30. 武汉市硚口区辛家地小学
31. 武汉市第26中学
32. 武汉市硚口区第17初中
33. 武汉市硚口区舵落口小学
34. 武汉市硚口区双环小学
35. 武汉市硚口区汉西小学
36. 武汉市硚口区建乐村小学
37. 武汉市硚口区跃进村小学
38. 武汉市硚口区六角亭小学
39. 武汉市硚口区星火小学
40. 武汉市江汉区红领巾小学
41. 武汉市江汉区唐家墩小学
42. 武汉市第一初级中学
43. 武汉市69中学
44. 武汉市52中学
45. 武汉市新华下路中学
46. 武汉市汉阳区江汉二桥中学
47. 武汉市建港中学
48. 武汉市东西湖区桥头小学
49. 武汉市东西湖区吴家山一小

50. 武汉市青山区新沟桥小学
51. 武汉市青山区建九小学
52. 武汉青山区钢花小学
53. 武汉青山区吉林街小学
54. 武汉青山区钢城十八小学
55. 武汉新洲区邾城中心小学
56. 武汉新洲区第三中学
57. 武汉新洲区阳逻三中
58. 武汉新洲区旧街中心小学
59. 武汉市光谷第九小学
60. 武汉市光谷第三小学
61. 武汉东湖新技术开发区升华小学
62. 湖北省仙桃市第四中学
63. 湖北省仙桃市沔州小学
64. 湖北省潜江市王场镇小学
65. 湖北省潜江市高石碑小学
66. 湖北省潜江市积玉口小学
67. 湖北省潜江市园林三中
68. 湖北省潜江市刘岭中学
69. 湖北省潜江市徐李中学
70. 湖北省潜江市熊口镇小学
71. 湖北省孝感市玉泉小学
72. 湖北省长阳县一中
73. 湖北省长阳县津洋口小学
74. 湖北省长阳县花坪小学
75. 湖北省长阳县实验小学
76. 湖北省老河口市第八小学
77. 湖北省老河口市实验小学
78. 湖北省石首市回民小学
79. 中国葛洲坝集团葛洲坝实验小学

80. 湖北省宜昌市夷陵区平湖小学
81. 湖北省秭归县实验小学
82. 湖北省秭归县希望小学
83. 湖北省秭归县茅坪小学
84. 湖北省秭归县茅坪中学
85. 湖北省秭归县机关幼儿园
86. 湖北省秭归县职教中心
87. 湖北省秭归县第二中学
88. 湖北省秭归县实验中学
89. 湖北省秭归县九里中学
90. 湖南省岳阳市第九中学
91. 湖南省岳阳市鹰山中学
92. 湖南省岳阳市十二中学
93. 湖南省岳阳市第十中学
94. 湖南省岳阳市第六中学
95. 湖南省岳阳市洞纺学校
96. 湖南省岳阳市东方红小学
97. 湖南省岳阳市站前小学
98. 湖南省岳阳市东升小学
99. 湖南省岳阳市鹰山小学
100. 湖南省岳阳市洞氮小学
101. 湖南省岳阳市长炼小学
102. 湖南省岳阳市金鄂小学
103. 湖南省岳阳市许市中学
104. 湖南省岳阳市华容县终南中学
105. 湖南省岳阳市华容县隆西中学
106. 广东省珠海香洲区第二小学
107. 新疆农五师高级中学
108. 新疆博乐市第八中学

后　记

　　经过 18 年的探索，我们研究团队已累计出版《自主生长式教师专业发展研究》《自主生长式教师专业发展实践案例》专著 2 部，《自主培训教材》5 本；发表研究论文 150 余篇；该理论被华南师范大学、湖北师范大学、赣南师范大学列为教师教育方向的研究生专题课程；2017 年，该成果获湖北第二师范学院教学成果特等奖；2019 年被列为湖北省教育厅省级培训推广项目；2021 年列为"国培"项目。自主生长式教师专业发展理论的研究过程，实际也是一个不断拓展、不断推广的过程，各类学校都有参与，教师发展的各个方面都有涉足。事实表明，自主生长式教师专业发展理论具有广泛的适应性与顽强的生命力。

　　《教师自主生长式发展个案研究》是此项研究中部分成功教师的心路历程与心得体会，拟从教师个体成长角度揭示自主生长式教师专业发展理论的功能与价值。本书主要是展示这些年出现的一些经典教师个体发展个案与教师群体发展个案，同时也收入几篇历史名师发展个案分析文章与同行评议性论文，以及有关自主生长式教师专业发展理论之应用方面的材料，共计 44 篇。

　　本书与前期出版的《自主生长式教师专业发展研究》《自主生长式教师专业发展实践案例》两书构成了一个系列，较完整地展示了自主生长式教师专业发展理论的基本主张、主要实施范式与效果。

　　此项研究时间跨度长，参与者众，有些表述在前前后后难免有些不一致，还望读者海涵。文中不当之处，亦期读者不吝指正。

潘海燕

2021 年 7 月